WEC

程晓苏 ◎ 主编

讲好企联的故事

上海财经大学出版社
SHANGHAI UNIVERSITY OF FINANCE & ECONOMICS PRESS

THE WONDERFUL STORY OF THE ENTERPRISE ASSOCIATION

图书在版编目(CIP)数据

讲好企联的故事 / 程晓苏主编. -- 上海: 上海财经大学出版社, 2025. 6. -- ISBN 978-7-5642-4677-8

I. F279.275.43

中国国家版本馆 CIP 数据核字第 2025N3P694 号

□ 策划编辑　台啸天
□ 责任编辑　台啸天
□ 封面设计　贺加贝

讲好企联的故事

程晓苏　主编

上海财经大学出版社出版发行
(上海市中山北一路 369 号　邮编 200083)
网　　址:http://www.sufep.com
电子邮箱:webmaster@sufep.com
全国新华书店经销
上海叶大印务发展有限公司印刷装订
2025 年 6 月第 1 版　2025 年 6 月第 1 次印刷

710mm×1000mm　1/16　19 印张(插页:2)　309 千字
定价:78.00 元

讲好企联的故事

尹同跃 题

尹同跃　芜湖市企业联合会会长

奇瑞汽车股份有限公司党委书记、董事长

编委会

主　编

程晓苏

执行主编

蔡文鑫

编　委

韩卫民　张　屏　黄　剑　汪　宇　吴文斌　杨梅生
奚银华　查林章　陶显松　周恩光　杨良彬　张　萍
李　萍　陈学华　张少鹏　肖　飞　王超然　高　峰

讲好企联的故事

程晓苏

2005 年 6 月 16 日,海螺大酒店热闹非凡,160 名会员和 300 多名企业家齐聚一堂,在安徽省和芜湖市相关领导的见证下,芜湖市企业联合会(以下简称芜湖企联)宣告成立。从此,芜湖企联以企业代表的身份,维护着企业的利益,服务于企业;履行着党和政府与企业、企业与企业间的桥梁职能。转眼间,20 年过去了,芜湖企联迎来了弱冠年华,进入成年期和成熟期。

事业是需要薪火相传的。在芜湖企联诞生 20 周年之际,作为第一代芜湖企联的工作人员,需要讲好芜湖企联的故事,给后继者提供一点营养,让芜湖企联未来的路走得更远、更宽、更好。

企联的立会之本

什么是企业联合会(以下简称企联)? 每一个第一次接触企联的同志都有这个疑问。安徽省企联会长、原副省长吴昌期在芜湖企联成立大会上的讲话,全面回答了这个问题,填充了我们的知识盲区。中国企联是在 1990 年我国批准了国际劳工组织创立的《三方协商促进贯彻国际劳工标准公约》(简称《三方协商公约》)的基础上,相应成立的社团组织。这个公约是国际劳工组织推行的劳资矛盾协商机制,即劳动行政部门代表政府、工会代表职工、企联代表企业(雇主),平等对话协商的机制,它涉及劳工纠纷、员工保障和劳动环境等诸多问题的对话渠道。由此,企联就有了企业代表组织的职能。2001 年 10 月修订的《劳动合同法》又从法律的层面,明确规定了三方协商机制的内容。2015 年,中共中央、国务院 10 号文件不仅明确了各级企业联合会作为企业代表组织参加三方协商机制,还规定了凡是有企业的地方(特别是开发区、工业园区)都要成立企业联合会。所以,三方协商机制是企联的立会之本。

三方协商机制在安徽省芜湖市实施得比较早,2001 年就开始推行,我作为政府分管领导担任过协商委员会主任,办公室就设在劳动局内。在芜湖企联没有成立之前,工商联代表雇主(企业)方参加协商会议。时任劳动局局长汪奇燕同志推行力度比较大,每年召开 4 次协商会议,凡是涉及职工利益的政策,一般先在三方协商会议上讨论,三方统一认识以后再提交政府决定。每次讨论时都特别尊重工会、企联的意见。我和奇燕同志开玩笑地说,为了表达三方平等的形式,应定制一张三角形会议桌,三方平等开会,轮流当会议主席。芜湖企联成立以后,雇主(企业)方由企联和工商联共同代表,成了"三方四家"会议。自 2002 年开始,三方协商会议已召开了 66 次,每次会议就一个主议题,由四家轮流主持。不管领导如何变动,这个会议机制都一直在运行之中。这就是企联的基本职能、立会之本。

桥梁和平台是这样搭起来的

芜湖企联成立后的最初几年里，我们一直在探索活动内容和工作方法。社会影响力不大。如何破局？芜湖企联于 2006 年下半年召开了一次会长务虚会，围绕着如何搭建桥梁和平台展开讨论，会上智见纷出，最终形成了几个基本理念：一是为党和政府搭建通往企业的平台；二是搭建企业之间的平台；三是活动内容要常态化，久久为政，形成品牌；四是把企业欢迎与否、社会认可与否、党委政府是否赞同作为企联工作的衡量标准，用这三条标准作为企联工作的基本红线，确保企联的工作始终围绕党和政府的中心工作服务。同时，企联用自己社会组织的特性激励企业家创新创业，塑造企业家的优秀形象，弘扬企业家精神。

2007 年初，芜湖企联召开了第二次年会，我们邀请了时任芜湖市委书记到大会上做报告，邀请的理由是：芜湖市委的经济发展布置一般都通过党政机关一级一级传下去，如果直接面对面传递到企业，效果会更好，鼓舞性会更大。在芜湖市铁山宾馆礼堂召开的年会上增加了"经济形势报告会"，芜湖市委书记亲自做报告，社会反响很大，芜湖企联的社会地位和影响力迅速提高。此后，我们一年召开一次"全市企业家大会"，芜湖市委书记到会做报告，同时邀请县、市、区和市直相关部门的领导参加。后来，这个会的开会时间调到年中（7 月份左右），有总结上半年、布置下半年的作用。而芜湖企联年初召开的年会，我们邀请芜湖市市长到年会上做报告，把对人大代表作的报告换一个角度报告给企业家。就这样，芜湖企联每年召开的两次大会都由芜湖市委书记、芜湖市市长分别出席并做报告。从 2007 到 2024 年，历任芜湖市委书记、芜湖市市长都到芜湖企联大会上做报告，许多领导的施政理念和对芜湖市发展的重大思考,都是在芜湖企联的企业家大会上发表的。就连任职仅 100 天的芜湖市委书记宋国权同志的第一个大会报告也是在芜湖企联的大会上做的。除此以外,分管市长、副书记和人大、政协领导都参加过芜湖企联大会,发表演讲的达 30 多人次。时任市长潘朝晖同志还建议芜湖企联开展"企业家沙龙活动",他带领市直 20 多个部门参加沙龙活动,用冷餐会的形式与企业家面对面交流,就这样坚持了两年多。

在 2020 年疫情防控前,芜湖企联每年召开一次市直机关的咨询会,被称为"顾问咨询会",会上广泛征求市直部门对芜湖企联工作的意见,始终保证企联的工作围绕党和政府的中心工作赋能,同时也把企联的工作与市直部门交流,保持沟通,使企联的工作具有透明化。记得在湾沚阳光半岛酒店召开的咨询会上,芜湖税务局副局长宋伟在会上说:"芜湖市有三大品牌:海螺、奇瑞、芜湖企联,芜湖企联为企业服务已形成了品牌。"政府部门的鼓励,对从事企联工作的同志鼓舞很大。

就这样,政企的桥梁与平台就搭建起来了,企业家大会也就成了芜湖企联的首项品牌工作。

企业家活动日魅力无限

企业家活动日是芜湖企联的一个重要品牌活动。第一次企业家活动日是组织企业家到九华山体验佛性,吃斋饭、听佛歌、修身养性。这项活动很有意义。后来,在听取企业家的意见以后,我们逐渐感觉到企业家的活动要贴近企业,贴近产业,贴近企业家。以后的企业家活动我们始终围绕着前沿产业、头部企业,活动更具吸引力了。活动日实行轮值会长领办制,每一次活动都有一位轮值会长领衔承办。

一般一年组织两次活动,活动地点一次设在省外、一次设在省内,活动内容一次是企业间交流,一次是地区间交流。

在安徽省外的活动大部分都是企业间交流,学习大企业的管理和企业文化。我们到过上海电力设备公司、浙江省的杉杉集团和方远集团、山东省的海尔集团、河南省的飞龙公司等大型企业,实地考察,学习他们的创新理念和企业文化,在交流中实现无障碍的思想碰撞。

在安徽省内的活动主要是城市之间的交流,在 2020 年之前我们就到过安徽省内 12 个地级城市。所到城市的党政领导都高度重视,且被高规格接待。在亳州市,市委书记、市长不仅亲自接待,陪同考察,还召开了由各县区领导参加的总结交流会,并作为两市互帮互扶的标志性活动。在阜阳市,市里四大班子主要领导参加并接待。在黄山市,在合肥开会的时任市长宋国权同志特地坐飞机赶回接待芜湖的企业家,接待完又赶回合肥。在安庆市和池州市,芜湖企业家活动日的新闻在报纸、电视台被宣传报道。这些都使企业家们非常感动,他们感觉自己得到了尊重,有了价值和存在感,增强了信心,涌起了创业激情。

芜湖市内的活动也丰富多彩。我们考察了 10 个县市区(含开发区)和代表性企业,还开展了“南陵赏秋”“中秋派对”等各类文化性休闲活动,所到之处的主要领导都亲自陪同并参加。企业家活动日成了最有魅力的活动。

芜湖企联还与常州市、九江市企联(工经联)牵头发起了长江经济带城市联谊活动,疫情前就已开展了五年的活动。芜湖企联还与上海市长宁区等 7 个城市的企联成立了企联长三角一体化发展联盟,至今已开展了四年的联谊活动。所以,企业家活动日对企业家们具有无限的魅力。

企业家课堂的前世今生

企业家培训一直是芜湖企联积极探索和尝试的工作。为此,芜湖企联还成立了人力资源学会,旨在提高企业家的素养和弘扬企业家精神。培训初期,我们是用论坛、讲座和主题报告等形式开展益智工作。芜湖企联的第一场论坛是在 2005 年年底在海螺大酒店举办的,主题是"激情成就事业"。束龙胜、汪锡文等 5 位企业家发表了演讲,回顾了他们创业发展的艰辛历程,用身边的生动事例激发企业家们立志创业。2007 年仲夏,在太平湖地平线大酒店,我给大家做了一个"蓝海战略"专题讲座。"蓝海战略"是相对于成本内卷的"红海战略"而言的,其核心理念就是用战略思维面对市场,用另辟蹊径、追求边际效益的方法,避开拼成本的"红海血拼"。《蓝海战略》是美国经济学家与韩国经济学家合著的一篇战略论文。我结合芜湖市的实际情况阐述企业家应具有的思维方法,得到的反馈很好。芜湖市电视台将这次企业家培训讲座的内容分五集在综合频道播出,社会效果很好。我们还举办了"拥抱互联网""机器人的发展趋势""新三板""银企对接""天翼 4G"等各类讲座、论坛。特别是在机器人的论坛上,时任芜湖市委书记高登榜论述了工业机器人与生活机器人在制造工艺上的区别,入木三分,给人留下深刻印象。"新三板"论坛是全市最早的资本交易的论坛,嗣后,许多企业陆续进了中关村的产权交易系统。

2008 年,我们与北京大学民营经济研究院联合举办了"EMBA"培训班,学制一年。到 2012 年,共办了 4 期,培训了 400 多人,其中的许多人还因此成了北大的校友。

2012 年,我们接收了"芜湖企业职业培训学校",与芜湖市委党校合作,开展各类技能、考证、考级和家政服务等培训,坚持多年,收效颇丰。"徽嫂家政"就是在这个培训的基础上诞生的一个家政服务行业品牌。

2019年,我们又与中科院(合肥)的培训机构合作创办了企业高管的培训班——创新班,50多名学员参加了培训班,学制一年。此后,以"移动课堂"的形式继续进行走进企业的实训活动。在办"创新班"的过程中,还组织部分企业家到日本的丰田等知名企业开展研学活动,受益匪浅,为以后的跨境培训探索了路子。

2023年,在总结各类论坛、讲座和培训班的基础上,一个耀眼的品牌诞生了——企业家课堂。企业家课堂涵盖了所有的培训形式和内容,把最前沿的知识、最新的技术、最好的管理、最实效的发展模式和思维方法,通过企业家课堂传授给企业家。企业家课堂实训的教学形式是先看后听。第一课就走进了中国视谷,观看人工智能的展馆,听专家讲课,既看到了人工智能的发展趋势,又感到人工智能正在改变我们的生活和生产方式。在"走进奇瑞"的课堂里,目睹了汽车制造业的现代化,耳闻了专家解读汽车工业的发展趋势,感到汽车不仅仅是交通工具,还是人与物互联互通的终端产品。在"走进低空经济"的课堂里,企业家们深刻理解了国家将"低空经济"列为重大经济战略的意义,并在其中寻找市场的空间。

企业家课堂作为企业家实训大学校,目前在芜湖市,将来会走向全国,走向世界;走到信息、技术的前沿;走到产业、市场的巅峰。企业家课堂将是芜湖企联最具有生命力的品牌工作。

榜单的价值

企业排序是对企业年度业绩的评价,也是对其社会影响力的评估。世界500强、中国500强已成为企业强大的标志。芜湖企联从2007年开始对辖内企业开展排序工作,现在已经持续 18 年了。排序工作最初是从工业百强开始的,逐渐扩大到商业、建筑业、农业、交通运输业和文旅业。每年的年初都对上年度企业的业绩进行评估排序,每年 7 月初,召开全市企业家大会发布榜单。

排序的主要依据是主营业务收入,这是世界 500 强的惯例标准。企业对这个排序的榜单是非常重视的,每年都要观察自己在全市的位置,除了海螺、奇瑞集团等几个大型企业以外,其他企业每年在榜单上的位置都有变化。进入榜单的门槛也逐年提高。例如,2012 年工业排序的最低门槛是 7.8 亿元,到 2023 年就达 10 亿元以上。许多企业家非常重视此榜单,他们都把证牌放在荣誉室里,作为企业成就的标志。县、市、区都在乎本地区进入榜单企业的数量,所以排序工作有着重要的激励作用。

榜单的发布形式也在不断变化。开始我们重点发布形式是媒体发布,召开记者发布会,由常务副会长(经济贸易委员会主任兼任)主持发布,并回答记者的提问,这种发布会往往变成形势分析会。从 2012 年开始,我们就召开全市企业家大会,在大会上郑重其事地发布企业排序榜单。榜单由芜湖企联发布,统计局局长(以统计学会会长的身份)进行榜单分析,邀请芜湖市委书记到会讲话。这个时间选在 7 月中上旬,书记往往会总结上半年的经济形势,部署下半年工作,发布会变成了动员会,这项工作一直坚持到现在。

企业排序仿佛是一张经济形势的晴雨表,各级都在观察形势的变化,从中得到启示,有利于指导今后的工作。从 2022 年开始,榜单形成的方法有了改变,行业的榜单由业务主管部门根据行业标准进行排序,由芜湖企联组织发布。这样,主管部门的主导性和企联的服务性得到了融合,榜单的价值会更高,工作品牌的生命力也更强。

发布社会责任报告

芜湖企联组织企业发布社会责任报告是从 2015 年开始的。在这之前安徽省工业经济联合会(以下简称工经联)已组织发布两年了,中国工经联更早一点。我们认为这是一项非常有意义的工作,这与党的十八大以来中央的新发展理念相径而同。我们通过学习,认知到这是国际惯例,是跨国公司必经之路。国务院国有资产监督管理委员会(以下简称国资委)和中国证券监督管理委员会(以下简称证券会)早已明确央企、国企、上市公司每年都要发布社会责任报告。我们的认知从沙漠到了绿洲,下决心开展企业发布社会责任报告的工作。芜湖企联专题报告给芜湖市政府,得到了批复,被授权开展这项工作。

刚开始组织企业撰写社会责任报告时,用的标准是中国工经联和安徽省工经联的《编写指南》(简称《指南》),但企业感到指标体系太大,对中小企业来说,难以驾驭。我们根据芜湖市的实际,制定了《芜湖市企业发布社会责任报告指南》,吸收国家和安徽省《指南》的基本内容,概括为"四个责任,一个参与"。2017 年,党中央、国务院颁发了《关于弘扬企业家精神》的文件,根据这个文件精神,增加了一个参与,变成了"四个责任,两个参与",即经营责任、环境责任、安全责任和职工保障责任;参与社会公益活动和参与国家重大战略。这就涵盖了企业对环境、对社会的影响和企业治理的方方面面。企业在编写社会责任报告时,除了回答上述问题以外,还要侧重阐述自己的特点,重点发布企业自己的核心竞争力和企业文化。2017年,由芜湖企联和部分企业发起,把"四个责任,两个参与"的内容阐述作为标准,在标准部门的指导下,申报了芜湖企联的团体标准,在中国标准化的平台上进行了发布。芜湖企联的团体标准成了全国 500 个团体的标准之一,也是安徽省的唯一标准。在此标准实施几年以后,芜湖企联又在标准部门的指导下,把团体标准上升到芜湖市地方标准,即芜湖市的企业履行社会责任或撰写社会责任报告都要执行这个标准。2022 年,这个地方标准颁布以后,得到了芜湖市政府的奖励。

社会责任报告怎样发布? 对谁发布? 芜湖企联围绕这些问题也进行了一系列的探索。发布方式有媒体发布、大会发布,发布对象除企业家以外,还邀请了人大代表、政协委员参加,面向社会发布。近几年,主要在企业家大会上发布,同时也在媒体发布,有现场发布,有书面发布。发布的形式多样化,使受众面更广泛。

激励的常态化

人是要有动力的,激励就是动力。芜湖企联始终把对企业家的激励作为常态化的工作。

为了纪念改革开放 30 周年,2008 年,芜湖企联推选了有突出贡献的 30 位企业家,为他们颁发了功勋纪念章。纪念章由南京市制币厂特别制作,全铜打造,价值2 000 多元一枚。颁奖大会在 5720 厂大会堂隆重举行,时任芜湖市市委书记出席了大会,并亲自颁发纪念章,还喊出了"在和平时代,企业家是最可爱的人",震动了全市,这在当时全球经济危机的情况下,创造了良好的政商环境。在 2018 年改革开放 40 周年时,我们又表彰了 40 位优秀企业家,时任芜湖市委书记强调了民营企业家是自己人、家里人,使企业家们有了亲近感。

芜湖企联办的《企业家》杂志,每期封面人物都宣传一位企业家和一家企业,弘扬他们的创业精神和属于他们自己的企业文化。芜湖企联每五年召开一次换届大会,每届都表扬一批优秀会员,到 2021 年共表扬了 100 名优秀会员。

2019 年,芜湖市委制定了鼓励支持民营企业发展的 37 号文件,要求芜湖企联每年表扬 20 家优秀民营企业和 20 名优秀民营企业家。根据芜湖市委的要求,芜湖企联认真组织实施这项工作,在广泛宣传、层层推荐的基础上,在芜湖企联的年会上隆重表扬优秀的民营企业和民营企业家,由芜湖市领导授牌授证,这对激励民营企业创新、创业起到了很大的激励作用。

激励工作在芜湖企联的工作计划中已是常态化,而每次激励行动都在关键时段起到激励增能的效果。

牵手基金会从扶困到励志

芜湖市牵手基金会是全市四个具有独立法人资格的基金会之一。

基金会的酝酿期是在 2004 年。当时媒体上大量报道了许多贫困家庭的孩子因贫困上不了大学或考上了好大学,因没钱上不了学的新闻。当时,许多企业家群情激昂,纷纷想出手相助,在这种时代氛围下,我们开始筹备成立基金会。当时芜湖企联还没有成立,《章程》的起草是由芜湖教育局局长陈旭东和芜湖总工会主席陈万茂负责起草。《章程》初稿完成以后,正逢芜湖企联的筹备工作开始,组织实施工作转给了芜湖市经贸委。组织上决定先成立芜湖企联,随后成立基金会。

基金会的名称"牵手"的来历,也具有时代特色。2004 年春晚,由聋哑人表演的舞蹈《牵手》轰动一时,它的寓意是残疾人用爱牵手社会,牵手幸福,我们认为很有意义,如果借用过来做基金会的名字,寓意就是用企业家的大手牵起学生的小手,共同前行。所以,基金会名称定为"芜湖市牵手扶困助学基金会"(简称芜湖基金会）。

芜湖基金会由奇瑞汽车、浦发银行和鑫龙电器等近 17 家企业发起,在第一次成立大会上,这 17 家企业现场就捐了 160 多万元。后来捐款逐步增加,著名企业家束龙胜个人捐款 100 万元,姜纯的企业捐款 100 万元,尹同跃把获得的全国劳模的奖金也捐给了基金会,向芜湖基金会捐款的企业和个人超过 100 人。

芜湖基金会的宗旨不是简单的扶困,而是为成才而扶困。提出的口号是:"不能让成才的学生因家庭困难而失去成才的机会。"所以芜湖基金会扶助的对象是品学兼优的学生,或者某次单科获奖的学生,理事会在讨论获助学生名单时,都要附上他们的成绩单和奖励证书的。获资助的学校开始确定为 7 所示范高中和主城区的 3 所学校(1 所初中、2 所小学)。

芜湖基金会资助的方法和一般基金会不一样,一个学生一旦被列入扶助对象后,就会一直扶持他完成学业,直至研究生毕业,最长的扶助对象达 10 年以上。芜湖基金会对获助学生的学业进行跟踪服务,基金会的 6 位顾问(老同志)和秘书处的同志曾赴北京、上海、天津和西安等地的大学访问被资助的学生,使芜湖基金会的工作扎实有效。

许多被资助的学生非常感激芜湖基金会,他们在走上工作岗位后,又反哺基金会。芜湖一中一位女同学高一进入被扶助对象,后考上了上海复旦大学,从本科到研究生学习期间,她一直得到芜湖基金会的扶助。这名女同学非常感激基金会,参加工作以后,将她第一个月的工资捐给了基金会,以后每年都给基金会捐款。田家炳中学的一位受扶助的藏族班的同学大学毕业以后回家乡工作,但她始终不忘芜湖基金会,不断向基金会捐款。

到 2015 年,芜湖基金会运行了十年,开始转型。转型的背景有两点:一是政府对贫困学生的政策已到兜底的程度,贫困已不再是影响成才的因素;二是一个故事对我们的启发:芜湖基金会派出调研组,了解被资助学生在大学的学习、生活情况,许多人不愿在校内见基金会的同志,怕老师、同学知道自己是贫困生而没面子。这使我们认识到,不能再给被扶助的同学们贴上贫困的标签,影响他们在学校、同学当中的尊严,于是,芜湖基金会实行转型,改成励志奖学,并更名为"芜湖市牵手基金会"(简称芜湖牵手基金会),奖励优秀学生立志成才。奖励方法由长线扶助改为一次性奖励,但原来入围受资助的同学仍按老政策执行,就这样实施双线运行。

由于是奖励人才,人才的概念又广泛,所以奖励的学校扩大到县市区有代表性的中小学,同时又扩大到职业学校。奖励对象不仅是公办学校的学生,还扩大到私立学校的学生。特别是在 2022 年,奖励对象我们又扩大到残联联系的特殊学校的学生,凡是有残疾证的同学考上大学都是励志奖励的对象,三所聋哑学校也有奖励指标。这在残联影响很大。

经过近 20 年的运行,芜湖牵手基金会已成了励志奖学的一张名片。许多牵手的场面使人感动,记忆犹新。场面一:2008 年冬季的一天,20 多位企业家计划要在芜湖电信大楼会议室发放资助金。活动的前一天,一场大雪突然而至,积雪达一尺多深。第二天一早,企业家和学生及其家长仍然踏雪到现场,他们互相祝愿,互相感谢,情景动人。场面二:2015 年芜湖牵手基金会十周年时,在芜湖广电大厅召开了隆重的纪念活动,向 20 位企业家颁发了"慈善之星"奖章,为姜纯、束龙胜赠送了全铜的塑像,芜湖市四大班子的主要领导出席了会议,场面激情澎湃。场面三:学校把这项奖励看得特别神圣,在颁发形式上特别具有仪式感。许多学校在周一的升旗仪式上宣布获得奖励的优秀生名单,芜湖牵手基金会派企业家和基金会的顾问们出席活动,向优秀学生颁发奖金和证书,并鼓励他们努力成才,场面隆重且富有激情。这种励志场景对一个人的成长具有极重要的意义。

芜湖市牵手基金会虽然是一个小规模的私募基金,但 20 年来,在芜湖市的励志史上留下了深深的印记。

探索社团组织的运作模式

过去,综合性社团组织一般都由各级党政领导干部主政,全国各地的企联也是这样。党的十八大以后,党中央规范了领导干部的兼职行为,许多地方的企联就无法运行了,处于半歇业状态。但芜湖企联的工作仍一如既往,品牌工作越来越规范,活动内容越来越充实,社会影响力也越来越大。究其原因,就是芜湖企联在运作机制上有两个显著的特点。

一是建立独立运行的专职秘书处。芜湖企联在成立时,就组建了独立的秘书处,工作人员设编 5 人,面向社会公开招聘,其中有大学毕业生和有关单位退岗人员。一年以后的实践证明秘书长很重要,需要有领导经验,于是,就换成了一名刚从经济部门退下来的正处级领导干部担任秘书长。秘书处在会长的原则领导下,独立开展工作。我是经安徽省委组织部批准,兼任芜湖企联会长,任满了两届。当时芜湖市委副书记、人大、政协的主要领导都是芜湖企联的名誉会长,经贸委主任是常务副会长,财政、建设投资等单位和大型企业的领导都是副会长。

2016 年元月,按新规定芜湖企联的领导换届,企联的所有职务均由企业家担任,具体实施工作仍由秘书处负责。根据现行社会管理的实际情况,若由没有经验的领导同志指导秘书处工作,那工作是很难开展的。于是,我们成立了专家咨询委员会(以下简称咨询委),作为芜湖企联的智囊机构,咨询委的同志都是过去分管过企业工作的市级老领导。受芜湖企联的会长尹同跃的邀请，我和咨询委召集人韩卫民同志驻会帮助秘书处开展工作，成为一名不兼职、不领报酬的志愿者。芜湖企联的这种运作方式被安徽省企联和全安徽省 16 个地市套用，基本形成了芜湖模式。

芜湖企联秘书处更换了三任秘书长，进进出出有 10 多人，但秘书处的工作机制没有变，作为理事会的执行机构仍按程序运转。秘书处为了加强组织功能，在县市区建立工作站，作为分支机构，使芜湖企联扎根基层，提供更有效的服务。

二是发挥专家咨询委的作用。芜湖企联成立初期，曾邀请了三位顾问，都是原分管工业经济的市级老领导，他们不参加秘书处的具体工作，但出席重大活动，为芜湖企联站台。后来许多同志都愿意参加芜湖企联的活动。我们制定了一个标准，只有担任过县、区委主要领导、分管过企业相关工作的市级老同志，才能担任企联的顾问。就这样，芜湖企联的顾问就扩大到 15 人，有时参观考察时会扩大到近 30 人。大家关心企业、联系企业的热情很高，也使芜湖企联在社会的影响力越来越大。党的十八大以后，芜湖企联顾问更名为专家咨询委（简称咨询委）。不管是顾问还是专家咨询委，除召集人外，都不参加秘书处的日常工作，只作为芜湖企联的智囊机构单独运行。咨询委的主要任务是调研，反映企业和企业家的诉求，基本上每年都向芜湖市委、市政府出专题报告。到目前为止，已向芜湖市委、市政府上报了 10 多个专题报告。芜湖市领导对芜湖企联的报告都很重视，都有批示、交办，许多建议也都得到了采纳。例如，无为县划归芜湖市以后，电线电缆行业成了第四大支柱产业，咨询委针对这个行业进行了四次调研，出过三份专题报告，市领导都很重视，分管市长还亲自听取调研汇报，对这个行业采纳了三方面的建议：一是加强质量保障措施，在无为市建立市属检测中心，确保电缆质量可靠面市；二是针对人才缺乏问题,在市职业技术学院设立电缆学院,利用自主招生的条件,专办了 2 个电缆专业班,招生 100 人,为电缆行业培养了人才;三是为解决企业贷款互联互保问题,设立了市级过桥基金,逐步解脱企业的困境。

2024 年,咨询委就企业发布社会责任报告事项进行深入调研,对芜湖企联 9 年来的工作进行了总结,向芜湖市政府建议表扬 10 家发布社会责任报告的优秀企业,并对深入全面开展这项工作提出了切实可行的措施。芜湖市委书记宁波同志亲自作了批示,要求芜湖市政府常务副市长和分管市长研究办理,并要求对这项工作进行积极引导。主要领导同志的重视,在企业界产生了强烈的影响,加大了这项工作的推进力度。

芜湖企联独立运行的秘书处和智囊机构咨询委作用的发挥,是芜湖企联区别于其他城市企联的显著特点,使芜湖企联具有独特的活力和生命力。

党建是引领企联的灵魂

芜湖企联秘书处一成立,就筹建了党支部。自 2006 年起,芜湖企联党支部为芜湖市经贸委机关党委的第三支部,后来与经贸委脱钩以后,直属芜湖市民政局社会组织党委领导,一直是建制性的党组织,发挥着政治领导作用。

芜湖企联党支部除了正常组织生活以外,还每年组织支部成员到革命圣地进行红色基因教育,所有秘书处的同志和执行会长都参加这些活动。芜湖企联党支部分别到过延安、井冈山、上海一大会址和南昌八一纪念馆等地参观学习,重温入党誓词,固基信仰,不忘初心。通过这些活动,增强秘书处同志党的观念、党的意识和学习贯彻党的方针、政策的自觉性。

芜湖企联的《章程》多次被修改,把党的建设作为首位任务和前置条件,始终把贯彻党的方针和政策作为芜湖企联的最高准则。认真做到"四个自信",维护"两个确立",把芜湖企联始终置于党的领导之下。

讲完这 10 段经历和故事以后,我们清晰地看到了芜湖企联走过的 20 周年的历程,有探索,有成功,有教训,这些都是宝贵财富。弱冠之年是刚刚成熟的年龄,在总结 20 年经验的基础上,我们要继续讲好芜湖企联的故事,使芜湖企联今后的路更宽、更高、更远。

目　录

后　记

第一编 龙章凤姿 —— 企业家风采

在江城芜湖这片充满活力与机遇的热土上，芜湖市企业联合会的企业家们宛如璀璨星辰，交相辉映。他们以勇气乘风破浪、开拓创新，引领企业在商海的波涛中稳健前行；他们用卓识洞察商机，如指路明灯，照亮企业发展的漫漫征途；他们用坚毅担当责任，像巍峨之山，为员工撑起一片蓝天。翻开此篇，让我们一同领略芜湖企业家们的风采。感受他们在时代浪潮中书写的壮丽篇章，见证他们如何以智慧与汗水铸就企业辉煌，推动城市发展，成为芜湖经济腾飞背后坚实而有力的脊梁。

1

尹同跃:能够让中国的汽车工业在世界上占有一席之地,这辈子就值了

奇瑞总裁办

尹同跃

"今天在1 500万辆汽车下线的现场,见到了当年见证奇瑞第一辆车下线的老员工、老朋友,许多人和我一样,黑发变成了白发,小伙变成了大叔,大叔变成了老汉。但是,我们的公司变年轻了,当年的小草房,变成了今天遍布全球的先进的现代化智能工厂。当年下线的第一辆车风云,今天进化成了新能源产品家族,这就是时间流动的力量,它让一代代奇瑞人变老了,又会让一代又一代的奇瑞汽车永葆青春。"

这是2024年10月19日,奇瑞集团党委书记、董事长尹同跃在奇瑞全球1 500万辆汽车下线现场致辞时真情流露的一番话,曾一度哽咽。此时,距离他受邀来到奇瑞创业已经过去了28年,而创业时的"小草房",如今已成长为世界500强的第385位、安徽省百强企业的榜首。2024年1~10月,奇瑞汽车已完成销量202万辆,预计全年将完成260万辆,目前奇瑞汽车正在全力冲刺全球车企TOP10。

创业者的家国情怀：造中国人自己的汽车

奇瑞汽车的创立源于对地方经济发展的责任，选择制造汽车的背后，则是对民族产业发展的家国情怀。

20世纪90年代，中国汽车行业盛传着"两个神话"，一是中国汽车企业不与跨国公司合资就没有前途；二是企业生产规模不达到100万辆以上不能搞自主研发。这"两个神话"反映了当时业界的一种认知：中国人没有能力发展自己的民族汽车工业，必须依靠国外技术和品牌。彼时的中国汽车市场长期被外资和合资品牌垄断，中国虽然贡献出广阔的市场，却并没有换来外资品牌的核心技术。这种现象引起了原科技部一位老部长的思考，他在给中央的一封信里写道："中国汽车是走韩国自主品牌之路，还是走巴西的外国品牌代工之路？"这个发问引起社会各界的思考。安徽省芜湖市的汽车零部件工业公司就是在这个背景下创建的。

芜湖人一直有一个造汽车的梦，1958年、1973年和1990年先后三次尝试造车，结果都以失败而告终。失败的根本原因是没有真正懂得造汽车的人才。1995年，刚刚成立的安徽汽车零部件工业公司筹备处负责人一行前往第一汽车有限公司（以下简称一汽）参观学习时，特地前往安徽老乡尹同跃担任车间主任所在的生产线去参观。交流中，负责人詹夏来敞开心扉诚邀尹同跃："回家乡来吧，我们造中国人自己的汽车。"这句话，一下子打动了年轻的尹同跃。

1996年，34岁的尹同跃回到家乡芜湖，开启了奇瑞汽车艰辛而又精彩的创业历程。当时，项目的启动资金仅30万元，地点位于芜湖市城北杂草丛生的废弃砖瓦厂，工棚四壁漏风，桌子不够用，就用设备包装板搭建，大家就是在这样的环境下，做技术规划、画图、培训和研究项目，连饭都是自己做。

从 0 到 1,尹同跃带领奇瑞的创业团队从啃发动机"硬骨头"起步。一个创业故事在其后数十年,激励了一代又一代奇瑞人。1998 年,奇瑞从英国引进了一条二手发动机生产线,出于对技术上的担忧,当时选择了由英方技术人员负责安装调试生产线的"交钥匙"工程。然而,由于外方技术团队的傲慢和"磨洋工",导致发动机厂房已经建好,生产线安装调试却未能同步进展。

"终止合同,自己干! 干不成,跳长江!"年轻的尹同跃站到一个设备箱上,上演了一段血性演讲:"同志们,要英方安装会安装到下一个世纪才完成,我们等不起。从今天起,我们自己干,他们说我们干不了,最后还得请他们回来。我们能让他们笑话吗? 能给中国汽车人丢脸吗?"大家群情激昂,异口同声地喊:"不能!"

就这样,在通往汽车"珠穆朗玛峰"的长途征程中,奇瑞踏上了更艰难的自主"北坡",而非合资的"南坡"之路。

奇瑞的老员工还清楚地记得尹同跃的鼻梁上贴着创可贴的形象,那是因为他连续工作,白天走路打瞌睡时鼻子撞上了钢架导致的。有一次,购买宝钢的冲压薄板,价格怎么也谈不下来,尹同跃急了,顾不上当时高烧 40 度,打着吊针就上了车,亲自去和宝钢谈。宝钢总经理谢企华深深被感动,连说:"好,好,你打着吊针来砍价,我们让价,让价。"

一个个小故事的背后,都是尹同跃个人与奇瑞集体融合一体的生动写照,也催生了奇瑞艰苦创业的"小草房"精神文化:有骨气,敢担当;不惧困难,永不放弃;用有限的资源,创造无限的梦想;永远保持忧患意识。

1999 年,奇瑞自主研发出中国第一台轿车发动机,第一辆轿车成功下线;2001 年,奇瑞第一次将中国轿车出口海外;2007 年,实现自主品牌第 100 万辆汽车下线,建立自主可控的零部件配套体系……一次次成功突围,终于打破了业界"两个神话"的思想禁锢,让原本属于"奢侈品"的轿车"飞入寻常百姓家"。

从 2001 到 2010 年,奇瑞连续 10 年位居自主品牌销量第一。面对创业期的甜蜜收获,尹同跃却敏锐地从近乎野蛮生长的发展速度中捕捉到危机。奇瑞创业之初,一无资金,二无技术,依靠"模仿创新"——"集成创新",走出了迅速壮大的发展历程。但从长期主义出发,奇瑞必须转型,实现从追求速度、规模和销量,到追求产品品质和品牌形象的转变。

转型伊始,奇瑞刚刚经历了 200 万辆车下线的荣耀时刻,当时,很多奇瑞人还不能完全理解,奇瑞正处在黄金发展期,为什么要停下脚步搞转型?"宁可销量掉出前十,也要坚定转型。"尹同跃在 2010 年说的这句话,掷地有声,拉开了奇瑞汽车转型的序幕。

十年转型凤凰涅槃:必须坚守长期主义

尹同跃很早就意识到,无论是创业早期冲破国外知名企业的技术壁垒,还是直面特定国家的核心技术"卡脖子",技术创新都至关重要。对于当时打造出中国第一个正向研发、拥有完全自主知识产权的 ACTECO 系列发动机的奇瑞来说,只能算刚刚入门。

"体系与流程是基本功,练好基本功,再在这个基础上进行创新。""核心技术必须指望自己,买也买不到,合作也合作不来。"这是尹同跃一直以来的坚持。

从 2010 年开始,在尹同跃的带领下,奇瑞实施全方位战略转型,对包括战略运营、质量管理、产品管理、采购管理、生产管理、营销管理、财务管理、人力资源管理和信息技术管理等在内的九大体系进行全方位打造,建立从市场到市场的"V"字形正向开发流程,实现模块化、平台化和通用化开发。

再穷不省研发,再忙不减培训。"一个企业不可能永远一帆风顺,不论在顺境还是在逆境,我们都一定不能放弃新技术的开发。企业再穷再难,每年都要拿出销售收入的 7％以上用于产品研发。同时,公司生产、销售再忙,也不能减少员工培训。"尹同跃说。

在燃油车时代,奇瑞将发动机视为核心中的核心,与 AVL 联合开展技术攻关、联合培养技术人才,自主开发的 ACTECO 系列发动机,持续迭代升级,先后有 10 款发动机荣获"中国心"十佳发动机。同时,奇瑞也是最早掌握发动机、变速箱和底盘三大核心技术的自主车企,核心技术全栈自研,是最近几年奇瑞在燃油车赛道直道超车的底气所在。

创新需要大量的资源投入,而资源总是有限的。作为一家年轻企业的掌门人,尹同跃另辟蹊径,创新推动"创客化",倡导"不求所有,但求所用"的用人理念,吸引海内外优秀人才,以重点技术攻关项目产业化为媒,"引进一个团队、打造一个企业、做活一个产业"。2004 年,尹同跃亲自说服国外某知名汽车零部件企业华人专家袁永彬博士回国。奇瑞出资金、搭平台、给订单,助力袁永彬依托核心技术孵化企业,使其接连攻克刹车片技术难关,从而使奇瑞成为全国首家、全球第二家实现 EPB 量产的企业。

如今,在奇瑞"创业引才"孵化的企业中,已有 3 家实现创业板和主板的IPO,5 家实现新三板上市,计划上市企业 20 余家,这些企业为奇瑞打造自主可控的供应链发挥了重要作用。

转型的同时,国际化也是尹同跃一直坚守的核心战略,创业伊始就为奇瑞确立了"打造世界一流品牌"的目标,制定了"无内不稳,无外不强"的国际化战略,立志打造国际化的汽车品牌。从 2001 年奇瑞旗下 10 辆风云轿车出口叙利亚,正式拉开奇瑞"走出去"的序幕开始,尽管国际形势风云变幻,走向海外的路途荆棘遍布,但奇瑞的国际化步伐从未停歇。

尹同跃认为,既要从中国看世界,也要从世界看中国,要用"落地生根"的方式走进海外市场,要不遗余力地将中国的管理、技术和文化带到国外,让越来越多的海外消费者读懂中国品牌，潜移默化地加强他们对中国文化的认同感，成为造福全球的"贡献者"。要想真正成为全球化企业，不仅要开展全球化贸易，布局全球化市场，更重要的是要有全球化的经营理念、全球化的责任担当和价值贡献。每到一处，都要做到先予后取，扎根当地，成为当地最好的企业公民。

转型是痛苦的，也是坚定的。2010年启动战略转型后，奇瑞公司一度3年没有新车上市。直到2013年以后，奇瑞才陆续上市了艾瑞泽7、瑞虎7和瑞虎8等重磅车型。"今天可以不谦虚地说，我们毕业了，我们会造车了！"尹同跃在转型3年后的首款车型上市发布会上动情地说。

转型让奇瑞建立了自己的体系流程、有了奇瑞自己的生产方式、有了以世界领先的第三代发动机为代表的一系列核心技术。奇瑞累计申请专利32 000多项，获得专利授权19 000余项，其中发明专利占比37%。奇瑞先后承担180多项国家重大科研专项，5次荣获国家科技进步一等奖、二等奖，3次被授予国家级"创新型企业"。奇瑞的销量也逐年回升，2018～2020年，中国车市连续三年下滑，奇瑞却一直保持着稳步增长，为2021年以来的向新而生打下了坚实的基础。

2018年9月17日，奇瑞控股、奇瑞股份正式在长江产权交易所挂牌预公告，进行增资扩股。

尹同跃在致奇瑞人的一封信中写道："创业之路不易，守业更需要恒心、魄力和智慧。"随着新能源、智能互联浪潮带来的技术革命，消费升级催生的迅速迭代，汽车行业的竞争更加激烈，很多游戏规则都被改写了。尽管奇瑞通过前几年的战略转型，夯实了稳步增长的局面，还在技术创新、智能互联、新能源和国际国内市场等方面取得了新成果，但是，要想把奇瑞打造成为一个响当当的"百年老店"，必须更加积极主动地创新求"变"，为下一轮竞争抢占新赛道。

增资扩股的背后，是奇瑞从战略转型走向体制机制转型的深层次变革，除了进一步做大做强企业,引入新产品、新技术、新能源和智能化等巨大资金投入保障之外,更要着眼于"建立更有效的现代化公司治理结构,在资金、人才、技术以及先进管理观念的引入方面更加灵活,也为下一步进入资本市场打好基础。"尹同跃在一封信中写道。

向新而生：坚持"五向"，走长期制胜之路

战略转型的积淀,加上体制机制的变革,带来技术和思维上的升华。2022年9月,奇瑞重磅发布"瑶光2025"前瞻科技战略,展现五大领域核心技术突破,计划五年内投入1 000＋亿元,培养研发人才20 000＋人,建立300个瑶光实验室。

尹同跃在主题演讲时说,奇瑞公司的第一阶段是传统车阶段,当时是不服气,外界认为我们不能造自己的发动机、变速箱,不能造好车,我们通过自主创新、正向研发赶上来了。新能源、智能化时代,奇瑞发布"瑶光2025"战略,就是要向外界展现一个全新的奇瑞,是加速走向全球科技公司的冲锋号和宣言书,更是奇瑞进阶向上,承载民族品牌向上使命和担当的一次勇敢攀登。

"瑶光2025"战略发布两年来,奇瑞的技术快速进阶、迭代,奇瑞已完全建立了自己的技术自信:世界级的混动技术——鲲鹏超能混动C－DM,世界级的纯电平台——E0X,火星架构、鲲鹏动力、雄狮智舱、大卓智驾和银河生态五大技术领域全面进阶,鲲鹏电池、端到端大模型、智舱大模型、飞行汽车和云台智能底盘2.0等重点技术突破,构建起高质量技术价值创新链。

如今,奇瑞已经形成了以奇瑞、星途、捷途、iCAR和智界品牌为主的乘用车板块,以开瑞、联合重卡为主的商用车板块,以及汽车金融、服务和地产等非车产业协同,燃油、新能源双赛道油电协同发展,搭建了涉及汽车全价值链的"航

母＋护卫舰"的生态圈,技术奇瑞开始向科技奇瑞全面发力。

"今年(2024年)我们的新能源开足马力,单月销量一路高歌,进入行业4强。在新能源方面,我们终于把'起了个大早,赶了个晚集'的帽子丢掉,变为'起了个大早,赶上了大集'。""我们每年的科技日,都有一个'吹牛'指标,今年的'吹牛'指标是'明年奇瑞的智能化也要不客气了',必须进入行业头部。"在实现了第一个"奇瑞的新能源要不客气了"的"吹牛"指标后,尹同跃在2024年的奇瑞全球创新大会上发出了智能化"不再客气"的宣言。

奇瑞的国际化战略也在这一时期完成了化蝶般的蜕变。在2024年全国两会代表通道采访中,尹同跃提到了两个故事:奇瑞驰援甘肃省、青海省地震灾区,奇瑞第一时间参与土耳其地震救援。两个救援,一个国内,一个国外,恰是奇瑞汽车作为全球化企业,坚持"在兹念兹"(In somewhere,for somewhere)全球企业公民理念,积极投身全球范围的经济发展、ESG建设、民生和公益事业的写照。

如今的奇瑞,产品畅销全球110多个国家和地区,汽车年出口已超百万辆量级,中国每出口五台车,就有一辆是奇瑞汽车,海外用户累计超过400万。连续22年位居中国汽车品牌出口第一,是奇瑞秉持"只有为全球每个市场区域创造价值,才能体现自己的价值"理念的体现。

尹同跃曾说过:"我这一辈子为打造这个平台,能够为更多的后来人创造他们的事业,更大的事业,能够让我们中国的汽车工业在世界占有一席之地,我这辈子值了。"

尹同跃对芜湖心存感激与感动,芜湖对奇瑞的发展可以说是"倾囊相助",始终伴随奇瑞的发展,在奇瑞成功发展时"锦上添花",在奇瑞遭遇困难时"雪中送炭"。尹同跃坦言:"奇瑞是芜湖市培养出来的本土企业,死了也不能改变企业的属性,对芜湖市要用心用情,一定要支持芜湖市的产业发展,是责任也是义务。"

　　奇瑞用实际行动践行对芜湖市发展的责任。奇瑞作为芜湖市汽车制造链的主企业，围绕汽车产业链，在芜湖集聚关联企业 1 400 余家，吸引数十家前来投资的世界 500 强企业，整体带动 30 余万人就业。尹同跃说过："我们要让芜湖成为全球技术创新和创业冒险家、野心家的乐园，成为年轻人的世界，成为不限于汽车的新技术、新业务的诞生地。"奇瑞因此孵化衍生出的工业机器人、新能源、现代农业装备、智能互联、汽车金融、旅游地产及跨境电子商务等新兴产业，带动了产业链上下游企业形成生机勃勃的"产业生态圈"。

　　从"芜湖是奇瑞的家乡，是我们的根基所在"，到"二十多年来，我们坚持艰苦创业、开放创新，和其他的中国车企，包括合资企业一起，共同撑起了中国制造的脊梁，共同把中国打造成世界第一大汽车出口国"，再到"在兹念兹"做优秀的全球企业公民，共同为人类的进步贡献力量，尹同跃背后的家国情怀同样在升华。

　　坚持品牌向上、市场向外、技术向未来、产业向生态链高端和管理向追求卓越，用自己的方式，为中国建设汽车大国、汽车强国添砖加瓦，为中国汽车品牌增光添彩，让更多全球用户喜爱中国车。

　　尹同跃的新征途，才刚刚开启。

郭景彬：激荡四十载 一场生动的"创业"之旅

成德广

郭景彬

郭景彬，1958年出生，安徽省淮北市人，毕业于上海建材学院，中国社会科学院企业管理硕士，高级工程师。历任安徽海螺集团有限责任公司董事、副总经理，芜湖海螺型材科技股份有限公司（股票代码：000619）董事长，安徽海螺创业投资有限责任公司董事长，中国海螺环保控股有限公司（股票代码：HK.00587）董事长，芜湖市上市企业协会会长等职务。

现任中国海螺创业控股有限公司（股票代码：HK.00586）董事长，安徽海螺集团有限责任公司董事。荣获"2018年中国固危废处置产业十大领军人物""2019年度中国战略性新兴环保产业杰出贡献奖"称号。

郭景彬拥有三十多年建材行业和丰富的资本市场经验，擅长企业的战略规划、资本运作、营销策划和品牌缔造。业内给了他这样的职场评语：

他，青衿壮志，躬耕无声，投身建材行业三十载，见证海螺集团荣登世界五百强；他，深学笃行，善为善成，四次推动企业成功上市，成就业界资本运作佳话；他，目光敏锐，高瞻远瞩，跨界环保风口，带领企业跻身行业翘楚。他的人生历程,是中国经济四十年飞速发展的生动写照。他的奋斗故事,是展现书写建功新时代企业家精神的精彩注脚。

2013 年,是郭景彬事业的分水岭,这一年,他卸任海螺集团职务,执掌海螺创业,开启节能环保事业的新征途,也开启人生的新篇章。

初试锋芒:成为资本运作的行家里手

2013 年 12 月 19 日,香港联合交易所,海螺创业公司(以下简称海螺创业)上市的铜锣声,响彻大厅。

此次上市,海螺创业成功发行 3.0475 亿股,每股定价 13.56 港元,共筹集资金 41.3 亿港元。挂牌交易当天,以 15.4 港元开盘,当日成交量达 9 883 万股、涉资 16 亿港元,名列 2013 年香港新股赚钱王第二位。

作为这家新上市公司的董事长,郭景彬笑容满面,信心满怀。从这一天起,他将带领团队踏上新的征途,他的人生和事业也正翻开新的篇章。

如果人生是一本用时光写成的书,郭景彬的人生之书,够厚,够丰富,也足够精彩。

1980 年,从上海建筑材料工业学院毕业后,郭景彬便加入安徽海螺集团的前身——宁国水泥厂。从此,他的人生就和海螺紧密地联系在一起。

时势造英雄。站在行业的风口,几十年间,在中国水泥行业高速发展的浪潮下,海螺集团一跃成为世界企业五百强。

英雄亦造时势。从青春到中年,郭景彬亲历了整个行业轰轰烈烈的大发展,他从一名普通员工,一步一个脚印地成长为公司的高管,为中国水泥事业的发展,耕耘奉献了三十余载。

如今,叱咤于全球水泥建材行业的海螺集团,依靠的是资本运作和技术创新两驾马车,拉动了自身的高速发展。而它的每次资本运作与市场操盘,郭景彬都是其背后的重要推手。

1997年7月,举国沉浸在香港回归的喜悦之中。9月,安徽海螺水泥股份有限公司(简称以下海螺水泥)正式成立。海螺水泥成立后的第一件大事,便是筹备在香港H股上市。海螺水泥H股在香港联合交易所成功挂牌上市后,累计发行3.61亿股,募集资金8.8亿港元。

2002年,海螺水泥再次成功发行A股,成为中国建材行业首家A+H股水泥上市公司。上市募集的资金,变相主导了业内佳话的海螺"T型战略"。

2003年11月,海螺水泥在香港"闪电式"配售了7 220万股H股,募集资金5.98亿港元。2008年5月,全球金融海啸来临之前,海螺水泥公开增发2亿股A股,募集资金114.76亿元人民币。

初试锋芒的几次成功操作,也让郭景彬逐渐成长为一位资本运作的行家里手。

壮志融于使命:种下一颗环保种子

时代的机遇,总会留给有准备的人。

时间回溯到2010年元月。

这一年,国务院正式批准实施《皖江城市带承接产业转移示范区规划》。这是安徽省历史上首个进入国家层面的战略规划,其中高起点、高标准建设芜湖市江北集中区是"规划"的最大亮点。为快速启动和促进园区建设发展,安徽省领导要求海螺系企业在芜湖市、亳州市投资战略性新兴产业,通过大企业的带头示范作用,掀起园区建设的高潮,把省委、省政府的决策部署落到实处。

为从根本上解决项目资金问题,尽快形成新的经济增长点,最终确定成立中国海螺创业控股有限公司,并通过用红筹方式在香港上市来解决相关投资项目资金问题的最佳方案。

届时,中国海螺创业控股有限公司以安徽海螺川崎节能设备制造有限公司、安徽海螺川崎工程有限公司和扬州海昌港务实业有限责任公司这三家公司及海螺集团49%股权为主体,在香港联合交易所主板上市,这种创新的红筹股权架构,在安徽省乃至国内都属首创。

机遇应运而生!

当初海螺水泥、海螺新材上市,郭景彬就是主要负责人之一,过往的经历,已经为他积累下丰富的资本运作经验,现在到了他大显身手的时刻了!

为实现海螺创业的长足发展,担任海螺集团董事、副总经理,海螺水泥执行董事的郭景彬,毅然退出了国有企业干部序列,投身到海螺创业上市筹划当中。

敢想敢干、敢打敢拼、富有创新精神的郭景彬,怀揣着二次创业的梦想,带领一个敢想、敢干、敢拼的优秀团队,马不停蹄地开启了建设中国节能环保事业的新征程。这是一次资本与产业双轨并举、成绩非凡的创新之旅。

2013年6月,海螺创业上市发行项目正式启动。

郭景彬及其团队仅用了4个多月的时间就完成了海螺创业上市的各项准备工作,为海螺创业成功上市做出了重大贡献。

不负众望,海螺创业成功上市后,成为公众持股的上市公司,股份在国际资本市场实现全流通,股份发行获得了产业投资者和财务投资者的热捧,基石投资、机构投资和散户认购均超额。事后的业绩证明,海螺创业不但没有让大家失望,而且还带来更多的惊喜!

海螺创业的设立,是时代发展的机遇,也是历史发展的必然结果。郭景彬较早亲历并见证了企业的多元化、市场化发展,久经商海沉浮,他拥有了捕捉行业动向的敏锐视角和卓越的市场洞察力。这些,都为他后来成为横贯"十二五"

至"十四五"时期中国环保事业的"先行者"奠定了基础。而在他带领下创立的新公司,也对中国生态环保事业的发展产生了深远影响。

海螺创业以红筹方式在香港联交所主板挂牌上市,通过国际资本市场构建新的融资、激励平台,是加速海螺崛起的一项重大战略举措。发行之快、投资者之多、效果之好,在港股发行中也是不多见的。

德银亚太区投行前主席蔡洪平对此评价说,海螺创业的上市是中国梦的体现,它创造了多个第一:一是近年来最大的环保节能产业投资开发项目;二是得到最多的基石投资者认可(达到5家);三是最高基石投资比例之一,高达50%的基础发行规模;四是最快完成路演,仅仅4天的路演,全球罕见;五是高达16倍的超额认购;六是由一个创始人完成四次上市;七是第一个中国红筹股的母公司通过境外红筹结构上市。

时任中国建材董事长、现任中国上市公司协会会长宋志平说:海螺创业上市,不仅是一只股票的上市,更是为国企下一步改革创造了范例,具有重大意义。

郭景彬将时代赋予的重任也扛在了肩上。国家需要的,民族期待的,企业发展必需的,这一切,都成为他孜孜不倦、勇敢前行的动力和使命。

潮平两岸阔,风正一帆悬。今天,回望来时路,在郭景彬的带领下,海螺创业可以有底气地说,成功上市不仅开启了国有企业资产重组、红筹上市的先河,打造了企业员工的利益共赢模范样本,加快了企业管理转型、产业升级进程,而且更对推动中国绿色建材工业发展、建设生态文明强国产生了先锋引导作用,影响深远。

双轮问鼎:谋局者亦善为

创业不能跟风,要做,就要做到与众不同;创业也是创新,要做,就要做到行业领先。在无人走过的地方,踩出一条新路,这是郭景彬的人生信条,他是这么想的,也是这么做的。

海螺创业成功上市后,在以郭景彬为首的团队带领下,公司紧跟建设生态文明强国的国家战略,聚焦绿色节能环保事业,逐步推进企业的转型升级,通过外延式产业扩张和内生性效益增长,实现了企业经营业绩的持续快速突破。

善谋全局者,方可谋一域;善谋一世者,方能谋一时。伟大的掌舵者,往往是高明的洞察者、谋局者和推动者。

2013年海螺创业上市初期,主要依靠的是余热发电EPC业务,郭景彬及其管理团队清醒地认识到EPC业务随着市场饱和和竞争的加剧,后期业务量将会逐渐减少,难以对公司发展形成持续支撑。所以在海螺创业上市后,公司开始拓展水泥窑协同处理生活垃圾(CKK)业务,成功在全国推广17个该类项目。同时为了拓展无水泥窑地区的城市生活垃圾处理业务,公司开始探索垃圾焚烧发电技术。2013年11月12日,与日本川崎重工正式签署垃圾焚烧发电技术合作协议。2016年年初,首条金寨垃圾焚烧发电示范项目建成投产,并开始在全国范围内推广。

方向正确,路就会越走越顺,跟着时代的风向,一切都水到渠成。

随着国家相关鼓励水泥窑协同处置政策条款不断出台,2015年年底,公司通过增资控股西安尧柏环保公司,进入利用水泥窑协同处置固废危废领域;2017年年底,公司全资控股的芜湖大型固废危废示范基地建成投产。至此,海螺创业公司形成了垃圾焚烧发电和固废危废处置两项核心技术,完成向环保产业完美转型升级。

2018年,结合市场判断,海螺创业公司积极升级改造水泥窑协同处置生活垃圾项目向固废危废处置转型,进一步优化环保产业脉络。2019年,郭景彬首次提出"双轮驱动"战略模型,形成炉排炉垃圾发电+水泥窑协同处置固废危废双产业核心驱动,制定了全新的 2019—2023 年五年发展规划,并确定了"1133"发展目标,"双轮驱动"核心发展战略驱动海螺创业发展驶入快车道。

2022 年,一个轮子水泥窑协同处置固危废业务主体"中国海螺环保控股有限公司"成功在香港主板分拆上市,实现了母公司上市再分拆上市的两次精彩;垃圾焚烧发电产业跃升至行业头部。2023 年,在越南的北宁发电项目正式商业化运营,海外环保产业发展取得突破。

截至 2023 年年末,公司的总资产突破 800 亿元,较上市初期增加了 4 倍;主营业务收入超 80 亿元,较上市初期增加了 4 倍;累计实现利润总额 483 亿元。

历经短短十年的发展,从单线突破到双轮问鼎,从安徽一隅到绿满九州,郭景彬硬生生将这家生于芜湖、长于芜湖、立于芜湖的企业,两次带到了国际舞台。

十年来,郭景彬将两大主营环保的产业相继做到行业头部,实现母公司上市后的再次分拆上市;企业的发展足迹遍布全国 26 个省、市、自治区及海外越南等地,共推广了 197 个项目(含分拆上市的固危废项目 66 个)。

十年来,累计处置城市生活垃圾 3 600 余万吨,累计发电量高达 156 亿千瓦时,相当于节省标煤 500 万吨;累计碳减排放量达 1 900 余万吨;累计减少各类气体污染物排放近 13 000 吨;累计减少废水外排 540 万吨;累计处理了 80 余万吨市政污泥和 17 余万吨厨余/餐厨垃圾;累计资源化外售炉渣 1 200 余万吨,应急处置涉疫垃圾 3 万余吨;累计协同处置工业固废危废 1 170 余万吨(截至分拆时)。同时,"宣教示范基地""绿色低碳节能减排企业""环保诚信企业""园林式单位""无废工厂"等荣誉纷至沓来。那一串串数字,无不彰显着那一份沉甸甸的责任感,诠释着"人不负青山,青山定不负人"的坚定信念。

十年来,海螺企业累计分红超过 86 亿港元,郭景彬让全体投资人共享了丰硕的发展果实;员工人数从 770 余人增长到 6 300 余人,子公司数量从上市之初的 9 家发展到目前的 150 余家,加上分拆时的海螺环保 3 700 余人,100 余家子公司的规模。

十年来,公司以年均新增 25 家子公司、900 名员工的速度在发展着,这在业内乃至中国企业发展史中都是一个相当了不起的成绩。

而这,恰恰是领导力的最好印证。

郭景彬曾开玩笑地说:"以前从事水泥工业,高能耗,给环境带来一定影响。所以,我们现在要坚定不移地做节能环保事业!"

正是带着这一份坚守初心的执着,带着于国家、于社会、于青山绿水沉甸甸的责任,从理念共鸣到行动自觉,郭景彬希望通过企业的力量,立志让每一位公民化身绿水青山的守护者、构筑者和受益者,共同推动这份"功在当代、利在千秋"的伟大事业。

"海螺创业环保产业的发展在业内是标新立异的,是独树一帜的,同样也是不可复制的。"郭景彬说,"决定一个企业通向成功的因素有很多,而海螺创业的成功,靠的是得天独厚的资源、深度赋能的管理团队、创新引领的变革精神和绿色共享的共赢精神,这是我们的核心发展秘籍。"

诚然,一个企业,一个孤立于资本市场久经考验的企业,试想:若没有核心领导者在关键时刻深度洞察的眼光和敢为人先的魄力,以及社会责任与担当,即使再高超的经营手段恐怕也难以掀起大风浪。海螺创业今天在环保行业中的悠然姿态,很大程度上是来自于郭景彬独具一格的领导魅力,以及深驻内心的家国情怀。

躬身再创业:循环经济下的"探险家"

国内环保产业的"黄金十年",海螺创业在郭景彬的掌舵下,凭借自身的综合优势,获得了飞速发展,双轮问鼎,气势如虹。

但是,任何一个行业,危机总是存在的,无论是具象或是潜在的。

近年开始,国内环保行业的赛道开始全面收紧,危机显露。随着国家相关政策逐渐释放完毕,一方面传统业务模式增长乏力,另一方面行业新需求、新要求渐渐收窄。

在此背景下,行业在逐渐进入新的循环中,环保企业将普遍面对行业性转型的时代推力。企业如何转型升级?如何主动求变,寻找新的业务增长点?新的业务增长点是否符合国家产业战略规划,是否契合企业当前发展实际的、兼具企业现有产业和创新业务的耦合效应?一个个问号,成为摆在所有环保企业眼前的难题,海螺创业也不例外。

这个时候,考验的是掌舵者的领导力、胆识力和足够的高瞻远瞩。

思危求"变",是优秀企业家的必修课。"变",就要"变"出个名堂。

综观国家产业发展大势,新能源是离环保最近的风口,国家的新能源革命,为环保行业提供了新一轮发展机遇,但并不是每个企业都能在这个十字路口走对方向。

预先布局、长期深耕是把握住行业机遇的关键。

但是,把握关键只是基础,企业的产业转型升级更要能够兼顾传统和创新,兼顾当下和未来,兼顾固有优势到新一轮优势的演变。企业亦需要根据市场需求和技术边际,定制自身的发展战略和业务模式,寻找新的增长点和产业价值,打造一个具有核心竞争力和差异化优势的品牌形象,"变"出自己在行业中的地位和影响力。

基于此,郭景彬审时度势,认定"循环经济大有可为",决定押宝废旧锂电池资源化回收利用的赛道。

思而后定,他躬身开启了新一轮的产业发掘,决定进军新能源产业。

不失时机,说干就干,海螺创业以锂电领域为切入口,从原材料到最终应用的整个链条中,锚定"废旧电池回收""锂原材料"主导的循环经济及新能源材料产业,迅速在安徽省芜湖市、四川省乐山市落地总体规划年产 50 万吨磷酸铁锂正极材料、1.5 万吨锂电池资源化回收利用项目以及年产 20 万吨动力储能电池负极材料项目。

2020 年,在新技术、新业态、新时代的感召下,海螺创业响应国家"双碳"战略,联合日本川崎重工,在安徽省芜湖市共同开发锂电池资源化回收利用(CKB)中试项目,开创了中国首台套焙烧工艺处置废旧锂电池的先河。

海螺创业的锂电池资源化循环利用项目是通过利用水泥窑废热烟气实现废旧锂电池的安全破碎和分离,使废旧锂电池中锂、铜、铁、铝等有价金属得到充分回收利用。

相较于当前行业内无序、传统的回收工艺技术,郭景彬有自己的见解:"我们的工艺核心优势显著,一是安全高效,CKB 工艺前端无需浸泡放电或人工拆解,可从根本上规避环境污染及电池拆解过程中的燃烧或爆炸风险;二是环保优势明显,相比较传统湿法,CKB 全流程不使用任何化学药剂,项目产生的废气可经水泥窑全部无害化处理,无新增排放;三是成本优势突出。相比较传统的火法,CKB 工艺利用水泥窑废风对电池进行预热放电,同时预热后的废气送入水泥窑处置,既节约了能源,又减少了尾气处理设备投资和运行成本。另外就是它的工艺自动化程度高,适应性强,同时项目的选址也更方便……"

无疑,郭景彬对新赛道的选择是明智而高远的,既符合国家政策导向,又符合经济发展的规律。

循环经济、资源化经济是国家未来产业发展的必然趋势,相关行业的成长空间足以支撑公司未来很长一段时间的健康稳健发展。但同时,郭景彬也强调:"我们必须要正视的是,随着国内市场需求的增长放缓,新能源材料行业产能过剩的形势愈发严重,低水平简单的规模增长难以带来核心竞争力的增强。专注于人才、技术和市场的持续投入,并不断地夯实、强化已有的优势,才有机会在竞争中脱颖而出,快速发展。"

在新机遇初现端倪时,就大胆开始新的尝试。这是海螺创业一次崭新的战略升级,郭景彬和他的团队再次出发,正如十年前从 EPC 业务转向环保赛道一样,充满信心,壮志满怀。

郭景彬带着海螺创业那得天独厚的资源优势、管理团队和共赢精神,凭借十年如一日在环保领域深耕下的积累沉淀,努力在新能源循环经济细分领域,再一次"问鼎江湖"。

结　语

从安徽一隅海螺精神的实干家,到优质上市企业的缔造者;从别出心裁、顺应时局的开创红筹上市的操盘手,到创业十年两次敲响资本市场铜锣的资本运作高手;从开启环保产业的弄潮儿,到躬身入局锚定新能源赛道的领导者,再到为后环保时代循环经济注入强大竞争力的掌舵人……一段段经历,有的是从零开始,有的是在高原之上起高峰,从平凡到非凡,一次次恰逢其时的变轨与抢占新赛道,无不展现着郭景彬的高瞻远瞩与运筹帷幄的自如。

从一个企业的发展足以窥见中国现代环保企业创新发展、向新发展的时代姿态,更得以淋漓彰显"创新、共享、互赢"的现代企业精神。

而一个优秀的企业家,总会以国家与社会需求为担当,与时代共舞,并带领企业赢得更宽广的未来。

姜 纯:坚守主业 深耕材料制造业四十载

周天琦

四十年前,一名普通的铜加工专业的大学毕业生在安徽省芜湖市迈出了他职业生涯的第一步。或许谁也未曾想到,日后的他始终坚守在铜加工产业深耕不辍,成为"中国铜板带行业突出贡献人物",并助推芜湖市成为中国铜板带产业的重要集群地。他就是楚江集团的掌舵人姜纯。在外界看来,楚江集团是芜湖本土企业中的常青树,是中国铜加工行业的一匹黑马,姜纯是一位善于经营的企业家。殊不知他背后的故事却尽显运筹与妙思。

姜 纯

逆行选择

怀揣着对专业的坚持和追求,青年时期的姜纯,在铜加工行业积累了一段难忘的经历,这段经历也孕育了他创业成功的基因。

1983 年,毕业于江西冶金学院(现为江西理工大学)压力加工专业的姜纯,进入芜湖市消防器材厂工作。在计划经济时代,虽然该企业效益好,员工福利待遇也高,但安逸的工作并不是姜纯个人的追求。为了实现自身专业的发挥,1985 年,他主动申请调入芜湖市冶炼厂。1986 年,芜湖冶炼厂和鸠江区联营成立芜湖市有色金属压延厂,他又作为技术员调到这个位置偏僻、命运难卜的乡镇小厂。但他的内心却是高兴的,因为这是他热爱的专业,他的铜加工事业也就此拉开了序幕。他爱岗敬业、刻苦钻研,研究出多项科技成果,这一切都为他日后的发展打下了坚实的基础。

临危受命

由于经营不善,从 1986 年建厂起,芜湖市有色金属压延厂就年年亏损,尽管有着 2 000 吨的年产能,但实际年产量却不足 200 吨,连职工工资的发放都困难。厂里技术人员纷纷跳槽出走,企业也债台高筑,几乎停产,先后几任厂长都束手无策。1991 年 1 月,姜纯临危受命,出任濒临倒闭的芜湖市有色金属压延厂(简称压延厂)厂长,此时的他刚过而立之年。

上任的第一天,就有人劝他别揽这个烂摊子,他却淡淡一笑说:"只要我们大家齐心努力,厂里的难关完全可以闯过去。"不久,他虽然摸清了压延厂的"症结",但首先要想办法开工生产。然而,此时的压延厂已是借贷无门。苦苦思考之际,姜纯想到厂里沉积多年的呆账、死账和债务。何不从这里入手,打开一个突破口?

于是,姜纯立刻组建清债小组,他自己则身先士卒。为了讨要福州市一家企业几年前欠下的 6 万元货款,他南下福州,一住就是多日。每天天不亮他就出门,天不黑他不回来,找遍所有与债务有关的人员。同时他又将有关债务证据备齐,并与当地的司法部门多次联系,做好起诉的准备工作。或许是姜纯的执着感动了对方,或许是充足的证据震慑了对方,6 万元货款终于被姜纯连本带利地追了回来。这让清债小组成员干劲倍增,大家以姜纯为榜样,不辞劳苦,四处奔波追讨债款。经过几个月的努力,压延厂原被拖欠的 270 万元债务,竟被追回 261 万元,压延厂的机器终于又欢快地轰鸣起来。

压延厂能开工生产,只是万里长征迈开的第一步。当时工厂的产品质量很难过关,产品合格率极低,无法得到客户认可,生产经营还是无法正常运转。姜纯深入研究后找到了"症结"——当时工厂的生产技术能力很弱,产品品种众多,却没有一个质量过硬的产品。于是他果断决定砍掉工艺复杂的众多产品,专注黄铜的个别排号进行质量攻关,终于有了合格的产品面向市场。

可是当时的压延厂只是名不见经传的乡镇小厂,打开市场又谈何容易。不久,全国有色金属产品订货会在青岛举行,可压延厂连"入场券"都没拿到。但是姜纯觉得这是一个不容错失的好机会,"困难再大我们也要去,去了再说!"于是他亲自带队,浩浩荡荡地开赴青岛。姜纯带领销售人员在会场几个进出口的路旁摆起地摊,一边散发资料,一边介绍产品。这一招不仅大大提高了企业知名度,还进一步摸清了全国铜加工市场的行情,尤其是还成功地签订了一批供货合同,对压延厂"起死回生"起到了关键性的作用。

扭亏为盈

姜纯"青岛摆地摊"的选择,使压延厂彻底摆脱了困境,企业很快就实现扭亏为盈。1996 年实现净利润 500 万元,跃居"安徽省乡镇企业十强"。这一成功为姜纯赢得声誉,地方政府随之将芜湖市金达有色铜材厂等 3 家亏损或濒临倒闭的企业都交给姜纯,他也一一将其盘活,分别在一年之内将这几家企业全部扭亏为盈。从此,姜纯这位"扭亏能手"的故事,便成了当地的一段佳话,也成了他人生旅途中一段难忘的历程。

如果成为一家上市公司的总经理是姜纯的追求,那今天的楚江集团不会存在。不凡的事业都始于理想,"打造先进的铜板带企业"便是姜纯选择创业时的理想与动力。

辞职创业

踏着新世纪的列车,踩着中国入世的鼓点,2000年,以芜湖市有色金属压延厂为主体组建的鑫科材料股份公司(以下简称鑫科材料)上市,成为芜湖首家在上海证券交易所上市的本土企业,姜纯也成为上市公司的总经理。上市后的鑫科材料发展势头正劲,但由于诸多原因,一年后的鑫科材料被一家民营企业收购。姜纯是"实业"思维的人,他与鑫科材料股东的理念有时也存在一些分歧。

2001年,姜纯前往日本考察时见识到了真正国际先进的铜板带企业,其自动化程度、现代化管理、产品品质和规模都给了他很大的震撼。回来后他就树立了一个目标:"要努力做成这样的企业。"尽管作为总经理,姜纯拥有不菲的年薪,但他意识到,在鑫科材料显然很难实现他打造先进铜板带企业的理想。从日本回来的次年,姜纯毅然做出一个大胆的决定——辞职创业。

乡土情结

2002年年底,姜纯在上海创办企业,但他的内心深处相信,有朝一日他还会回到芜湖。凭借敏锐的商业思维,姜纯很快便有所成就,并引起各方面的关注与重视。

2003年,芜湖市鸠江区真诚邀请姜纯再回芜湖发展。浓浓的家乡情结,以及在芜湖工作时良好的环境和各级领导的支持,使姜纯决定将业务从上海迁回芜湖,逐步整合资源组建成立了安徽楚江投资集团(简称楚江集团)。

2007年9月21日,楚江集团旗下的铜板带企业——精诚铜业(后更名为楚江新材)在深圳证券交易所成功上市,这是芜湖第一家上市的民营企业,也是楚江集团做大做强的一个重要转折。

创业的前期,楚江集团经历了快速成长与发展,在顺境之中,姜纯坚持探索科学的企业经营管理路径。

铁腕思维

姜纯在企业管理中重经营、重管理、重品质、重技术以及重人才。他说企业管理大体有两种模式,一种是"人治",即以管理者的意志为主线,强化上下一致的执行力,塑造勇于拼搏的顽强作风;另一种是"法治",即以科学管理的制度为灵魂,让纷繁复杂的事务有章可循、按章办事。而他则认为"靠人"和"靠制度"这两方面是不能分开的。

所谓"为政在人",好的管理者能够将"人治"和"法治"有效结合起来,确保管理效能最大化。姜纯一方面不断总结完善自己多年来积累的管理方法;一方面为企业制定了一系列的目标管理、绩效考核、人才选聘和岗位责任等规章制度,以此提高企业的管理水平。

求贤若渴

姜纯从创业伊始就十分重视人才,他制定了一系列人才引进奖励措施、分配倾斜措施,吸引一批高学历、高水平和高素质的人才来楚江集团发展,并大胆提拔重用,发挥他们的技术特长。他将"人才"定位成企业经营的第一资源,确立了"以事业吸引人,以目标凝聚人,以机制激励人"的用人机制。他多次帮助被引进的人才解决孩子就学、住房等生活困难,想方设法解决他们的后顾之忧。对一些年轻的技术人员,姜纯则把他们送出去进修学习。他对技术人员的关心与重用,正是从点点滴滴的细微之处着手的,这让楚江集团的员工们颇感温暖。

楚江集团上市后的路途并非一帆风顺,但逆境中的姜纯,更有"自我批评"的意识与"及时纠偏"的行动力,支撑着楚江集团在下行经济周期下,不仅没有倒下,反而更多了一份厚重积累。

向内归因

凭借着丰富的管理经验、用人机制,姜纯带领的企业规模日益壮大,效益稳步提升。到 2010 年,楚江集团的铜板带产量达 9.92 万吨,利润总额突破 2.2 亿元。

然而,2011 至 2013 年,虽然企业规模依然保持了稳健的增长,但效益却没有同步:2012 年更是出现大幅亏损,亏损额达五千余万元。当然,效益陷入低谷离不开当时的大环境:经济增长放缓,产能过剩凸显,市场竞争加剧,与此同时铜价下行。多重因素都对企业的经营发展产生了负面影响。但姜纯认为业绩下滑的根本原因还是内因,"公司经历了十年的快速发展,取得了巨大成就,大家滋生了自满自大的情绪,觉得做企业也不是太难,对自己的要求也松懈了,难以适应外部环境的变化。团队要始终保持创业的精神与激情,这是解决企业所有问题的源泉。"姜纯说,"集团化的运营管理模式还不成熟,基本停留在过去单体运营管控模式上。发展需要背后逻辑支撑,否则'发展是找死,不发展是等死'。"

重整旗鼓

面对严峻的内外部形势,姜纯顶住压力,决定带领骨干团队重新出发,不断总结、调整、反思与再实践。他认为,无论外部市场环境如何动荡,只要扎扎实实打基础、练内功,构建企业的核心竞争力,在行业内形成相对优势,就能始终立于不败之地。

尽管在那段行业市场环境不利的时期,不少实业家都开始将目光转向房地产和金融行业的投资,也获利颇多,但面对这些"赚快钱"的诱惑,姜纯却一心坚守主业。怀着这份坚定的热爱与专注,姜纯带领企业一步一个脚印地持续改善企业经营发展的基础内涵,用心地优化。正是有了这份坚持,才使楚江集团逐步恢复运营通畅,进入良性轨道,企业又重新焕发出了新的活力,产量与效益也实现了稳健增长。

创业以来,姜纯已在铜基材料行业深耕数十年。然而面对新时代的潮涌和全新的市场环境,他凭借"守正创新"的思维,力推企业的多方位转型升级。

资源整合

尽管对于一心只想做好实业的姜纯来说,起初他对企业上市的兴趣并不大,对资本市场的理解也不透,但楚江新材成功上市后,公司很快尝到了甜头——上市后首先使融资更加便捷,使企业增加了融资渠道,还可获得更多资金来发展;同时企业经营管理也更规范、更透明,尤其是在公众的监督下,企业会更自律。正是这些有利因素,促使姜纯在楚江新材上市不久,就开始考虑让楚江集团整体上市。

姜纯将楚江集团中主营各类铜杆材的森海高新、主营各类铜合金线材的楚江合金、主营各类特种带钢和钢管的双源管业以及从事配套物流服务的楚江物流四家公司的业务全部纳入上市公司体系中。姜纯深知企业上市后所形成的整体优势："这样不仅将原来分散的资源实现了整合,解决了上市公司与控股股东之间的同业竞争问题,也有利于进一步扩大上市公司采购、生产和销售规模,理顺和简化管理架构,整合研发力量,进而发挥管理与研发协同效应,进一步巩固和提升上市公司在铜加工行业的市场领先地位,增强上市公司的综合竞争实力和整体盈利能力。"2014 年 7 月 10 日,楚江集团整体上市,这为企业的进一步转型升级打下了坚实的基础。

技术研发

面对激烈的行业竞争和多变的市场环境,在姜纯的带领下,楚江集团始终坚持以市场为导向,以提升产品核心竞争力为目标,不断推动产品向高端化升级和向产业链下游延伸。而楚江集团整体上市后,有了更强劲的资本力量,产品升级的步伐也走得更加稳健有序。

在铜板带产业板块,姜纯坚持产品梯次升级、滚动发展的理念。近年来对生产装备进行更新换代,引进技术领先的设备;同时加大产品研发投入,不断丰富产品结构,拓展产品应用区域。2023 年,铜板带芜湖事业部产销量达到 23.2 万吨,高精铜带占比已达到 90％,产品结构包括黄、紫、青、白和高等种类,产品应用全面覆盖智能互联装备、终端应用装备、新能源汽车和半导体等领域。

在铜导体产业板块,姜纯则力推高端铜导体材料的研发,注重技术改造和科技创新力度。近年来,通过技改装备升级带动产品升级模式,在产能规模扩大的同时,不断丰富和优化产品结构。此外,楚江科技新材料股份有限公司(简称楚江新材)还在 2019 年并购江苏鑫海高导新材料有限公司(简称鑫海高导),推动铜导体产品进一步向产业链下游延伸;鑫海高导先后引进全进口德国尼霍夫双头大拉机、电解镀锡生产线、多头拉丝机组 90 多套,是德国尼霍夫在中国最大的单一客户。而在产品结构上,从早期的铜杆和规格丝,到小线和绞并线等,再到电镀锡线和超细线,产品全面向精深加工方向延伸,产品应用领域也从传统行业向新能源、5G、高端制造等新兴行业转型和拓展。目前,楚江集团的铜导体材料在国内高端细线领域的市场占有率达 27%,稳居第一;而安徽鑫海高导新材料有限公司(简称安徽鑫海)已成为亚洲最大的高端铜导体制造企业。

产业升级

基础材料是国民经济的基础和支柱,新材料更是支撑国民经济发展的基础和赢得国际竞争优势的关键,是发展战略性新兴产业的基石。身为材料人,姜纯一方面志在探索技术研发、发展升级之路;另一方面怀着为国添砖加瓦的满腔热血,决定进军新材料产业。楚江新材先后于 2015 年和 2018 年收购军工企业湖南顶立科技股份有限公司(简称顶立科技)100%和江苏天鸟高新技术股份有限公司(简称天鸟高新)90%的股权,两家公司都是军民深度融合的高新技术企业,以国家重大需求为牵引,顶立科技的碳化硅单晶原料制备设备突破了一系列技术瓶颈,成功打破西方国家的技术封锁,天鸟高新的飞机刹车预制体相关专利技术打破国外垄断,开创了我国军机装配碳刹车盘的新阶段。"有了核心竞争力,就能做到鹤立鸡群。"姜纯说。楚江新材资本的注入也为顶立科技和天鸟高新在高端热工装备和碳纤维行业的进军提供了充足动力。

这两次并购使楚江新材成功进军高精尖领域,实现了从先进铜基材料到先进基础材料和军工碳材料双轮驱动的跨越,形成先进铜基材料、高性能碳纤维复合材料和特种装备三大业务齐头并进的局面,给公司带来了质的飞跃。

同时,从企业的经营发展模式来看,也实现了基础材料和新材料企业发展模式的取长补短、双向植入——一方面将新材料领域内积累的技术优势和研发能力植入基础材料企业的发展中,帮助实现在关键核心技术上突破;另一方面将基础材料规模化、产业化的经营发展模式在新材料板块展开应用和摸索,帮助新材料企业在军民融合的发展背景下,实现高质量规模化的发展。

但姜纯始终认为"资本市场是企业经营发展的工具,而不是目的",他的每一次战略收购都不曾偏离主航道,以"守正"之基,达"创新"之功,这正是他的初心所在。

持续改善

在姜纯团队的运筹下,楚江集团还形成了持续改善的特色管理模式。经过二十余年的打磨与完善,这种管理模式也已成为企业的核心竞争力之一。

首先是独特的盈利模式——用再生铜原料做高质量的产品,利废率达70％以上,再生铜综合利用技术水平与成本、效率在行业领先。凭借废铜生产高精密铜合金产品资源化处理技术,楚江集团荣获"中国资源综合利用协会科学技术奖"一等奖。

在经营管理上,楚江集团采用以产品为单位的事业部经营体制,把大船变成舰队,推行目标管理、经营用人自主,大大激发了企业和员工活力。在客户服务上,与同行多采用代理销售的模式不同,楚江集团一直坚守差异化的直销模式,有着遍布全国的营销网络和"门到门"的快捷运输交付体系。以直销模式渗透制造行业的毛细血管,更容易适应市场变化,也为实现产能利用率、产品销售率和资金回笼率三个100％提供了有力保证。

而楚江集团的企业文化也是蔚然成风、深入人心。尤其是"正、严、实、硬"的企业精神——"正"即正本清源、风清气正、守正出奇；"严"即严谨科学、严于律己、严格认真；"实"即做人诚实、做事踏实、扎实进取；"硬"即观念过硬、作风过硬、业绩过硬。这样的精神并非口号，它诞生于楚江人的总结和沉淀，也是推动企业不断前进、追求"更好"的内生动力。

反哺家乡

随着企业的不断发展，姜纯也曾面临不少外地伸来招商引资的"橄榄枝"。但他的心中，始终将芜湖作为商海拼搏的"主场"。这既源于他作为芜湖人心中浓郁的桑梓情怀，也是为助推家乡经济建设出一份力。早期创立的铜板带芜湖事业部、铜合金线事业部、特钢事业部和物流公司均位于如今的芜湖经济开发区；而对于他的老家无为县（现无为市），姜纯也怀着一份责任与担当。

2008年，公司刚上市不久，他便在无为县泥汊镇兴建楚江导体科技园，成立楚江高新电材。高新电材虽然成立之后，历经了长达8年的持续亏损，但面对外部股东的不看好甚至撤资退出，姜纯却始终坚信"没有干不好的企业，只有干不好企业的人"，他坚守着建设家乡的承诺，不言放弃。最终，高新电材不负所望实现了盈利，发展势头逐年向好。而在2019年，即收购鑫海高导的次年，姜纯就把上市筹集的资金再次集中投入无为县导体科技园，成立安徽鑫海高导新材料有限公司（简称安徽鑫海）。安徽鑫海的入驻，不仅进一步扩大了园区规模，延长铜基材料产业链，快速形成铜丝线产品优势；更重要的是，为下游产业电线电缆提供了优质导体原材料，与多家无为县的企业形成战略合作伙伴，带动了无为县电缆产业的转型升级，对助推无为县电缆产业的复兴有着重要意义。如今的无为市导体科技园，也因其雅致的园区景观和现代化智能工厂的巧妙结合而广获赞誉。

楚江的未来会更好吗？在姜纯的统揽运筹下，在楚江集团成功基因的支撑下，我们相信，它仍将不断刷新成绩。

楚江新征程

2017年，中国有色金属加工工业协会授予楚江新材"中国铜板带材十强企业"第一名的荣誉。2019年11月，中国铜产业发展高峰论坛在浙江省绍兴市隆重召开。会上对中国铜产业杰出人才进行表彰，姜纯光荣当选为"中国铜板带行业突出贡献人物"。他深知这个奖项的分量，这既是对他四十年来深耕行业的总结与肯定，也是对他未来征程的鞭策与鼓励。他知道自己所肩负的既是一家企业的未来，也是助推一个产业发展的责任。

把企业做大做强，对姜纯而言原先是志向，后来更是责任。在他心中，回馈社会才是财富的本源和意义。创业以来，姜纯一直热衷于公益事业，累计为社会捐助款项达2 100余万元，先后被授予民政部的"中华慈善奖"、省民政厅的"安徽爱心慈善行为楷模""中国好人"、2011年省总工会"五一劳动奖章"、中华慈善总会"第二届中华慈善突出贡献个人奖"等荣誉称号。姜纯还发起并成立了"芜湖市牵手基金会"。

目前，楚江集团在安徽、江苏、广东和湖南都设有生产和研发基地，2024年，企业营业收入将突破500亿元，综合竞争力稳步提升。在2024年全国工商联发布的中国民企500强排行榜中，楚江集团位列第264位，是芜湖唯一一家上榜企业。

对此，姜纯说："楚江集团不仅要做到规模和品牌的领先，能跨出国门参与国际竞争，更重要的是要不断突破自我、提升综合实力，能够不断地孕育出更多成绩。未来,楚江集团需要坚持和强化'正、严、实、硬'的创业精神,更加包容和开放,注重基础改善和团队成长,让平凡的人做出不平凡的事业,共同实现'百年楚江'的梦想!"

作为新时代芜湖市企业家的代表,姜纯深耕材料制造业已四十载有余,他在坚守中突破,在执着中创新。明天的楚江集团,在他的带领下将踏上新的征程,向更高、更远的目标进发!

高前文：勇立时代潮头的传奇舵手

黄雪君

高前文

在商海浮沉的波澜画卷中，总有一些璀璨之星运筹帷幄，驰骋商场如战场，凭借着敏锐的商业嗅觉和纵横捭阖的谈判技巧，成功地化解了一个个危机，展现出了非凡的领导力和独到的战略眼光。高前文便是这样一位在芜湖长信科技股份有限公司（以下简称长信科技）发展历程中具有里程碑意义的人物。这是一位兼具学识资本与非凡胆识的企业家，以其经济管理专业的深厚底蕴和对市场的洞悉观察力，如同璀璨星辰，照亮了公司数十载的辉煌征程；他宛如海上"北极星"，指引公司在科技创新航程上追星赶月、破浪前行。他以会计师、注册会计师、注册资产评估师及高级经济师的多重身份，夯实了公司坚实的财务基础；他以卓越的领导力，引领长信科技从初创的涓涓细流，汇聚成今日显示行业的商业巨擘。

初探长信，慧眼洞察无穷潜力

高前文在长信科技成立伊始便加入了该公司。那时的公司规模尚小、环境艰苦、技术落后，如一叶扁舟在黑暗中摸索着飘摇前行。但他却敏锐捕捉到了公司未来发展蕴含的巨大潜力，于是化身为一位伯乐，凭借深厚的财务专业素养扶持公司走上发展壮大的正轨，仿若是黑暗中的一抹璀璨光亮。

在早期的征途中，高前文承担着公司财务管理与业务决策两项关键工作。在财务管理工作方面，他帮助企业建立完善的财务核算体系，从财务报表的编制到资金流的管理，从成本控制到预算规划，他都熟练地运用专业知识，带领财务团队为企业提供全方位的财务管理服务。在业务决策方面，他凭借对财务数据敏锐的分析能力，从复杂的数据中精准识别潜在的风险点。他犹如掌控大海航行的孤勇舵手，面对如汹涌海浪般铺天盖地席卷而来的数据，他的洞察力如狂风暴雨中的灯塔之光，穿透层层汪洋数据，精准映照出隐藏在水下的潜在风险暗礁，识别出每一处数据波动背后暗藏的玄机。他运用专业的财务分析模型和方法，提出颇具针对性和实用性的改进建议。故而无论是市场的惊涛骇浪，还是财务风险的暗流涌动，都无法攻陷他为公司的长期稳健发展筑建的一道道坚不可摧的财务堤坝。无疑，这些举措都保障了公司在发展初期的财务健康，成为公司在波涛汹涌的市场竞争中稳定航行的定海神针。

金融危机，触底反弹，强势弯道超车

2008 年前后，亚洲金融危机以排山倒海、摧枯拉朽之势汹涌袭来，整个平板显示市场颓势尽显。在这场经济灾难的强大冲击下，市场同行经营状况一落千丈，举步维艰，大量企业被迫停线，整个行业呈现出一片末日般的惨淡景象。长信科技也被行业阴影所笼罩，在狂风暴雨中孤立无援，似乎随时都可能被这股黑暗力量彻底吞噬。

时势造英雄。就在这风雨如晦的艰难时刻，高前文站了出来，宛如划破漆黑夜空的一颗璀璨夺目的启明星,凭借其渊博精深的专业知识,为公司在漫天迷雾中点亮了一座指引方向的灯塔。令人欣慰的是,公司决策层高度团结一致,在高前文的指引下,对变幻莫测的市场动态、错综复杂的资金状况等核心要素展开了抽丝剥茧、细致入微的研判分析。他们经过深思熟虑、权衡利弊,在千钧一发之际果断地做出了一个向死而生的重大战略决策——布局新生产线,并引进国外先进的设备镀膜线,以此作为提升产品质量和产量的关键突破口,开启公司发展的新征程。

这一决策对公司的财务管理体系提出了近乎苛刻的高标准、严要求。但高前文无所畏惧,他率领团队向着优化财务管理体系的漫漫征程一步一个脚印地奋勇前进。每一个数据的分析、每一项流程的优化、每一次风险的把控,都凝聚着他们的心血与智慧。通过夜以继日、坚持不懈的努力,他们在成本控制领域如同技艺精湛的工匠雕琢璞玉般精打细算、锱铢必较,在资金管理方面又似经验老到的舵手驾驭航船般稳健有序,取得了振奋人心的显著成效。这些成效宛如璀璨的星光,照亮了公司前行的道路,成功帮助公司度过了这一危机四伏、暗礁密布的艰难时期。

历史的车轮滚滚向前,2009 年,市场像是一位沉睡已久的巨人,终于开始逐步回温,呈现出万物复苏的迹象,焕发出新的生机与活力,这一切都预示着一个新的发展周期即将拉开序幕。长信科技正是得益于在绝境中对行业未来发展方向的前瞻性洞察和精准无误的判断,凭借着顽强不屈的精神和扎根于企业灵魂的智慧,以破竹之态强势弯道超车,爆发出触底反弹的强劲动力,如同闪耀的流星划过商业夜空,在次年一举占领了整个 ITO 导电玻璃市场全球份额的 30%。公司由此稳坐 ITO 行业的龙头宝座,为整个行业树立了在危机中逆势崛起、涅槃重生的成功典范。

上市敲钟，书写资本新篇章

在长信科技筹备上市这一至关重要且充满艰辛的征程中，高前文所承受的压力如山岳般沉重，几乎令人难以想象。在这如泰山压顶般的巨大压力面前，高前文自发担当起了中流砥柱的角色。作为财务负责人，他就像一位经验丰富、得心应手的航海舵手，稳稳地把控着公司财务管理优化和风险把控与应对的方向。在变幻莫测的商业汪洋中，他目光如炬，时刻警惕着隐藏在暗处的礁石和暗流，确保公司的财务巨轮沿着安全、稳定的航线前行，不致因任何财务风险而触礁搁浅。

同时，高前文还对公司财务信息化建设表现出了极高的专业度和积极的推动作用。他大力推广财务信息化建设，开创性地为公司引入先进的财务软件和管理系统，利用信息化手段对财务流程进行全面优化和整合，消除冗余的环节和繁琐的手续；对公司财务数据实行精准把控，并建立完善的风险评估体系，时刻关注公司运营中的潜在财务风险。以上种种举措都为公司财务工作注入了强劲动力，让财务工作的效率和准确性得到了质的飞跃。

在高前文的领导下，团队成员们如同一支训练有素、英勇无畏的精锐部队，向着上市前的重重考验发起一次又一次的冲锋。他们凭借着顽强不屈的毅力和紧密无间的协作，顺利渡过一个个难关、通过一次次审查。2010 年 5 月，长信科技在深圳创业板成功敲钟上市，成为芜湖市第一家在创业板上市的企业，同时也是安徽省备受瞩目的第二家创业板上市公司。这一伟大成就，无疑是公司发展漫漫征程中的里程碑事件，标志着公司实现了一次突破性的重大飞跃，从此长信科技的征程便不止于星辰大海。这一历史性荣誉，不光属于长信科技，更是属于芜湖市，属于安徽省。

掌舵长信，领跑创新驱动路

自掌舵长信科技以来，高前文深知肩上负担沉重，未敢有丝毫懈怠。他深知，市场竞争就是一场残酷至极的角力赛。公司若想独占鳌头，恰似在狂风巨浪里的孤舟，必须以持续创新和积极进取为桨，方能乘风破浪，勇往直前。

高前文瞄准了产品创新与研发投入这一关键领域。他敏锐识别出高端显示模组、车载曲面盖板和超薄柔性玻璃盖板等有别于传统业务的高附加值业务领域，是企业能够摆脱同质化竞争的新兴业务增长点。于是，他以非凡的魄力加大在这些领域的投资力度，如同一位果敢的探险家，向未知的领域进军。2020年，在他的精心操盘谋划下，长信科技控股子公司芜湖长信新型显示器件有限公司如一颗闪耀的新星，在市场中横空出世，为公司的业务版图增添了浓墨重彩的一笔，使其发展前景更加广阔。

与此同时，高前文又凭借深耕行业多年的独到经验，觉察到UTG行业如同一颗冉冉新星，蕴含着无限商机。2021年，为了充分把握这一稍纵即逝的发展机遇，他主导成立了芜湖东信光电科技有限公司，专攻UTG业务。这家公司就像一艘崭新的巨轮，在这一传奇舵手的指引下，向着UTG行业的蓝海破浪前行。高前文积极促成公司与全球面板巨头及国内品牌手机终端在资本层面的深度合作，通过这种强强联合的方式，为公司在UTG业务领域奠定了行业领先地位。

在技术创新的漫漫长路上，高前文无疑是一盏极富战略眼光的领航明灯。他深知在当今这个商场如战场的市场环境中，技术创新是公司谋求生存的不二法则。他大力促进公司加大研发投入，提出研发工作"四个面向"，即面向客户、面向生产经营、面向市场、面向未来。同时，他要求积极引进高端人才，精心构建并持续完善人才培养体系。在他的英明领导下，公司科研团队经过无数次的埋头钻研,成功研发出一系列拥有自主知识产权的核心技术。拥有这些核心技术傍身的长信科技,可以在残酷的市场竞争中真正做到"不客气"了。

在高前文的卓越领导下,近年来公司的发展势如破竹。2023年,公司宛如一只破茧而出的彩蝶,在众多企业中脱颖而出,长信科技成功入选国务院国资委"科政示范企业",并且是安徽省唯一一家获此殊荣的新型显示企业。这一崇高的荣誉,是对公司科技创新能力和综合实力的至高褒奖。公司的柔性可折叠电子玻璃产品更是成功实现了柔性超薄玻璃批量化生产。这一技术突破,打破了国内可折叠手机高质量玻璃盖板长期被国外技术封锁的僵局,有效解决了产能不足、成本高昂等一系列困扰国内行业发展的卡脖子难题,为国内显示产业补足了关键的技术短板。这一辉煌成就让公司荣获"2023年度中国新型显示产业链贡献奖·创新突破奖"。同时,长信科技厚积薄发,开始频繁在各类权威榜单中崭露头角。它屡次入选"安徽省民营企业百强""安徽省百强企业""安徽省制造业百强企业"等榜单,这些荣誉如同璀璨的光环,无不彰显着公司雄厚的综合实力。除此之外,长信科技公司还荣获了"电子信息百强企业""安徽省品牌产品证书""安徽省商标品牌示范企业证书""年度十大知名品牌""触显行业卓越企业奖""光电子协会影响力企业""芜湖市名牌产品奖""触控行业20年风云企业奖"等多项荣誉。这些荣誉极大地提高了公司的品牌影响力和知名度,使长信科技在显示器件领域成为当之无愧的佼佼者。

未来,高前文将带领长信科技公司全体员工,始终坚持以客户需求为中心,精耕细作新型显示领域。公司将把握时代脉搏、紧跟时代发展潮流,不断研发新技术、开发新市场、探索新疆域,持续丰富产业布局,完善产业链,全力助推公司在消费电子和汽车电子领域持续开拓创新与建设;加快科技成果转化,坚持在新型显示行业市场稳扎稳打、锲而不舍、久久为功;加大关键核心技术的攻坚力度,把创新作为第一生产力,以科技创新驱动高质量发展。

汪锡文：用鲁班精神开辟"希望的田野"

黄　芹

汪锡文

20 世纪 90 年代邓小平南方谈话之后，我国乡镇企业的发展迎来了历史上的第二个高峰期。与改革开放之初相比，这个阶段的乡镇企业开始重视企业内部管理和竞争力培育，其中相当一部分乡镇企业经过重重考验后，已成长壮大为现代化的大中型企业，安徽鲁班集团就是其中一员。作为法人代表的汪锡文以其卓越的领导力和不懈的努力，引领企业从一个施工队发展成为集建设、地产、现代农业、文旅和商贸服务于一体的综合性企业集团。他的故事，是一段关于梦想、创新与责任的实践。

创新发展：由蹒跚起步到行业领军者

安徽鲁班集团的前身是 1991 年由两家乡镇企业和一家村办企业合并而成的"南陵县第三建筑安装公司"（下简称南陵三建），时年 25 岁的汪锡文从众多候选者中脱颖而出，被任命为公司法人代表、总经理。汪锡文至今还对创业之初的艰难记忆犹新：当时国家正对建筑市场进行整顿，银根紧缩，建筑企业遭遇严冬。新成立的南陵三建仅有百余名员工，几间简陋的办公房就是全部家当，技术骨干奇缺，市场份额也少得可怜。"初生牛犊不怕虎"的汪锡文带领南陵三建，凭借满腔的激情和无畏的拼搏精神，勇敢地扎进了暗流涌动的建筑市场。

"空手闯天下"的乡镇企业虽然存在诸多先天不足，但也有不少后发优势。与许多国企相比，其体制更加灵活，对政策信号和市场变化格外敏感，员工的创业激情也很高。当年，汪锡文带领一帮人克服了许多常人难以想象的困难，埋头苦干，诚实经营。同时，他们还认真研究国家政策，敏锐地抓住了建筑市场"复苏"、国家金融形势好转和建筑企业资质就位等重大机遇，抢先一步调整发展战略，使企业迅速发展壮大，终于在激烈的市场竞争中站稳了脚步。

与南陵三建同时期崛起的乡镇企业非常多，经过几年时间的大浪淘沙后，真正存活留下的却并不多，鲁班集团为何能笑到最后？汪锡文认为关键在于崇尚创新，他说："乡镇企业要想做大做强，一定要摆脱小农经济、固步自封的思维，要将创新渗透到管理、经营的各个环节，提高企业核心竞争力。"三十多年来，鲁班集团不仅通过技术创新打造"精品工程"，还在品牌战略、企业管理和文化建设方面不断创新，提高企业的可持续发展能力。如今，鲁班集团已经发展成为融一、二、三产为一体的企业集团，总资产45亿多元，员工一万多人，其中具有高、中级专业技术人员千余名。建筑板块拥有国家建筑工程施工总承包特级资质、工程设计建筑行业甲级资质，是芜湖市首家晋升特级资质的企业。鲁班集团连续多年跻身于中国建筑业最具成长性企业百强、安徽省民营企业二十强，业务足迹遍布全国二十多个省（自治区、直辖市），精品工程遍地开花，承建的多项工程获得国家、省、市优质工程奖。鲁班集团连续多年位居芜湖市建筑业年度排行榜首位，成为芜湖市建筑行业的领军者。

探索开拓：心系乡土反哺乡村

虽然是以建筑起家,但汪锡文不断创新企业发展战略,"跳出建筑发展建筑",积极涉足与建筑主业配套或相关的其他产业,在集团内部形成了一、二、三产"环环相扣"的产业链。2006 年,鲁班集团积极响应国家"建设社会主义新农村"的号召,将目光投向曾经孕育过自己的乡土,投资建设"大浦新农村试验区(简称大浦试验区)"。

大浦试验区首创"党建引领、政府引导、企业运作、村企共建、政策扶持、产业带动"的新农村建设模式。由鲁班集团旗下的国家重点龙头企业——芜湖东源新农村开发股份有限公司投资建设,首开工商资本参与新农村建设的先河,走出了一条集农业科技研发、生产示范、生产加工、科学普及和休闲体验等功能于一体的融合、联动发展之路。

大浦试验区通过科技赋能现代农业,运用工业化思维发展高附加值、高颜值的农业,建立了全省规模最大、技术最先进的种苗组培中心和植物驯化中心,成功培育的品种主要有蝴蝶兰、石斛、金线莲、生姜、草莓、红薯、樱桃、苹果和砧木等 20 多个品种,其中蝴蝶兰种苗还出口越南、日本等多个国家。打造了集农业采摘、体验、观光和休闲旅游于一体的国家 4A 级景区,吸引大量游客前来体验,带动周边百余户农户共同发展,让大浦成为一个环境优美、产业发达、百姓富裕的乡村振兴新乐园。

如今,汪锡文又积极布局发展周期短、效益高、资源可循环利用和带动农民增收显著的食用菌产业。他投资建立了拥有国内技术一流食用菌生产线的云菇生物公司,实现全自动菌包生产、全自动化接种和智能化温控出菇,提高生产效率,确保产品质量。同时,还积极探索食用菌废弃物的资源化利用,形成闭环产业链。

勇担社会责任：彰显企业家情怀

除企业经营之外，汪锡文关注最多的就是如何更好地履行社会责任。鲁班集团通过捐资助学、带动就业和乡村振兴等多种方式回馈社会。

在捐资助学方面，汪锡文持续坚持 21 载不间断，始终致力于照亮困难家庭子女的求学之路，累计资助全县 2 814 名大、中、小学生的求学费用。这期间，他慷慨解囊，陆续向安徽大学教育基金会、芜湖市关工委的"爱心助学基金会"、芜湖企联的"牵手基金会"等机构捐款，积极参与"爱心圆梦大学""春蕾计划"等助学行动，捐资助学款总额达 492.36 万元。在脱贫攻坚的战场上，汪锡文同样留下了坚实的足迹。通过结对帮扶贫困村，不仅为贫困户提供就业岗位，还组织开展针对性强的技能培训，助力他们掌握一技之长，实现稳定脱贫。鲁班集团因此荣获全国"万企帮万村"精准扶贫先进民营企业称号，汪锡文受邀出席了由国家工商联、国务院扶贫办举办的表彰大会。

谈及未来的发展，汪锡文说："对企业而言，需要实现社会效益和经济效益的双赢；对企业家而言，责任和情怀不可或缺。鲁班集团从乡镇企业发展而来，投资新农村建设，参与乡村振兴，既是企业承担社会责任的体现，也是拓宽企业发展领域的重要战略选择。我们将继续秉承鲁班的工匠精神，在破解发展难题、谋划高质量发展上不断实现新的突破。"

奚志华:老虎山传奇

崔卫阳

奚志华

1992年5月5日,《人民日报》在头版刊载了一篇关于"借东风"的新闻。这一报道在当时引起了很大社会反响。报道的内容是一家乡镇企业收购了一家国有企业。这个乡镇企业就是安徽省芜湖县的芜湖机电设备制造总厂(简称芜湖机电总厂),被收购的这个国有企业名叫芜湖县江南纺织机械厂。

报道称:

芜湖机电设备制造总厂,建厂早,想发展缺场地,今朝施展得舞台。问其原因,说是"借了东风"。

……

这两厂相隔只有几百米。如今,"铁老大"的厂名已换成"泥老小"的厂名 ——"芜湖机电设备制造总厂一分厂"。

何谓东风? 在场的芜湖县委书记卫广发说:小平同志的深圳之言,我们视为东风,视为无价之宝。不仅党政机关学,政法部门学,各行各业也都在学。

报道中的芜湖江南纺织机械厂隶属于芜湖县经济委员会（简称县经委），是国有企业，曾经一度辉煌，在人们心中有着重要的地位，人称"铁老大"。芜湖机电总厂是以私人承包式的乡镇集体企业，人称"泥老小"。

20世纪90年代初的中国，正站在经济体制深刻变革的十字路口，曾经闪耀着光环的"铁老大"国有企业被一个承包性质的"泥老小"企业收购，在当时的中国是一个十分雷爆的事，被人们口口相传为"猴子吃老虎"。这不仅代表了一种时代的变革，更展现了芜湖机电总厂这个"泥老小"的非同寻常。这个"泥老小"的负责人名叫奚志华。

人生第一桶金

奚志华，1953年4月出生于现安徽省芜湖市湾沚区陶辛镇四门村。奚志华小时候家境贫寒，8岁时父亲去世，三年级刚上了一个学期的他被迫辍学。为了谋生，只有9岁的奚志华就开始喂猪、捞苲草、砍柴，后参加生产队劳动，成为一名非常能干的生产队员。1972年8月，奚志华有幸进入自己非常渴望的陶辛农机厂，成为一名电焊工。奚志华非常爱学习，也肯吃苦，不到半年的时间，他便成为一个技术能手，打錾子、锯锯子、电焊、车、钳、刨、铣等技术，无所不能。因此，他受到厂领导的喜欢。1978年，25岁的奚志华被提拔为车间主任。

陶辛农机厂是计划经济体制下的乡镇集体企业，由于体制机制和管理的原因，就在奚志华被提拔为车间主任的时候，曾红火一时的陶辛农机厂开始走下坡路，一年不如一年。1982年，农机厂已负债累累，无法正常运行，当时的陶辛公社为适应新政策，将农机厂的电镀、铸造、容器和修造四个车间划分为四个独立核算的小厂，实行经济责任承包制，并公开宣布，全厂所有员工谁愿意干，谁就来承包，各自独立。

这要是放在几年前,有这么好的机会,大家一定会争得头破血流,但面对负债累累、毫无生机的农机厂,一时间几乎没有人愿意接手。就在这个时候,一个敢于吃螃蟹的人站了出来,第一个主动报名承包电镀厂,这人就是奚志华。奚志华承包了陶辛电镀厂。在他的影响下,铸造、容器和修造三个厂也分别被人承包。

奚志华接手的原电镀车间已停业半年多,留下的只有一个四五十平方米的破烂厂房和一些破旧设备。把所有的东西折算在内,总资产只有 2.2 万元,同时账面上还躺着原厂丢下来的一大笔债务。在员工名单上,加上奚志华本人和他的妻子汪启梅,总共只有 11 个人,其中 4 个是残疾人。

电镀厂在未分家之前主要是生产"三菱油桶"的。看到大桶业务的不景气,奚志华每天都想着能更换一个更有发展潜力的新产品。于是,他到处打听有关信息,并想尽一切办法拜访到了国有芜湖市微型电机厂的柯厂长。

有一天,微型电机厂接到了一个十分紧急的订单——出口埃及的接线盒。微型电机厂来不及生产,急需其他单位帮助生产。柯厂长想到了奚志华,问他10 天时间能不能完成。虽然奚志华从没有做过这个业务,但面对这个似乎是天上掉下来的馅饼,他便毫不犹豫地答应了。

为了充分利用仅有的一点时间,把这个业务做好,奚志华在家里开了小食堂,所有员工不回家,吃住都在厂里,连夜奋战。奚志华既当领导,又当工人,结果竟然提前 5 天完成了任务。

正是这个业务,电镀厂取得了微型电机厂的信任,从此这个小厂进入了国营大厂的视线。不久,奚志华做大桶的电镀厂改变了传统的生产方向,新建了金工车间和橡胶车间,陶辛电镀厂正式成了芜湖微型电机缝纫机电机减震块、制动块生产厂家。

由于电镀厂将信誉放在了第一,微型电机厂又陆陆续续给了他们滑套、漆包线和铸件等业务。一年后,微型电机厂又以收取 1% 管理费的形式将陶辛电镀厂确立为它的加盟加工厂。陶辛电镀厂越来越顺,随之电镀厂又开启了一个全新的市场,将业务做进了国有芜湖消防器材总厂,首次接触到了消防行业。这样,奚志华的产品领域一步步扩大,到第三年时产值一下就突破 17 万元。

三年来,电镀厂越干越好,然而和电镀厂同时起步的其他三个厂却几乎没有什么转机,于是,陶辛乡党委先后又将陶辛容器厂、陶辛铸造厂和陶辛修造厂全部转包给了奚志华。虽然接手的都是烂摊子,但奚志华不怕吃亏,一一照单接收。

转战老虎山

陶辛电镀厂虽然取得了一定的成绩,但奚志华在发展的过程中却有一肚子苦水。这个地方做企业有三大瓶颈:一是电力供应严重不足,为确保农业和生活用电,企业生产往往要到晚上 10 点以后才被允许用电,严重影响了生产进度;二是电镀厂坐落在陶辛乡清凉渡的圩埂边,距离芜湖市区 40 多公里,交通极其闭塞,没有一条通向外界的公路,进出除了要靠背扛肩挑到外河水运外,就是用小船运到陶辛火车站,再通过火车运输;这些都影响和制约了企业的进一步发展。为此,奚志华萌生了走出陶辛乡,到县城湾沚去发展的念头——这在当时是一个十分大胆的想法。

1985 年 6 月 10 日,机会终于来了。时任芜湖县常务副县长卫广发在视察水利时,顺便到奚志华的厂里参观,奚志华立即抓住了这一难得的机会,向他提出了自己的想法。正是在卫广发的引导下,奚志华找到了分管工业的副县长金康帼。本来他以为有县长的支持,到湾沚已没有什么悬念了,但令他没想到的是,金康帼听了他的汇报后竟一口否定,说:"电镀厂是污染性企业,电镀绝对不能进县城。"

这对兴冲冲的奚志华来说，可谓是当头泼了一瓢凉水。但他不死心，想干的事一定要做成。他一整晚都没睡着，突然之间，他想了个办法。因为电镀厂同时也生产汽车配件，于是他带着有关证件迅速赶到县工商局将陶辛电镀厂更名为陶辛汽车附件厂后，再次走进了金康帼的办公室。没想到他的这一灵活举动引起了金康帼的兴趣。金康帼决定亲自到陶辛电镀厂看看。她来到奚志华的厂里，看到车间里已用上了百分表、千分尺等精度比较高的量具时，作为搞技术出身的金康帼非常吃惊，说："小厂长，没想到我还小看了你，你的生产技术很超前。没问题，你这个情况可以到县城去！"

正是这样，电镀厂搬迁湾沚的申请三天就得到批复。批复中的地址在县城湾沚北边的老虎山，共 3.98 亩。

有了地，奚志华进军湾沚县城的梦得以起步，但有了地，建设用的一二十万元巨大资金从哪里来？奚志华又犯了愁。想了几天，他最后把目光锁在了与他有业务关系的国有芜湖消防器材二厂。

这一笔一二十万元的资金，在当时也算是天文数字，谁愿意把钱借给一个承包性质的小厂呢？这些奚志华心里都很清楚，但这没有难倒他，很快他又想到了一个办法，和消防二厂提出了一个合作方案。由于当时的消防二厂和总厂发生矛盾，要从总厂搬出，没有生产场地，奚志华便向消防二厂提出借款 15 万元，等他把厂房盖起来，消防二厂将设备搬到老虎山生产，电镀厂无偿提供场地，并让员工帮消防二厂干三年，工资由电镀厂发。

这个特别实惠的方案果然成为打开借款的钥匙，得到了消防二厂的同意。15 万元的借款到手后，老虎山的土地平整、厂房建设开始全面启动。

老虎山位于地处偏僻的荒丘山上，为了节约开支，奚志华和汪启梅在山丘上搭个棚子，吃住都在工地，每天带头带着锄头、铁锹、板车等在老虎山挥锹动锄,扒山运土。厂里的员工被他们的精神所感动,团结一心,利用休息时间和晚上奋力拼搏。人心齐,虎山移。经过几个月的攻坚,老虎山两栋四层的厂房先后建起来了。清凉渡的金工车间是第一家由陶辛乡迁到湾沚县老虎山的新厂。与此同时,芜湖市消防二厂也将灭火器生产设备搬到这里,同时还带来47名员工。奚志华非常懂得感恩,严格按之前的借款协议来,他厂里的员工免费为消防二厂"打工"三年。

机遇总是掌握在有想法还有闯劲人的手里。1988年初,作为计划经济体制下的国有企业芜湖市消防器材二厂最后也因体制原因而濒临倒闭。随之,消防二厂的47名技术人员从老虎山撤回,而灭火器筒体和贮气瓶式由奚志华承接生产。

又是一个天赐良机,消防二厂的人撤走了,但奚志华团队中帮消防二厂工作三年的员工已较好地掌握了消防产品的生产技术。如此一来,这个老虎山自然开启了另一个新行业——消防行业,并成立了芜湖市消防器材三厂。奚志华做梦也没想到,到老虎山不久,就成就了自己一项得来全不费工夫的新产业。

新的厂房新的气象。这期间清凉渡的冲压、消火栓加工、电镀和橡胶生产也陆续迁到老虎山。为了整合资源,高效生产,奚志华将所有的生产进行大整合,老虎山新成立了芜湖机电设备制造总厂(简称芜湖机电总厂)。

企业上了一个新台阶,奚志华这时想到了人才的需求,也就是他常说的"借脑发展"。于是,芜湖机电总厂面向社会招聘了二十名高中生,一下大大提升了企业的整体文化层次,这一举动在当时引起了不小的轰动。

经过全体员工的共同努力,截至1988年年底,芜湖机电总厂的产值首次突破了100万元大关。1989年,企业更上一层楼,完成产值332.8万元,上缴利税11.7万元。这一年,芜湖机电总厂一跃成为全县4家跨省市联营企业之一。当时的芜湖机电总厂下辖陶辛汽车附件厂、陶辛机电厂、芜湖锅炉设备厂及芜湖市消防器材三厂共 4 个分厂,拥有职工 254 人。

产权改制

消防产品越做越好,但如何让自己的消防产品走出安徽,并在全国市场占有一席之地,又是一个大的攻坚战。这时,奚志华又想到要为自己的消防产品创建品牌。受到电视剧《西游记》里铁扇公主的芭蕉扇一扇即熄火的情节启示,奚志华将自己的消防产品命名为"铁扇"消防。

品牌确定以后,机会又跟着来了。1990 年,北京举行一个大型消防产品展销会,奚志华带着自己的"铁扇"产品首次亮相北京展销会,结果受到好评。从此,他的室内消火栓开始走进外省。这一年,芜湖机电设备制造总厂被评为安徽省 95 家明星企业之一。

1991 年 5 月 27 日,对于芜湖机电总厂来说更是值得高兴的日子。这一天上午,安徽省委书记卢荣景来芜湖机电设备制造总厂视察,对企业的生产和发展前景给予了充分肯定,并希望芜湖机电总厂"八五期间实现产值一个亿"。

卢荣景书记来厂视察以后,奚志华的志向更大了,他决定借着这个东风,将"铁扇"产品尽快铺向全国,于是,厂里又大胆作出决策,将全国划分成若干个区,组织了一批不怕吃苦、敢闯敢干的年青人,组建了"敢死队"性质的驻外营销团队。这个团队一建立,"铁扇"产品迅速打入江苏省"三泰"地区,接着向江苏全省辐射。这一年,"铁扇"产品销售总量实现 1 000 万元。

在企业发展一路高歌的时候,中国的体制改革也在同步推进。1995 年 12 月 28 日,芜湖机电设备制造总厂在芜湖县体改办的批准下,改制为股份制企业,更名为"芜湖机电设备制造有限责任公司"。改制后的芜湖机电总厂活力进一步被激发,就在消火栓打开市场突破口的时候,灭火器又把"铁扇"品牌推上了热搜。

1996 年,上海市政府启动了一项具有里程碑意义的"平安进万家"活动。上海市政府投入 2 000 万元人民币资金,采取"政府出资补贴,鼓励居民购买"的方式,为市区 80 万户居民家庭配备灭火器。奚志华得到消息,主动出击。他激动地说:"这将是我们三厂的'铁扇'攻占上海滩的最大机遇,我们一定要拿出'老虎山精神'的干劲,不惜一切代价抢占这个市场。"

上海市的驻点销售员果然不负所望,展示了卓越的攻关能力,一下拿到了10 万支灭火器的订单,"铁扇"品牌就这样走进了上海市的千家万户。不到一两年的时间,"铁扇"品牌逐步占领了国内消防产品市场的制高点。"铁扇"牌消防器材也因此荣获"安徽省著名商标"荣誉。

1997 年,对奚志华来说,又一个重要机遇来了。芜湖县国有、集体企业产权制度改革正式启动。奚志华通过竞拍,以 2 200 万元购买了芜湖机电设备制造有限责任公司。从此,芜湖机电设备制造有限责任公司(简称芜湖机电公司)由集体企业正式转型为个体民营企业。

实现了产权改革,企业性质发生了根本性变化,芜湖机电公司完全成为自己的企业了,奚志华在改革的力度上更大了。在他的主持下,公司进一步建章立制,适时提出了企业发展"三为"新理念:一为国家纳税,二为员工谋福利,三为社会公益事业作贡献。在岗位设置上实现竞聘上岗,并与薪酬密切挂钩,切切实实做到"让想干事者有机会,能干事者有舞台,干成事者有地位"。

芜湖机电公司的"三为"理念,在当时的芜湖县成为企业内部改革标杆,员工们以厂为家的意识进一步增强,工作积极性进一步激发。1997 年,"铁扇"品牌全国销售额达到 2 000 多万元。此时,芜湖机电公司的消防产品无论是质量还是销量都已超越了国有芜湖消防器材总厂。1998 年,芜湖机电公司的发展更上一层楼,消防三厂 9 个系列 25 个规格的消防产品获得了生产许可证,室内消火栓在全国的销量跃居第一。

改制后的企业像插上翅膀般不断翻越。为了顺应经济改革的浪潮,芜湖机电公司进一步进行改革,企业改为安徽华星消防设备(集团)有限公司(以下简称华星集团)。2000年3月11日,见证了华星集团成长历程的时任安徽省委常委、常务副省长张平欣然为华星集团的门楼题名"安徽华星集团",以对华星集团的发展表示鼓励。

2000年末,华星集团在现有基础上,产值和利润再次实现大的飞跃,纳税增长至165.9万元,这也是华星集团连续第八年纳税位居全县第一。

经过从里到外改革创新的华星集团在"环境留人、待遇留人、事业留人"进程中,不仅吸引了国内的众多精英,还吸引了一些来自国外的能人贤士。这个时候,在现有500多名员工中,具有管理现代化企业和科技研发能力的骨干队伍已增加到219人,占员工总数的39.8%。

迈进开发区

世纪之交,芜湖县从农业县向工业县大转型,芜湖县始建芜湖县机械工业园(后更名为芜湖机械工业开发区、新芜经济开发区)。工业园始建时,一片空白,当时一般的企业对工业园的前景产生忧虑。奚志华和别人想的不一样,他再次第一个吃起了螃蟹,在园区拿下了117亩的地块。从此,标准化厂房替代了过去作坊式的厂房,工业园的规范化管理替代了过去一家一院式的作坊管理,华星集团由老虎山的传统企业逐步向现代企业迈进。

2003年10月,芜湖县人民期盼已久的直接连通开发区的芜宣高速正式开通。开发区的发展也步入快车道。华星集团地处高速的出口处,便捷的交通一下打开了华星集团的新市场。5年后的2008年,华星集团全年总产值突破2亿元大关,实现税金 691 万元。

世事宛如棋局,局局翻新总不同。随着国家对消防安全的重视和对消防器材的行业的市场准入,全国各地生产消防器材企业也如雨后春笋般地涌现出来。"铁扇"消防虽然已是全国知名品牌,但此时的奚志华心里却产生了一些新隐忧。他凭着自己的直觉,随着大批生产消防器材企业的涌现,中国消防器材市场不久可能会趋于饱和,如果眼睛只盯在此处,不提前考虑转型,到时企业可能会面临新的危机。

不久,一个官方的朋友告诉奚去华一个消息,芜湖铁路桥梁厂因停产多年对外拍卖。虽然铁路对他来说是个完全陌生的行业,而且"铁老大"是央、国企的专属,普通民企想都不会去想。但奚去华总是不放过任何一个机会,他立即对桥梁厂进行了深度考察,这一考察一下就让他动了心,里面一个 1.7 公里的铁路专用线和蕴含的一个铁路轨枕储备项目让他感到——这是一块天大的肥肉。

2005 年,华星集团以 2 000 余万元的巨资将芜湖铁路桥梁厂竞拍了下来。2007 年底,轨枕项目正式投产。此时,正处中国铁路事业上升期,轨枕市场很好。铁路轨枕项目的上马,标志着作为民营企业的华星集团正式跻身铁路行业。

在和中铁山桥合作的时候,法国科吉富公司(以下简称科吉富)来中国寻求投资。得到这一信息后,奚志华的创业目光又从国内转向了国外。

科吉富是一家法国知名公司,其母公司是德国的一家号称"铁老大"的福斯罗集团公司。福斯罗集团是一家资金雄厚、技术成熟、运营经验丰富的百年知名德国企业,产品涉及钢轨扣件和道岔系统、内燃机车和轻轨车辆零部件等多个领域。

科吉富对合作对象的要求特别高,连这里的土壤、奚志华及其家人的道德品质都进行了严格考察。经过漫长的谈判,华星集团终于以实力达成了合作意向。2010 年 10 月 12 日下午,安徽华星消防设备(集团)有限公司、中铁物资集团有限公司与法国科吉富公司三方在北京钓鱼台国宾馆正式签约,成立芜湖中铁科吉富轨道有限公司(以下简称芜湖科吉富),性质是中外合资。芜湖中铁科吉富轨道有限公司总投资 3.1 亿元。合同的签订,标志着华星集团正式跻身铁路道岔行业。

芜湖科吉富发展初期,由于在法国方管理期间因文化差异等问题,加上铁路产品认证等因素,导致市场举步维艰。到 2015 年,企业困境重重,5 年亏损 9 800 万元。

在法方管理无法解决企业困境的时候,华星集团接过了芜湖科吉富的经营管理权,经过管理上的战略调整,市场开始好转,产品很快进入中国国家铁路集团有限公司下的各铁路市场。2018 年,芜湖科吉富实现扭亏为盈。2019 年实现销售额近 1.9 亿元,占整个华星集团销售总额的 34%。2020 年,芜湖科吉富的铁路产品除国内市场外,海外市场也逐步打开,产品拓展到坦桑尼亚、以色列、印度、马来西亚和欧洲等,芜湖工厂成为芜湖科吉富的亚太中心。2022 年,铁路道岔方面授权的专利有 500 多项,其中发明专利 12 项。2023 年,芜湖科吉富实现销售额 2.18 亿元,成为整个华星集团成长性最快、最有发展潜力的产业区。

从电镀到消防,再到铁路等,华星集团秉承"人心齐、虎山移、华星人、能做到"的华星精神,一步步实现着质的飞跃。目前,华星集团旗下拥有安徽华星消防设备(集团)有限公司、芜湖铁路桥梁制造有限公司、芜湖中铁科吉富轨道有限公司、芜湖中铁轨道装备有限公司、芜湖华星智能装备有限公司和芜湖上建华星新型建材有限公司 6 家子公司。2023 年,华星集团实现产值 8 亿元,纳税 4 200 万元。

服务湾沚

在芜湖这片充满活力与希望的土地上,华星集团宛如一颗璀璨的明珠,散发着耀眼的光芒。它不仅在创业上一步步取得成就,还以强烈的社会责任感和使命感,积极投身于公益事业。

从 20 世纪 90 年代起,奚志华就积极资助家乡四门村修路以及芜湖县"湾石"公路的建设。几十年来,奚志华还特别热心教育事业,他在陶辛乡捐资创办了"志华希望小学",创建了"陶辛中小学图书馆",同时不定期地资助全镇中小学办学,资助贫困家庭的孩子就学。为激励学子奋发图强,2015 年,华星集团还设立了"华星奖学金",用于奖励湾沚区中、高考前三名的学生。如今,该奖项已连续设立 7 年,成为激励学子们努力学习的动力源泉。此外,华星集团还积极参与芜湖市牵手基金会、芜湖市慈善基金、援建军营图书馆和其他慈善等捐款公益活动。除了以上的捐资,华星集团还积极捐资老年事业、体育事业、水利兴修和防汛抗洪等,其中 2022 年,仅为陶辛乡水利发展就捐赠了 100 万元现金。

华星集团的公益脚步坚实而有力,在重大事件面前,也从不缺席。2008 年汶川大地震,2020 年疫情防控,华星集团都挺身而出,积极捐赠救灾和抗疫物资,为社会贡献力量。

多年来,华星集团以捐资捐物等多种形式累计投入公益事业 2 000 多万元,用实际行动诠释着企业的社会责任与担当。

自芜湖市企业联合会于 2005 年 6 月建立以来,安徽华星集团就被推选为芜湖企联副会长单位、轮值会长单位。2023 年 2 月 8 日,芜湖企联湾沚区工作站在管委会挂牌成立,奚志华被推选为湾沚站站长。自奚志华担任站长以来,他始终坚持正确的政治方向,紧紧围绕湾沚区打好"生态、制造、空港"三张牌的经济发展战略,深耕湾沚这片发展的沃土,结合芜湖企联安排的各项工作任务,积极配合政府部门推动经济发展,搭建党和政府联系企业和企业家的桥梁,助力企业健康稳定发展。两年来,奚志华秉承"维权、自律、服务"的宗旨,深入企业开展调研活动,带领企业家赴外地考察学习,为企业搭建交流合作的平台,促进企业间的优势互补与共同发展。

在华星集团的努力下,芜湖企联湾沚区工作站成为推动地区经济发展的重要力量。它不仅为企业提供了政策咨询、技术支持和市场拓展等服务,还积极反映企业的诉求和建议,为政府决策提供参考依据。

奚志华从小就懂得感恩,不仅事业成功,在家他还是一个好儿子、好丈夫和好父亲。奚志华的父亲去世得早,年仅9岁的他,就勇敢地站了出来,帮母亲分担家庭重担。吃再多的苦,也从不向母亲抱怨一声。长大后,无论企业事务多么繁忙,他都把母亲放在首位。为让母亲有一个幸福快乐的晚年,他经常挤出时间带着年迈的母亲外出游玩,看不同的风景,体验不一样的乐趣,用真心温暖着母亲的心。

心若在,梦就在。华星集团,以服务为桨,以公益为帆,在时代的浪潮中奋勇前行,用激情、爱心和责任书写着壮丽的篇章,用智慧和汗水铸就着辉煌的业绩。

俞乃平:矢志创业四十载 守护青山二十年

胡锦骏

2020年"五一"劳动节前夕,随着机器的轰鸣,位于安徽省芜湖市繁昌县孙村镇的红花山水泥公司正式开始拆除。目睹这一切的俞乃平心中百感交集,这意味着他临危受命、经营多年的明星企业走向尽头。但是,在这段事业终结前,他却早已孕育了一个全新的开始。一向"靠山吃山"的俞乃平,这次专心端起了青山绿水的生态"金饭碗"。

俞乃平

临危受命

红花山,原本是孙村镇一座普通的山。20 世纪 80 年代,当地"靠山吃山",建成繁昌县第三水泥厂。到了 90 年代末,因为经营不善,水泥厂濒临倒闭。知人善任的繁昌县孙村镇领导力荐俞乃平"出山",全厂 1 000 多名职工也将信任票投给了他。

临危受命的俞乃平以"红花山"为新的公司命名,并带领公司高歌猛进,荣获了"安徽省守合同、重信用企业"称号,"红花山"水泥商标被认定为安徽省著名商标。2002年,芜湖市红花山集团公司成立,并荣获"中国双优民营企业"称号,连续五年蝉联"安徽省民营企业100强"。

也恰是在红花山集团成立的同一年,一粒种子也刚刚在俞乃平的心中开始萌芽——为了改善马仁山水土流失、自然资源遭到破坏的现状,在当地政府的主导与支持下,马仁奇峰景区正式对外开放,通过发展旅游来保护开发绿色资源的思路初步形成。

主动转型

红花山集团的经济效益上去了,但因为开采而对周边环境造成的破坏俞乃平也都看在眼里,"这真的值得吗?"他陷入茫然中。

理清思路后,2006年,俞乃平"转型"接手马仁奇峰景区,成立了安徽马仁奇峰文化旅游股份有限公司。但是,发展之路刚开始走得并没有那么顺畅。

由于缺少旅游项目开发,此后十年间,景区游客接待量停滞不前,马仁奇峰公司也连年亏损。红花山集团内外甚至不断有想转战利润更加可观的房地产声音。但是,俞乃平抵抗住了这种诱惑。"建设马仁奇峰的初衷是为了改变这里,而不是一味赚钱。"

俞乃平变卖了矿山,关闭了水泥厂和服装厂,几乎"倾其所有"来守护这座青山。这也意味着公司完成了由"重"向"轻"的转型:原本的水泥厂采石车间变身成为"人字洞"古人类遗址博物馆;原本的水泥厂熟料生产线规划改建为多功能文旅产业园;"灰头土脸"多年的水泥厂采矿场工人陆续向马仁奇峰景区转岗,吃上了"旅游饭"……

2016年,马仁奇峰公司在新三板挂牌,开始致力于打造"我参与、我体验、我快乐"的体验式精品旅游景区。

思路一转天地宽。在景区总体规划调整申请报批后,利用山上寸草不生的山石场地建设各种体验项目;为了防止水土流失,在对被山水冲刷严重的山沟进行护坡保护时修建破雾漂流项目;在不砍伐任何树木的情况下建设滑道、丛林穿越、高空滑索和丛林飞龙等体验项目,让景区内的林木和山石都得到了有效保护和利用的机会……

生态尖兵

虽是从高污染、高能耗的传统制造业"跨界"掌舵,但俞乃平深知坚持生态底线不放松的必要性。2006 至 2016 年,当时还没有划定生态红线时,俞乃平便亲自挂帅林长,开始在马仁奇峰景区全面落实林长责任制。他还设置了专职护林员,每天对景区进行巡查,看护每一棵树,每一块石头。

绿色开发的理念,深刻践行于马仁奇峰发展的全历程。俞乃平将森林景观资源融入景区自然生态文化开发中,陆续打造了"竹海""槠海""楠海"和"梓海"四片林海。"竹海"中修建的跷跷板、秋千、踏浪道等娱乐设施,让游客在苍翠的竹林中体验快乐,同时,在春笋生长期设置指示牌和护栏,保护春笋的生长。为了保护景区独有的北纬 30 度唯一一片原始楠木林,公司与当地政府共同设立了天然楠木保护工作站,对景区内近千亩 6 万多株天然楠木林分 3 个等级进行挂牌保护。在"楠海"中修建了楠木林休闲区,建设了"天壶"景观,还安装了石桌、石凳、吊伞和木屋等,打造森林氧吧。

为了加强对森林资源的保护,在俞乃平的指导下,马仁奇峰景区首次在全国旅游景区中提出了"五位一体"的概念,即景区 WIFI 全覆盖、广播系统全覆盖、景区监控全覆盖、一键报警系统和智慧导游系统全覆盖,通过有效的科技管理体系,既能及时有效地防范森林火情和砍伐现象,又能为出游的游客全程护航。

如今,马仁奇峰已经成为国家 4A 级旅游景区。同时,景区还"坐拥"森林养生国家重点建设基地、森林体验国家重点建设基地、国家级森林公园、国家森林高空旅游示范项目等一张张响亮的"绿色名片"。

造"富"一方

马仁奇峰的多项体验项目进一步提升了景区核心竞争力。俞乃平深知宣传渠道的重要性,在他的主导下,景区成立了营销策划中心。俞乃平带领集团高管学习营销策划,去创新发展标杆景区学习,高价买下课程为员工打开创新思维……在他的领导下,马仁奇峰的"营销铁军"创新理念,打破常规,多渠道发力,实现了游客量的大幅增长。2016 年,马仁奇峰的年接待游客量仅 15 万人次,2018 年和 2019 年景区游客接待量便连续破百万人次,两年累计旅游综合收入突破 3 亿元,上缴税金 4 000 多万元。最近几年,短视频和直播兴起,俞乃平也与时俱进,他本人还参与直播,为马仁奇峰"带货"。

"火车头"的带动作用是明显的。据了解,目前公司直接就业人数 200 多人,带动周边农民直接和间接就业近万人。附近外出打工人员也纷纷返乡,景区周边涌现出土特产店、农家乐和民宿等 50 多家。旅游旺季,周边有些摊点仅靠卖土鸡蛋一天的收入都有好几千元。

随着旅游发展的兴旺,政府对旅游基础设施的投资力度也明显加大。2021 年,当地斥资几千万元,对马仁奇峰景区外围主干道进行修缮拓宽,对外部出入口进行改造提升,建设 2 公里多的人行绿化道,对周边环境进行美化,全面提升了附近老百姓的生活环境。

二十年沧海桑田。如今在马仁奇峰景区,生态资源逐步实现了保值增值,生态建设与经济发展实现了良性循环，人与自然在这里和谐共生。

2022 年，俞乃平本人也入选安徽省文旅厅公布的全省文化和旅游系统劳动模范表彰名单。回望这一路，有挫折，有质疑，有踌躇，有坚守，更有收获。俞乃平的创业之路，用"绿色"替换了"灰色"，绘出了一幅中国民营企业家坚持生态发展的美好图景。

汪之初：三十年坚守 立志百年广济

何更生

汪之初

汪之初，1988 年毕业于安徽医科大学。毕业后被分配到芜湖市的一家公立医院从事临床工作，实践着毕业时宣誓的希波克拉底誓言，踏上他的追梦之旅。

工作中，汪之初凭借自己出色的专业知识和敬业精神，赢得了众多患者的好评，5 年后即被提拔为科室主任，并获首届"江城优秀青年"称号。通往理想的大道已在他面前悄然地展开。

然而，汪之初并不满足于此。随着时间的推移，他逐渐意识到当时的医疗体系存在着一些局限性，还没有实行医保，大多数人看病都是全自费，已无法满足更多患者的需求。他每天门诊都要面对那似乎永远看不完的病人，以及那些因经济困难而看不起病、在病痛中苦苦挣扎的病人，这让汪之初陷入了深深的思索之中。他反复问自己："如果我能开办一家民营医院是不是能克服一些弊端？也能帮助更多的贫困患者？"

1996 年 6 月，汪之初终于下定决心辞去那份稳定的医生工作，坚定地踏上了充满挑战的创业之路，这也得益于芜湖当时开放创新的政策环境，他创办了芜湖首家公私联合体医院。

创办民营医院，在 20 世纪 90 年代是常人想也不敢想的事情，更何况是辞去众人眼中的"铁饭碗"，这需要多大的胆识和勇气，恐怕只有汪之初自己能够体会。

几年后，由于城市的发展，汪之初先前就职的医院面临拆迁。2003 年 1 月 18 日，汪之初经过精心筹备的芜湖广济医院终于迎来了正式开诊的时刻。广济医院是芜湖市第一家民营医院，因而备受方方面面的重视与关注。

当时，许多人不理解为何将医院命名为广济医院，汪之初微微一笑，说："芜湖赭山有座历史悠久的广济寺，名声远扬。佛家一向坚守普度众生的理念，而医院则应秉持医者仁心的原则，二者殊途同归。"看病难、看病贵也一直是老百姓面临的实际问题，把医院命名为"广济"，其宗旨就是要"办百年医院 济一方百姓"。努力开办一所让老百姓都能看得起病的医院，便是汪之初的初心。

广济医院创立之初，汪之初便彰显出其非凡的管理才能与创新思维，在医疗领域开创了诸多创新之举，深受老百姓喜爱，因而病区床位近乎满员，医院的发展随即获得了显著成效。

汪之初凭借其战略眼光，在广济医院发展的进程中，他又萌生了一个极为大胆的规划：为了满足广大患者更高水平的就医需求，医院再建造一座高层住院综合楼，按星级宾馆的要求设计，所有病房只有双人间和单人间，卫生间洗浴设施齐全。在那个时代这算是超前的规划。

经过几次规划设计调整，2015 年 10 月，历经 6 年多的精心筹备与施工建设，高达 17 层、面积 3 万多平方米的住院综合楼，终于建成竣工并投入使用，这标志着广济医院的发展已跨入一个崭新的里程。

如何让民营医院和公立医院一样为广大市民提供优质满意的医疗服务，这是新大楼启用后，摆在汪之初面前的一个重要任务。如何服务好病人，满足中高端不同人群的医疗健康需求,以适应未来健康市场的变化。汪之初再度展现出他的创新思维与战略眼光。

为提升医院的医疗技术和医疗品质,提升患者就医体验和人文医院建设,2017 年,汪之初创造性地在广济医院设立"京沪宁专家门诊"。发挥民营医院体制机制灵活的优势,努力把广济医院打造成芜湖地区全国优质医疗资源集聚平台。还定期选派年轻医疗骨干赴京沪宁等地的三甲医院进修学习,提高业务水平与开展新项目新技术能力。

为提高广济医院的整体服务质量,汪之初先后聘请国内多家知名医院的咨询管理团队进驻医院,现场开展对各科室的培训工作,使广济医院的管理水平与综合实力有了质的提升。

汪之初深刻明白一个道理,民营医院的发展人才是关键,没有人才就不可能有发展。汪之初坚持把"送出去"和"请进来"相结合,加大对人才的引进力度。10 年来广济医院共引进培养了 80 余名本科及以上学历的中青年医师,平均每年有 5 名中青年骨干医护人员晋升高级职称。优秀人才队伍的不断扩充,为医院发展注入了新鲜血液,也带来新的动力。

芜湖广济医院从 2003 年成立当初的一级医院,现已发展成为拥有近 500 张床位的二级甲等医院。从当初数十名医护人员到今天的 450 余名职工,50 余个临床医技科室,并陆续成为多家大专院校的实习医院。广济医院在皖南地区形成了颇具影响力的特色技术医院,尤其是产科,2019 年,在皖南地区率先开设 LDRP 家庭化产房,成为安徽省社会办医疗机构重点专科建设项目。其次是泌尿外科,以微创治疗泌尿系结石为特色,在芜湖市有口皆碑,具有一定的品牌影响力。另外,为应对人口老龄化,广济医院还率先开展住院患者"免陪护"服务,通过提供专业、高效的陪护服务,不仅能够满足老年人的医疗需求,还能减轻家庭负担,是一项具有前瞻性和创新性的举措。

近年来,芜湖广济医院无论是医疗技术还是服务质量都得到了很大提升,在全国 20 000 家社会办医机构中进入单体医院 500 强,并位居第 281 名。

在广济医院得到快速发展的同时,汪之初不忘初心,大力倡导诚信办院、济贫助残、关爱弱势群体,勇担社会责任。他对全院职工多次强调:"急诊危重的病人,有钱没钱尽管先抢救治疗,要把患者的生命健康放在第一位。"

患者夏金霞因为一次意外跌落不能站立行走,正值花季年龄的她为此心生绝望。汪之初获知后主动把她接来,医院为其专门制定了一套详细的治疗方案,并免去她所有的治疗费和生活费。经过半年多的康复治疗,夏金霞不但生活能自理,后来还结婚生子组建了家庭,重新燃起对生活的希望。

类似这样的奇迹在广济医院远不止一次。如残疾姑娘小朱、先天性肛门闭锁女学生小张、残疾患者小丁等病例,可以说是数不胜数。

芜湖广济医院自成立以来,先后为残疾人、贫困家庭患者减免医药费多达 3 000 多万元,爱心帮扶捐款捐物约 300 万元,努力践行着"广济百姓"的初心。

纵观汪之初近三十年的创业历程,他以自己美好的青春年华和一颗悬壶济世的医者仁心走出了一条改革创新、追求卓越的发展之路。正是因为他始终坚守初心,对梦想矢志不渝的追求和对人民群众健康事业的勇毅担当,才始终百折不挠地奋勇前进着。他说:"我选择了发展民营医疗事业,将终身无悔。医院有别于一般企业,其更多的是要承担社会责任,担子虽重但使命光荣。我们的目标就是要把芜湖广济医院办成'百年医院',我坚信只要坚持'人才立院,品牌兴院'的发展理念,通过一代又一代人的努力,最终必然会实现'百年广济'的宏伟愿景。"

我们有理由相信,在未来的征途上,芜湖广济医院将在汪之初的引领下,始终朝着百年医院的目标持续前行,并将取得更大的发展,为更多的患者带来健康与希望。

张　锋：以创新为舵 以责任为帆的领航者

笃　创

张　锋

在芜湖市企业家队伍中，常常出现一个他乡人的伟岸身影，他就是落户芜湖市鸠江经济开发区的河南（飞龙）汽车零部件有限公司总经理张锋，他凭借非凡的领导魅力和不竭的创新精神，引领企业在汽车零部件领域取得了辉煌成就，实现了企业发展与社会进步的和谐共生。

初露锋芒

1978年10月出生的张锋，怀着对未来的憧憬，大学毕业后，踏入了飞龙股份的前身——河南省西峡汽车水泵股份有限公司，成为热处理车间的一名工人。面对陌生的环境与挑战，他无惧艰难，以勤奋为舟，以热情为帆，迅速掌握了操作技能，为对公司产品的深入了解奠定了坚实基础。生产一线的历练，不仅锤炼了他的意志，更让他对公司的产品有了深入的了解，为日后的职业发展铺设了宽广的道路。

入职一年后,张锋在公司内部的选拔中大放异彩,成功转型为销售员,负责江西省汽车维修市场销售工作。他凭借对市场的敏锐洞察和出色的销售技巧,迅速打开了销售市场的局面,赢得了客户的广泛赞誉。这一阶段的历练,不仅展现了他卓越的销售能力,更为他日后的市场开拓积累了宝贵经验。

深耕市场

1999 年底,张锋被调至安徽省芜湖市,肩负起对奇瑞汽车公司销售的重任。在他的精心策划和团队的共同努力下,公司销售额从几十万元飙升至 2 000 余万元的跨越式增长,创造了业界瞩目的佳绩。他与奇瑞公司建立了稳固的合作关系,不断开拓新项目,先后开发了奇瑞 E4G16/F4J16/F4J20 系列发动机的冷却水泵,并大份额供货,为公司的发展注入了强劲动力。

随着奇瑞业务的蓬勃发展,张锋敏锐地捕捉到政府招商引资的机遇,向总公司提出了成立芜湖分公司的前瞻建议。经过深入调研,2003 年,飞龙芜湖分公司(简称芜湖飞龙公司)正式成立,张锋被委以销售副总之重任,继续深耕市场、创新产品、提升服务。他的付出不仅为公司带来了丰厚的经济效益,更推动了团队的成长与蜕变。

2009 年 5 月,张锋被任命为芜湖飞龙公司总经理。他以身作则,带领团队实现了企业的跨越式发展。从 2010 年的 5 000 万元销售收入,到 2011 年的 6 000 万元,再到 2014 年迁入新址后的经营规模的扩大和人才队伍的壮大,张锋的每一步都走得坚定而有力。

在张锋的领导下,芜湖飞龙公司逐渐崭露头角,成为行业的佼佼者。到 2018 年,公司销售收入已突破 9 000 万元大关,利润实现 1 024 万元的大幅增长。同年 7 月,他牵头成立了芜湖飞龙汽车电子技术研究院,招募高精尖人才,打造了一支技术精湛、创新能力强的团队,为公司的转型升级插上了翅膀。

创新驱动

面对科技的飞速发展,张锋深刻认识到企业转型升级的紧迫性与重要性。他积极推动公司从要素驱动、投资驱动向创新驱动转变,加大技术研发投入,实施英才计划,提升质量与生产管理能力。在他的引领下,芜湖飞龙公司成功实现了从"跟跑者"到"并行者"再到"领跑者"的华丽转身。

张锋制定了一系列发展规划,确保公司在激烈的市场竞争中始终保持领先地位。公司在 2018 年通过了 IATF16949 质量管理体系认证,2019 年获得职业安全健康、环境管理体系及两化融合贯标体系认证。2020 年,芜湖飞龙汽车电子技术研究院被认定为安徽省重点研发机构和新型研发机构,进一步提升了公司的研发实力和市场竞争力。

2021 年,实验室通过国家 CNAS 认可,标志着公司的技术实力再上一个新台阶。自 2020 年起,芜湖飞龙公司五年的销售收入平均增速不低于 50%。2021 年,公司销售实现收入 1.73 亿元,2022 年销售收入达到 3.58 亿元,2023 年突破 5 亿元,预计到 2024 年将实现销售收入 6.5 亿元,2025 年销售可达到 10 亿元,下一步将积极争取分拆上市,展现更加长远的发展目标。

在张锋的领导下,芜湖飞龙公司取得了令人瞩目的成就,先后获得奇瑞"卓越开发贡献奖";2012 年、2015 年和 2018 年连续三届被评为高新技术企业;2017 年、2018 年连续两年被评为"安徽省发明专利百强"企业等。特别是 2019 年,芜湖飞龙公司成功在安徽省"专精特新版"挂牌上市,进一步提升了企业的知名度和影响力。

社会责任

作为总经理,张锋不仅关注企业的经营与发展,同样也关心员工的生活与成长。他致力于为员工搭建一个实现自我价值的平台,营造一个温暖舒适的工作环境。在员工遇到困难时,他总是第一时间前往慰问,及时给予关怀与帮助。他的善良与爱心让员工感受到如家一般的温暖,增强了团队的凝聚力和向心力。

张锋深知员工是企业发展的基石,尤为注重员工的职业发展。他不仅积极组织员工培训与学习,还慷慨地为那些致力于提升学历的员工提供学费补助。他带领员工参加拓展训练与能力提升项目,培养了一批年轻有为的管理干部与技术骨干,为公司的发展注入了新的活力与希望。这种对员工的深切关怀与培养不仅提高了员工的工作积极性与满意度,也促进了企业的整体发展与进步。

作为芜湖市政协委员和区人大代表,张锋始终关注国家的时事政治,深入了解国家政策,积极参与参政议政工作。他在芜湖市委书记参加的市政协经济界分组会议上,提出的《抢抓芜湖汽车工业发展机遇,加快企业转型升级,实现高质量发展》的提案,质量高、针对性强,得到了芜湖市委、市政府的重视与采纳,展现了他对企业社会责任的担当和对国家、地方经济发展的关心。

张锋的职业生涯,不仅展现了他非凡的管理才能,也深刻地映照出他对社会责任的坚定担当和对员工的深切关怀。他用自己的实际行动诠释了什么是真正的企业家精神,为整个汽车零部件行业树立了新的标杆,激励行业内外的企业家们在各自的领域里不断前行,追求卓越。

郑元和:勇立潮头 筑梦塑料新篇

赵明敏

郑元和

"天行健,君子以自强不息。"——这是郑元和在创业之路上时常引用的古文,激励自己不断前行。在塑料配线器材领域的传奇故事中,郑元和无疑是一个具有代表性的人物。他的创业之路,充满了命运的巧合与非凡的勇气。

勇攀高峰　开拓塑料之路

20世纪80年代末的一个普通的下午,郑元和作为电器产品的推销员,偶然走进一个客户的厂房,第一次见到了尼龙扎带——这些看似不起眼的小物件却被广泛用于电线电缆的整理和固定。这一瞬间,他产生了一种直觉,这种简简单单的塑料制品,背后蕴藏着无限的市场潜力和商机。

郑元和常回忆起那个瞬间:"那时候,我看到的不仅是一个产品,而是整个行业的未来。"这种顿悟般的经历,让他下定决心投身于塑料行业。正是这种敢于尝试和敢为人先的精神,开启了郑元和与塑料世界的缘分,也成就了长虹电器塑料配件厂的崛起之路。

郑元和不仅是公认的行业翘楚,更以其卓越的商业智慧和坚韧不拔的努力,屡获殊荣,包括"优秀企业家""优秀共产党员"及"先进工作者"等荣誉。这些荣誉不仅是对他个人能力的肯定,更象征着他对整个行业发展的不懈推动与贡献。

郑元和常说:"只有风雨兼程,才能迎来花开的绚丽。"在市场风起云涌的浪潮中,他是勇于掌舵的舵手。他以远见卓识,带领全国同行共谋发展,创立了"中国塑料加工工业协会塑料配线器材专业委员会",为整个行业的规范化、标准化发展铺平了道路。正如古人所言:"不谋万世者,不足谋一时;不谋全局者,不足谋一域。"郑元和以他的行动和决心,诠释了什么是真正的领袖。他对行业的愿景不仅限于眼前的利益,而是致力于为整个行业奠定更为坚实的发展基础。

郑元和注重人才的培养,他深知"工欲善其事,必先利其器"。他鼓励员工不断学习新知识、新技能,通过企业内部的培训计划,以及与高校和科研机构的合作,不断提升企业整体的技术水平。他相信,只有全体员工的素质得到提高,企业才能在激烈的市场竞争中脱颖而出,持续不断地推动行业前行。

邂逅与抉择 塑料行业的初心

郑元和与塑料配线器材行业的结缘,仿佛是一场命中注定的邂逅,充满了传奇色彩。那是20世纪80年代末,上海这座东方大都市正处于改革开放的浪潮之巅,高楼拔地而起,街区车水马龙,灯火辉煌,处处洋溢着现代化的气息。在这座繁华都市中,郑元和怀揣着对未来的憧憬,投身于电器产品的推销工作。

他每天奔波于各大商场、企业之间，推销着各式各样的电器产品，用汗水和智慧书写着属于自己的奋斗篇章。然而，命运的轨迹总是充满变数，他未曾料到，一场未知的邂逅，将会彻底改变他的人生轨迹。

他感叹："常言道，机会总是留给有准备的人。那时，我看到的不仅是一个产品，而是整个行业的未来。"于是，在 1989 年，郑元和以一腔热血投身于塑料配线器材行业，建立了长虹电器塑料配件厂（简称长虹塑料配件厂）。起初，他仅靠一台简陋的注塑机，日产不足一吨的扎带，但凭借市场的巨大需求和对质量的严格把控，他迎来了人生的第一桶金。

回忆起那段初创时期的艰辛，郑元和曾这样说："那时的长虹塑料配件厂，就像一只刚破壳的雏鸟，初试飞翔，每一次翅膀的振动都是对未来的试探和期盼。"正是这份不畏艰难的勇气，让他从行业的边缘一步步走向了行业的中心。他的创业故事，充满了披荆斩棘的勇气，也充满了梦想起飞的执着。

郑元和在创业初期不仅面临着资金不足的困境，还要应对技术上的挑战。为了攻克这些难题，他多次走访同行业的企业，虚心向经验丰富的同行请教，不断钻研生产工艺，改善产品质量。他还通过参加国内外的行业展会，学习先进的生产技术和管理理念，力求在激烈的市场竞争中占据一席之地。他的学习精神和创新意识，逐渐赢得了客户的信任，也为企业的长远发展打下了坚实的基础。

翱翔蓝天　长虹的飞跃

2010 年，随着国家政策的东风吹拂，芜湖市推出了一系列旨在吸引企业落户的优惠政策。郑元和敏锐地抓住了这一发展机遇，带领长虹电器塑料配件厂搬迁至芜湖市湾沚区。在这里，政府提供的政策支持与良好的营商环境，犹如给企业插上了腾飞的翅膀。

在芜湖的土地上,郑元和不仅坚守质量与创新,更将环保与可持续发展放在首位。他果断引入先进的节能型注塑机,对老旧设备进行更新改造,实现了高效与绿色生产的相结合。他常说:"企业的发展不仅要有经济效益,还应对社会负责,环保与节能是未来的必由之路。"正如杜甫所言:"安得广厦千万间,大庇天下寒士俱欢颜。"他希望通过自己的努力,为社会带来更多的福祉。

为了推动企业的可持续发展,郑元和还设立了专门的环保小组,负责监测生产过程中的能耗和排放。他要求每一个员工都要具备环保意识,并通过一系列的培训和活动,让绿色生产理念深入人心。他常对员工说:"保护环境就是保护我们自己,企业只有绿色发展,才能基业长青。"正是在这种理念的推动下,长虹塑料配件厂在节能减排方面取得了显著成绩,不仅有效减少了碳排放,还降低了生产成本,为企业创造了更大的经济效益。

如今,长虹塑料配件厂已成为国内外市场的佼佼者,其产品远销百余个国家和地区。郑元和的事业,如同雄鹰,展翅高飞,翱翔于无垠的蓝天之上。而这一切,正是源自他对梦想的执着和对社会的责任感。他坚信,企业的成功不仅在于财务上的增长,更在于对社会和环境的积极影响。

芜湖的腾飞　郑元和的贡献

郑元和深知,企业的成长离不开地方政府和社会各界的支持,而他的成功也意味着需要反哺地方,尤其是芜湖这片承载了长虹腾飞之梦的热土。在芜湖这片热土上,郑元和和他的企业不仅实现了自身的蓬勃发展,也为当地的经济发展注入了强大活力。

长虹塑料配件厂的落户,解决了当地居民大量的就业岗位,为许多家庭带来了稳定的收入来源。郑元和始终坚持"员工是企业最宝贵的财富"的理念,为员工提供良好的工作环境和丰富的培训机会,不断提升他们的技能水平和职业素养。他通过与地方院校合作,建立了技能培训基地,帮助年轻人掌握就业所需的技术,真正实现"授人以渔"。

此外,郑元和还积极参与当地的基础设施建设。在政府的大力支持下,他为芜湖的工业园区引入现代化的生产设施和环保技术,这不仅提升了企业的生产能力,也为其他企业树立了环保与高效并重的标杆。在一次访谈中,郑元和提到:"芜湖是长虹的新家,只有家好了,企业才能有更好的未来。"他以实际行动助力芜湖的经济腾飞,并在地方企业家中形成了良好的示范效应。

在推动芜湖发展的过程中,郑元和不仅关注经济发展,还特别重视城市的社会和文化建设。他积极参与当地的社会公益活动,多次组织公司员工参与环境保护、社区服务等志愿活动。例如,他带领员工参与长江沿岸的环保行动,清理河岸垃圾,宣传环保理念,帮助当地居民增强环保意识。正如他所说:"企业的发展不仅是财富的累积,更是对社会的回馈与责任。"这种深耕社会责任的行为,让长虹塑料配件厂在芜湖赢得了良好的社会声誉。

此外,郑元和还积极参与地方的文化活动,赞助芜湖的各类文艺演出和体育赛事。他认为,一个城市的繁荣不仅体现在经济的增长上,更体现在文化的丰富和人民生活质量的提高上。他在公司内部鼓励员工参加各类文化活动,丰富他们的业余生活,增强团队的凝聚力和向心力。他深知,企业不仅是经济的创造者,更是社会文化的推动者,只有企业和城市共同进步,才能真正实现"共生共荣"。

情牵故土 回馈社会的担当

郑元和深知,企业的成功不仅在于经济上的成就,更在于肩负的社会责任。

在事业如日中天之际,他没有忘记家乡的养育之恩。他热心参与公益事业,尤其关注教育和扶贫。他曾多次捐款,帮助困难学生完成学业,还积极参与灾后重建,用自己的力量温暖他人。

他常说:"企业就如同大树,而社会是滋养大树的土壤,只有回馈社会,企业才能根深叶茂。"这种朴实而深刻的信念,贯穿于他事业发展的每一步,也感染了他身边的每一个人。正如孟子所言:"穷则独善其身,达则兼济天下。"他用自己的实际行动,践行了这一古老的信条。

在芜湖期间,郑元和多次带头组织慈善活动,与地方政府合作,向困难群体捐赠物资,资助贫困学生完成学业。特别是在 2020 年疫情防控期间,郑元和率先向当地防疫部门捐赠了大量防疫紧缺的物资,并动员企业员工积极参加志愿活动。他深知,企业的社会责任不仅仅是捐钱捐物,更是与社区共同成长、共同进步的长久承诺。

此外,郑元和还倡导在企业内部设立"员工关怀基金",专门用于帮助那些在生活中遇到困难的员工。他认为,员工是企业的基石,企业应当在员工最需要的时候伸出援手。这一基金的设立,不仅帮助了许多员工渡过难关,也增强了企业内部的凝聚力和向心力。每逢传统节日,郑元和都亲自到生产车间,向坚守岗位的员工送上节日礼品和祝福,让每一个员工都能感受到家庭般的温暖。

为了进一步推动社会公益事业,郑元和还发起了"阳光助学计划",专门帮助那些家庭经济困难但学业优秀的孩子们继续完成学业。他亲自前往多所学校,看望受资助的学生,勉励他们努力学习,将来用知识改变命运。他常说:"孩子是国家的未来,教育是社会进步的基石。我们有责任帮助这些孩子,让他们有机会实现自己的梦想。"他的这些善行,不仅温暖了无数家庭,也为社会树立了良好的榜样。

展望未来   迎接新的挑战

面对未来,郑元和并没有停下前进的脚步。在他看来,塑料配线器材行业正面临新的挑战与机遇,唯有创新,才能立于不败之地。他为企业制定了"三步走"的进阶目标:加大研发投入,提升产品质量;参与行业活动,共享发展经验;拓展国内外市场,实现国际化发展。

郑元和还特别关注技术的创新和环保的融合。他计划建立一个专门的研发中心,致力于开发更加环保、高效的塑料制品,减少对环境的影响。他深知,未来的市场竞争不仅是产品质量的竞争,更是技术与环保的竞争。他希望通过技术的创新,为行业的发展开辟一条可持续的道路。

"百舸争流千帆竞,借海扬帆奋者先。"郑元和常以此激励自己和团队。在激烈的市场竞争中,他将继续以坚定的信念和不懈的努力,乘风破浪,勇往直前,为行业的稳定发展贡献自己的力量,共同开创更加辉煌的未来。

郑元和还计划进一步深化与芜湖地方的合作,助力本地经济的结构升级。他表示:"未来的芜湖将不仅仅是生产基地,更是创新的摇篮,我们会在这里进行更多的技术研发和产品创新,将芜湖打造成为塑料配线器材的全球中心。"在他的蓝图中,芜湖不仅是企业的根,更是不断向外辐射创新与发展的源头。

郑元和的未来规划还包括与高校和科研机构的深度合作,推动产、学、研一体化的发展。他希望通过与高校的合作,引入更多的高新技术和人才,为企业的发展注入新的动力。同时,他还计划在芜湖设立奖学金,资助有志于从事塑料加工行业的优秀学子,激励他们勇敢追梦,将来为行业的发展贡献力量。

为了应对全球市场日益激烈的竞争,郑元和还计划在海外设立办事处和分公司，进一步拓展国际市场。他相信，只有不断地开拓进取，企业才能在国际舞台上占据一席之地。他立志将"长虹"打造成一个国际知名的品牌，让"中国制造"在世界塑料行业中闪耀光芒。

蔡斯瀛：立志拼搏 矢志不渝

时本庆

蔡斯瀛

蔡斯瀛，芜湖宏景电子股份有限公司董事长，1949 年出生，澳大利亚巴拉瑞特大学 EMBA（高级管理人员工商管理硕士），毕业后他本可在一个特定行业里衣食无忧，他却胸怀大志，钟情于商海行云破雾。他预感到汽车行业的发展趋势，立志拼搏，矢志不渝。从一个小作坊起步，到年创产值 10 亿元以上的拟上市公司，从名不见经传到集汽车智能座舱产品研发、制造和服务于一体的国家级高新技术企业、国家级专精特新小巨人企业、工信部两化融合贯标企业、芜湖市"工业企业百强"企业，无不显示他的卓越与远见。蔡斯瀛 2022 年被评为"芜湖市优秀企业家"，2023 年荣获"十大徽商精英"称号，2024 年被评为"安徽省优秀民营企业家"。在创业路上，他始终不改初心，守诚向善，怀抱大义，矢志不渝。

"邂逅"芜湖 艰苦创业实现宏景制造

2003 年，中国汽车工业进入了高速增长的黄金年代，这让有着对市场敏锐观察力的蔡斯瀛看到了汽车电子未来的蓝海市场,于是年过50的他辞去了国企高管——深圳莱英达科技公司董事长的职务,只身投入创业大军行列,并选择了制造业。用他的话说:"一方面是,因为制造业是立国之本、强国之基,另一方面是,我对制造业比较熟悉,尤其是电子制造业"。

当时,蔡斯瀛带领创业团队考察了很多的地方,最终选择了芜湖市,一是当时芜湖市的制造业刚起步,具有很大的发展空间;二是芜湖市政府将汽车产业视为支柱产业,正在大力支持和发展,汽车产业将成为芜湖市重要的产业,凭借奇瑞汽车的强劲带动,将会有一大批国内外汽车零部件企业云集于此,形成汽车电子及零部件产业群。经过对市场的理性分析,从而更加坚定了落地芜湖市的创业梦,他信心满满,在芜湖市创立了芜湖宏景电子股份有限公司(以下简称宏景电子)。

一头扎进汽车电子制造业的蔡斯瀛深知,机遇只垂青于有准备的人,"初来乍到"的他并不急于拓展业务,而是到处考察,学习取经,拜访业内的专家学者,虚心请教,并邀请他们担任公司的技术顾问,为公司提供技术支持。经过一段时间的技术储备和市场调研,经过多次打样试产,终于在2004年公司迎来了第一个客户——西门子VDO,这可是当时全球500强企业。正是这个项目,让宏景电子在业内打响了"第一枪"。"这是个年收入500万元的好项目,对当时的宏景电子来说,算是很大的项目了。"时至今日,尽管宏景电子最大的单笔业务已经高达上亿元,但是蔡斯瀛每每说起"首单业务",仍旧深感自豪。

宏景电子创业初期,遇到了很多困难,最困难时连几万元都拿不出,蔡斯瀛把家里的房子抵押给了银行,贷款给员工发工资,购买新机器。设备资产多了,人也增加了,必须换大些的厂房,搬家时为了省钱,全部自己动手,蔡斯瀛与创业团队一次次往返于新厂与老厂之间,将全部家当哪怕是一颗小小的螺丝钉都运进了新厂。当时,公司没有空调,办公环境很艰苦,办公用品是能省则省。为了节约成本提升效率,没有官兵之分,全员都是产线工人,逢年过节时,为保证交付,没人休息,自觉加班,直到现在宏景人都一直保持着这样的优良传统。每每有人提起创业初期之事,蔡斯瀛总是说:"员工才是公司的主人,有他们的朴实无华、吃苦耐劳,才有宏景的今天。"

蔡斯瀛凭着对制造业的执着,将宏景电子从一个仅有 10 人的小团队、一条半线的小作坊,发展到有着三大业务板块、40+条世界品牌全自动 SMT 生产线和智能组装线体,为多家世界 500 强企业提供服务,先后获得 10 余家主流车厂的审核肯定和认可。

创新驱动 从宏景制造到宏景"智"造

随着公司的声誉在行业内越来越响,订单量成倍增长,客户越来越多,宏景电子步入了高速发展期,蔡斯瀛果断提出:公司要想长远发展,必须聚焦汽车电子智造与创新,实现宏景"智"造。

作为工程师出身的蔡斯瀛深知创新对于宏景电子的重要性,2012 年,宏景电子初步完成从智能制造到智能创造的产业转化,并正式成立了以博士生领衔的创新研发团队,公司不断引进技术创新人才,研发团队从最初的 5 人到现在专业技术研发人员 117 人,拥有详尽的设计、分析与评审、测试验证能力,采用自主研发、课题合作、技术并购、技术授权及委托开发四种模式,创新发展宏景电子自主品牌,企业发展有了质的飞跃,自主研发有效专利达 160 项,其中有 31 项发明专利、94 项实用新型专利,还持有 35 项软件著作权。2015 年,公司成功上市新三版,正在推进 IPO。自主研发的新能源汽车电池管理系统(BMS)、汽车健康信息系统、车载 IOT 和健康物联系统等智能座舱取得了辉煌的成绩,国内外的一些厂家纷纷找上门来合作,还有一些投资者也慕名而来谈投资。

如今,宏景电子已经形成了"研发一代、运用一代、储存一代"的良性技术团队发展模式,自研了智能座舱域控平台、车联网主机和高清显示屏模组等产品,产品技术将围绕智能座舱域控高算力平台实现舱泊一体、行泊一体等产品研发,实现中央超算技术平台的预研和技术攻关,不久的将来实现智能驾驶和自动驾驶技术落地。公司正加速建设智慧化与数字化现代工厂。

行稳致远 保持可持续发展

"我们要牢牢把握高质量发展的时代主题,坚持科技是第一生产力、人才是第一资源、创新是第一动力,努力建功新时代"。在学习习近平总书记视察安徽重要讲话精神时蔡斯瀛强调,"作为民营企业,必须坚持党建引领,听党话、跟党走;必须贯彻新发展理念、构建新发展格局;必须打牢基础、大胆开拓、不断创新、深耕品牌,发展壮大"!

注重文化引领。文化是企业的立身之基,蔡斯瀛带领公司经过多年实践,凝练出公司文化核心理念,形成"成为世界一流企业,创建百年品牌"的公司愿景使命,制定"成就客户、开拓创新、诚信务实、知行合一"的企业价值观,在肩扛报国之志、深耕专业领域上,点燃公司奋进征程的激情。如今,公司上下牢记"四个坚持,四个创建"发展总要求,按照"五型宏景"的五年发展规划,努力尽快实现 IPO,对前进方向充满自信。

加强人才培养。人才是公司的立身之本,蔡斯瀛始终注重创新人才培育和激励机制,经过长期锻造与打磨,公司已形成以郭旭为核心的新一代经营领导班子,锻造了一支结构合理、战斗力强的干部队伍,实现企业家个人智慧到团队智慧转换,构成了坚强的团队领导力、组织力,公司上下朝着一个共同的目标,力出一孔,利出一孔,呈现出强大的凝聚力和战略牵引力。

担当社会责任。蔡斯瀛带领公司积极参与国家重大战略,使公司成功入选长三角 G60 科创走廊工业互联网标杆工厂企业名单,公司将充分发挥试点示范引领作用,持续发力先进制造业工业互联网平台建设,助力长三角制造业高质量发展。蔡斯瀛要求公司积极加入省、市各界商协会,组织并参与社会团体活动,利用平台,推动产业链、供应链的延长与互补,促进资源共建共享。2020年年初,防疫物资短缺,蔡斯瀛第一时间带领公司转产防疫物资,及时将"红外体温检测仪"捐赠给政府及学校,受到了政府和社会各界一致好评,公司也被授予了"全省防疫物资重点保障生产企业"。公司加强依法治企、努力维护员工合法权益。蔡斯瀛带领公司热心参与公益事业,被评为"芜湖市文明单位"。公司还成立了工会,积极帮助困难职工家庭。

老骥伏枥志千里,英雄暮年爱无疆,这个与共和国同岁的企业家,总是显得从容淡定。尽管岁月带走了他的容颜,但却丝毫没有动摇他自信自强、和衷精业、情系家国的初心,他带领公司不断增强自身创新能力和核心竞争力,奋力跑出高质量发展的加速度,投身到全面建成社会主义现代化强国的伟大事业中。

苏福男：风雪橡胶的瞪羚羊

二　男

　　在芜湖市国家级高新区的创业路上，一个占地 54 亩、建筑面积 36 000 平方米的公司静静地伫立着。这个体量不算大、建筑物不算新的企业，其产量、利润却在橡胶雨鞋领域做到了全国前五名，妥妥的行业瞪羚羊！这就是芜湖风雪橡胶有限公司，而引领该公司一路成长的就是我们今天的主人公——苏福男。

苏福男

　　1985 年，当改革开放的春风吹遍神州大地的时候，20 岁的苏福男在苏州市工业园区无王橡胶厂、苏州风雪橡胶有限公司脱颖而出，他先后担任设备科科长、供销科科长、厂长和副总经理等。2003 年，苏州风雪橡胶有限公司面临道路拓宽拆迁、劳动力和电力短缺的困境，而彼时的芜湖市高新区（木业经济开发区）也刚刚起步，正广纳贤才，广招天下商，二者一拍即合。苏州风雪橡胶有限公司成为首批入驻高新区的企业之一，苏福男也逐步成长为高新区的明星企业家。

打造"风雪速度"

2004年1月,高新区与苏福男的招商合同签订,芜湖风雪橡胶有限公司正式设立,苏福男和高新区管委会密切配合,统筹调度,交叉作业,夜以继日,风雨兼程,仅仅半年时间,在"听取蛙声一片"的农田上就矗立起了5幢合计7 500多平方米的厂房,机器的轰鸣声开始日夜鸣唱,至今已经二十个春秋了。

随后,苏福男边生产、边基建、边完善,陆续建起了3 700平方米的办公研发大楼、9 000平方米的生产车间、3 500平方米的员工食堂和倒班宿舍。2021年,在疫情防控时期,苏福男弯道超车,又在厂区内54亩的剩余地块上建起了13 000平方米的生产车间。企业的生产能力由当初年产30万双橡胶雨鞋提升至140万双,产品结构也从普通型全橡胶雨鞋提升至附加值更大、科技含量更高的休闲劳保型高档橡胶雨鞋。

创造"风雪业绩"

芜湖风雪橡胶有限公司的业绩,可归纳为以下几个方面。

一是创新理念,引领企业发展。苏福男将苏州工业园区的先进管理理念引入公司管理中,将"诚信共赢、创新发展、追求卓越、勇创一流"作为企业宗旨;以高标准、严要求、快节奏、强管理作为企业永恒的追求。有效推进序列整合,以品牌为导向、以质量求生存,完善创新管理机制,降低原材料成本,推行订单式生产,2004年开始,仅用三年时间实现了从初创到盈利的目标,并稳健发展二十年。

二是管理精细,提升产品质量。苏福男创新质量控制方法,狠抓源头质量,进一步增强质量意识，以质量管理为中心，精心组织，全面实施，牢固树立质量第一、用户至上的观念。建立健全成本管理体制，细化成本核算，树立勤俭出效益的观念。

三是开拓市场，服务高端客户。从芜湖风雪橡胶有限公司成立之初，苏福男就锚定海外市场，锚定高端客户，认真研究符合西方客户的品质要求，在交货及时性、产品研发创新、技术与工艺创新和企业社会责任等方面的严格管控，成功与英国皇室专用雨鞋 HUNTER 公司的合作，并逐步扩展到为国际知名品牌 BURBERRY、ARIAT、BOGS、VIKING、DRYSHOD 和 LACROSSE 等提供代工服务。

四是强化培训，实行人才强企。在苏福男的倡导下，公司先后出资二十余万元，采取"请进来、送出去"的方式，将公司车间主任以上的管理层和技术、品控骨干送到浙江省余姚市的剑锋管理技术培训学校脱产封闭式培训，引进先进管理模式与国际接轨，使企业在管理上日趋规范化、制度化、人性化，以全新的管理理念来促使与优质品牌客户的长期合作。完善用人机制，彻底打破人员能上不能下、报酬能多不能少的僵化管理模式，健全和完善激励考核、分配机制，理顺酬薪分配关系。酬薪分配向关键技术人员和生产一线员工倾斜，实行人员酬薪随着岗位转、报酬根据奉献定。真正实行了"能者上、平者让、庸者下"的考核机制，进一步振奋了员工精神，激发了员工的工作积极性。

在苏福男的带领下，芜湖风雪橡胶有限公司取得了傲人的成绩：产值由 2004 年的 1 400 万元至 2022 年的 2.38 亿元；固定资产由 1 200 万元到 1.1 亿元。企业已累计上缴税收 3 200 万元（不含出口退税）。累计上缴社保基金 7 200 万元。企业分别于 2009～2013 年、2016 年、2017 年获安徽省民营企业出口创汇百强企业，2010～2012 年度全省外商投资双优企业，2011 年度全市薪酬调查先进单位，2015～2016 年度安徽省"名牌产品"称号，2007 年 10 月获中国质量管理体系认证证书。

2010 年 8 月，芜湖风雪橡胶有限公司获省级"高新技术企业"称号，拥有"橡胶粘合剂及其制备方法""一种用于胶靴的压制装置"等 100 余项专利，拥有"喻示图形"注册商标。公司党组织亦获得 2010～2012 年度争先创优先进基层党组织、2016 年度区级"双强六好"非公企业党组织称号。

承担"风雪责任"

芜湖风雪橡胶有限公司从长远可持续发展的战略高度，始终坚持高度的社会责任感，既追求经济效益最大化，更追求社会责任最大化，创造和谐文化，推进长远发展。具体做法有以下几个方面。

一是强化社会责任体系建设。将社会责任贯穿于企业品牌、战略、经营、管理和文化的每个环节，认真履行对债权人、员工、客户、供应商和社会公众等利益相关方的责任。努力构建相互支持、互利友好的合作共赢关系，以自身发展影响来推动地方经济的振兴。

二是不断提升环境绩效。公司为了响应属地政府更加节能环保的要求，拆除了原有的燃油和生物质锅炉，投入 100 余万元购置了电蒸汽发生器用于企业产品的工艺生产；投入 300 余万元安装了废气搜集处理和通风设备设施，使废气由原先的无序排放变为有组织排放；投入 500 余万元安装了光伏发电，使企业在使用清洁能源上步入新平台，促进了企业低碳发展。

三是不断提升员工绩效。作为新时期企业管理者，苏福男始终本着以人为本的管理原则。用苏福男自己的话说，今天你关心员工一分，明天员工将回报给你十分。工作中与员工保持鱼水交融、同甘共苦、相互体贴的亲密关系。公司严格遵守国家《劳动法》，完善员工保障机制。按国家规定为员工提供"五险"

(医疗、养老、失业、工伤和生育),定期为员工组织免费健康体检,扩大范围、增加项目,关注和跟进员工健康状况,切实为员工营造了和谐、健康、愉悦的人文环境,体现了公司对员工的责任感和人文关爱。公司又先后倡导出台了《有薪年休假制度》《外地员工有薪探亲假制度》《女员工休产假制度》《男员工有薪陪产假制度》等,并在企业逐一实施,这一"喊破嗓子不如做出样子"之举深得员工拥戴。

四是不断提升社会绩效。经过多年的辛勤耕耘,使芜湖风雪橡胶有限公司得以茁壮成长,苏福男本人也一路成长,他是芜湖市政协第十三、十四届委员,弋江区第十五、十六、十七、十八届人大代表,市工商联执委、区工商联副主席、"芜湖高新技术产业园区统战工作领导小组"成员、高新区企业家协会会长、区企业家联合会工作站站长及芜湖市江苏商会监事会主席。

作为芜湖市政协委员、弋江区人大代表和弋江区人大财经专委委员,苏福男密切联系基层群众,十分关注地方经济和社会事业的发展,近年来陆续提出"关于增设和规范区域内停车位管理""关于提升社会诊所功能,强化医院救死扶伤"等数十条意见、建议和议案等,积极参加"万企帮万村"精准扶贫活动,为结对帮扶的无为市赫店镇洪林村捐资助困、为无为市赫店镇留桥村捐资兴建路灯亮化工程、到贫困户家中慰问以及为面临辍学的儿童捐资助学。

苏福男本人亦先后获 2011 年和 2012 年度安徽省外商投资企业优秀企业家、2010 年度芜湖市节能工作先进个人、2011 年度弋江区先进工作者、芜湖市第四届非公有制经济人士、"优秀中国特色社会主义建设者"等荣誉称号。

二十年春秋交替,二十载风雪前行,苏福男人生的主要收获都是伴随着芜湖风雪橡胶有限公司一路前行的。这一路,有成功的喜悦,有辛勤的汗水,也有挫折的辛酸,可以说是"风雪前行"。2013 年 7 月,苏福男的创业路上又迈出了重要的一步,投资 3 600 万元新设立芜湖福民生物药业股份有限公司。2016 年

6月,又投资3 200万元新设立芜湖毫智生物科技有限公司,致力于癌症和阿尔兹海默症药物的研发。苏福男如是说,企业在产能业绩稳步增长的同时与我们属地政府的大力支持是完全不可分割的,这里有好的人文环境造就企业前行,有好的相关政策帮扶发展,有一班致力于引导和推动地方经济发展的睿智者、领航者,是他们的励精图治有效地促进了属地民营企业健康发展,我们将深入贯彻落实好习近平总书记关于民营经济的高质量发展论述,发挥好民营经济的绵薄之力,以自己最大的努力进一步"福民大众"。

夏云兴:守望乡村 播撒希望

刘林平

　　1988 年的冬天,一个温暖的午后,9 岁的夏云兴手拄着简易的小板凳,拖着不便的左腿,缓缓地移步出门。门外,一群小伙伴正在欢声笑语中嬉戏,这一幕让夏云兴心中既充满了向往又有些许落寞。然而,他没有停下脚步,而是坚定地走向了邻居家。在那里,堂屋正中央悬挂着的一幅精美中堂吸引了他的目光。夏云兴拿起铅笔,在纸上小心地

夏云兴

勾勒起来,很快,一幅栩栩如生的松鹤图便跃然纸上。那时的他或许未曾预料到,未来的自己不仅能够克服身体上的障碍,考上大学,还能凭借着对艺术的热爱与才华,开创一番属于自己的天地,攀登新的事业高峰。

自强不息,艺术成就教育梦

　　夏云兴 1979 年出生于芜湖市湾沚区花桥镇一个普通的农民家庭。父母都是勤劳朴实的农民。然而,命运之神似乎对这个家庭格外苛刻。当夏云兴 8 个月大的时候,不幸患上小儿麻痹症,左腿肌肉萎缩,无法正常行走。面对着突如

其来的打击,夏云兴的父母从未放弃,他们倾其所有,四处求医问诊。经过多次手术,他终于能够站起来了,尽管只能用左手支撑着无力的左腿,勉强直立行走,但这也给了他极大的信心和勇气。

"我不是残疾人,只是路不平。"这是夏云兴常常对自己说的一句话。这句话不仅是他对自身困境的乐观解读,也是他克服困难的动力源泉。从小学到高中,尽管身体上的不便让他无法像其他孩子那样自由奔跑,但是画笔和画纸成了他最好的伙伴。虽因频繁就医导致文化课成绩不如人意,但他从未放弃过梦想。最终,艺考为他打开了一扇新的大门。经过不懈的努力,1999 年,夏云兴第二次参加高考,他以全省第二的专业成绩脱颖而出,顺利考入安徽工程大学艺术设计专业。

从大一开始,他就勤工俭学。在学校对面创立了"流浪者画室"(后更名为顶峰画苑),不仅解决了自己的生计问题,还意外地激发了许多孩子对艺术的热爱与追求。这段宝贵的经历,如同一颗默默播下的种子,在他心中生根发芽,为他日后投身特色教育事业奠定了坚实的基础。

大学毕业后,面对大城市的诱惑,夏云兴毅然选择返乡,决心将这份对艺术教育的热爱播撒在家乡的土地上。2003 年,在距离老家不远处的殷港村,他创立了自己的艺考培训机构顶峰教育,全身心地追逐教育梦。

夏云兴坚持以学生为主体,进行传统特色主题教育,以六项校本教育(自强、梦想、感恩、爱国、养成和心理教育)为蓝本的德育教育,以德育促学风,全面提高学生素质,塑造学生健全的人格品质,成才先成人。一步一个脚印,逐步树立起"自强不息勇攀高峰"的企业精神、"没有爱就没有真正的教育"的教育理念。

顶峰教育的办学规模不断扩大,20 年来围绕艺术教育,先后成功创办芜湖中华艺术学校、顶峰艺术高级中学、顶峰幼儿园和顶峰职业培训学校等教育项目，成长为涵盖幼儿教育、基础教育、职业教育以及艺考培训的综合性艺术教育机构，全日制在校生达 5 000 余人。累计为社会输送 4 万多名艺术职业人才，这些毕业生中不乏进入清华大学美术学院、中央美术学院和中国美术学院等八大美院，以及浙江大学、复旦大学、南开大学和中国传媒大学等国内顶尖学府的佼佼者。2023 年夏云兴更是荣获中国职业教育领域最高奖——第八届"黄炎培职业教育奖"之"杰出贡献奖"，标志着其在推动艺术教育发展方面所作出的卓越贡献得到了广泛认可与高度赞誉。

2019 年，在"全国自强模范"表彰大会上，夏云兴受到了习近平总书记等党和国家领导人的亲切接见。"自强校长"的励志故事，也成为新时代的正能量。一棵树摇动另一棵树，一朵云推动另一朵云，一个灵魂，才能唤醒另一个灵魂。多年来，夏云兴应邀赴全国各地高校、中小学演讲，影响了近 30 万名学子。

勇攀高峰，双创点亮艺创梦

顶峰教育所坐落的殷港材，原本只是一个普通的行政村，随着当地工业集中区因产业结构调整而逐渐沦为"空心园"。然而，随着顶峰学校的蓬勃发展，越来越多的学生与教师慕名而来，给这个沉寂的村庄带来了新的活力与希望。在办学的过程中，夏云兴深刻意识到农村地区基础设施落后、人才流失严重、缺乏可持续发展的动力等问题，特别是许多来自农村的学生，通过高考实现了人生的飞跃后，往往不愿再回归故土。面对这一现状，夏云兴决定采取行动。起初，他个人出资数百万元，用于安装路灯、修缮道路等基础设施建设，极大地改善了殷港村村民的居住条件和出行的便利性。但这仅仅是第一步，夏云兴并没有止步于此，而是一直在寻找新的方向。

2015 年，夏云兴前往北京中关村创业大街 3W 咖啡考察，"大众创业、万众创新"让他深受触动。他不禁思考:在芜湖是否也能找到这样一片天地:它位于乡村,原本是一个亟待转型的老旧小镇或废弃厂房,却拥有着转化为"艺创"空间的巨大潜力? 这一构想,旨在通过引入文化创意产业,将其打造成为集艺术创作、教育培训、文化创意于一体的综合性平台。这便是"艺创梦"的雏形,也是夏云兴从单纯的教育事业向更加广阔的艺术创意领域迈出的关键一步。

这一年,夏云兴在乡村首创"顶峰 1979 文化创意园",这让殷港乡镇工业集中区焕发了生机。从 2016 年起,在地方政府的支持下,夏云兴在全省率先发起创建殷港艺创小镇,搭建公共服务平台,帮扶企业孵化发展。他带领团队利用艺术、创意手段,逐步把旧厂房变为文化创意产业园,将空心村改造为艺术家村,将教育综合体发展成产、学、研基地和乡村创业孵化平台,吸引大批青年人才入驻创业,引进孵化小微型企业百余家,吸纳 2 000 多名青年人入驻创业,带动 5 000 人就业,主导产业年产值上亿元。殷港小镇的人口实现了从 3 000 人到 15 000 人的增长。

一个昔日的"空心村""空心园"变成了青年创新创业的热土。小镇先后被评为"全国特色小镇 50 强""2020 年全国第二轮特色小镇典型经验案例""安徽省青年创业园""国家级众创空间""全国版权示范园区"等。一花独放不是春,百花齐放春满园。在殷港艺创小镇的示范引领下,湾沚区实现了特色小镇全覆盖,一镇一品,五朵金花,竞相争艳。

从泥土里来,再回到泥土里去。党的十九大吹响了乡村振兴的号角,一直扎根乡村的夏云兴,更能理解乡村的痛。依托顶峰教育积累的人才资源和殷港艺创小镇集聚的美术、创意设计、数字文化等要素优势,夏云兴坚定"艺创,让乡村更美好"的信念,将殷港艺创小镇定位为乡村振兴一站式综合集成服务商,通过"艺创＋"模式赋能乡村振兴。

深爱乡村、扎根乡村的夏云兴,带领团队,先后打造出了 30 多个村庄整体设计案例,完成农特产品产业化、市场化设计方案 400 余件,服务范围从芜湖市湾沚区拓展到安徽省内六安市、亳州市、淮南市、滁州市和上海市浦东新区等地村镇。其中"最灵秀花桥渡、最福氛小陶村、最乐水陶辛镇、最原乡龙尾张"等,都成了远近闻名的网红打卡地。改善了乡村风貌,提升了乡村颜值,促进了三产融合发展,带动了村民增收致富,切实给村民带来了获得感和幸福感。由此,夏云兴就成了远近闻名的集艺教、艺创、乡村振兴集成服务为一体的创新型企业家。

坚守乡村,艺创赋能共富梦

习近平总书记的重要讲话中明确指出:"要努力绘就乡村振兴的壮美画卷,朝着共同富裕的目标稳步前行。"这标志着中国乡村地区正迎来前所未有的发展机遇。在经历了数年的美丽乡村改造实践中,夏云兴深刻认识到,实现乡村可持续发展的核心在于"运营"。他坚信,只有通过科学有效的整村运营,才能够激活乡村的内在潜能,实现共同富裕。

2021 年年底,夏云兴带领团队与花桥镇政府通过"党建引领、村民主体、社企合作、促进共富"的方式,以艺的思维、创的行为为主要内涵的"艺创＋"模式,整村运营鸠兹湾艺创共富乡村,致力于通过农文旅深度融合,打造"宜居宜业和美乡村"新样板,为"千万工程"在本区域的落地创新作出有益的探索。

该项目以"共建、共享、共富"为核心理念,通过一系列创新举措,如微创意、微改造、微孵化、微循环和微治理的"五微行动",对乡村环境进行了全面提升,实现乡村"五变",即田园变公园、农房变客房、创意变生意、产品变商品、个富变共富。让乡村既有面子更有里子,既有颜值,更有价值,打造出了宜居宜业和美乡村的新样板。在项目实施中,共流转 55 户村民农田林地 1 000 多亩、水面

800 余亩,盘活闲置农房 33 套。有生态农场、乡村市集、餐饮民宿和研学教育等 8 大产业板块相继投入运营。带动扶持近 300 人实现家门口就业,人均每月达到 3 500 多元,农民的幸福感、获得感显著提升,集体经济实力得到了壮大。

鸠兹湾的成功,不仅在于带动村民物质层面的共同富裕,其深远的意义更在于精神层面的极大提升。这里发掘了"鸠兹源"文化,建设改造了乡村大舞台、好人文化园、廉洁文化园等打卡点,让在地文化在和美乡村建设、发展和治理中熠熠生辉,让村民们看到了自己家乡的美好未来,激发了他们参与乡村建设的积极性和创造力。同时,该项目也吸引了社会各界的广泛关注和认可,成为全国乡村振兴的示范标杆。2023 年 9 月,中国农民丰收节全国主场活动在鸠兹湾艺创共富乡村成功举办,进一步提升了该项目的知名度和影响力,为乡村的可持续发展注入了新的动力。

鸠兹湾先后荣获安徽省"农民工返乡创业园""省级休闲农业与乡村旅游示范园区""乡村旅游后备箱工程基地"等多项殊荣。其所在地横岗社区,也被评为全省"千万工程首批和美乡村精品示范村"。遵循安徽省委、芜湖市委及湾沚区委的指导方针,鸠兹湾正致力于打造"永不落幕的丰收节",构建"中国丰收文化主题村"。

热心公益,做中国好人,圆中国好梦

夏云兴的创业之路,是一条不断深化发展和人生境界不断提高的过程。从教育梦到艺创梦,再到共富梦,他始终紧跟国家大势,将个人梦想融入国家发展大局之中。创业有成后,他不忘回馈社会,积极投身于社会公益,用大爱之心和善举义行,为社会贡献自己的一份力量。

他扶危济困,捐资助学照亮困难学生前行的路。他每年都坚持资助贫困学子上学,不仅免除学费,还提供生活补助。在安徽工程大学等高校及中小学,他设立了"顶峰奖学金",资助品学兼优的学生,并在学生毕业后就业创业过程中提供力所能及的支持。他还经常深入扶贫第一线,固定资助残疾老人,帮助他们解决生活难题。

他助力脱贫攻坚,致力于乡村振兴公益事业。他在安徽省首开文创扶贫先河,与南陵县黄山村贫困村结对、对口帮扶,探索出一条文创扶贫的新路子。他自费30多万元开展公益帮扶,从农产品包装设计、老旧空间改造、乡村环境优化、旅游开发等方面助力,将贫困的山村变成乡村游的网红地。此外,安徽省文旅厅定点扶贫村——六安杨公村人居环境提升项目,也是他助力脱贫的案例。

他支持创新创业,积极搭建公益创新创业平台。在创设小镇过程中,出资500万元设立"顶峰创业基金",帮扶初创企业和创业人员孵化发展;累计投入6 000多万元,实施小镇公共文化空间创意提升改造,搭建公共服务平台,开展乡村双创和双招双引活动。此外,还与安徽师范大学教育基金会合作,出资1 000万元,设立"顶峰艺创专项基金",建立实习实训基地,旨在吸引大学生返乡创业,为创业者提供必要的资金支持和专业的创业指导。这些举措不仅为乡村带来了新鲜血液和活力,也为乡村的可持续发展奠定了坚实基础。

他关注社会,捐款捐物应对重大灾难。在抗洪防汛和疫情防控期间,他带队志愿组多次慰问一线工作者,向相关机构捐款捐物达50余万元。

从一名出身农家的残疾艺考生,到扎根乡村倾心教育的追梦人,再到打造特色小镇样板、艺创赋能回馈乡村的乡村振兴合伙人……夏云兴身残志坚,自立自强,二十年如一日坚守乡村,努力绘就新时代乡村振兴的精美画卷。夏云兴先后荣获"安徽五四青年奖章""中国好人""全国自强模范""全国乡村文化和旅游能人""安徽省第七届非公有制经济人士优秀中国特色社会主义事业建设者"等荣誉称号。

在新时代的大背景下,夏云兴深深懂得,个人的梦想应与国家的总体梦想高度契合,个人的命运应与国家的命运融为一体。二十届三中全会,再次为农业农村现代化吹响全面深化改革的号角。顶峰艺创将坚定不移地坚守乡村、播撒希望的种子,以"钉钉子精神",扎扎实实为乡村全面振兴做实事、建实功。做中国好人,建中国好村,圆中国好梦,为建设彰显徽风皖韵的宜居宜业和美乡村贡献力量。

卢立新:立志创新脚不停 深耕物流行自由

郭 武

卢立新,浙江省温州市人,70后,却已在物流领域耕耘了 34 年。卢立新从走出大学校门那天起,先后辗转四个城市,转换三种身份,从国企员工到民企职业经理人,到现在的创业公司老板。正如他的感言:"奋斗写满了我的前半生,感谢这个伟大时代,感谢芜湖,感谢伟大祖国,我的奋斗史虽然还称不上壮丽,但也充满了自信和力量。"十八年前,卢

卢立新

立新举家来到芜湖。在一次全市人才大会上作为人才代表发言时,卢立新开玩笑说,我来芜湖正值 35 岁男人最佳年龄,那时一头浓密黑发,十几年过去了,我把十万青丝撒在了芜湖这片热土上,现在更加"光"彩照人。

卢立新结缘芜湖就是因为物流。第一次出差到芜湖是 2001 年,美的要在芜湖扩大投资,叫他来调研一下物流的配套能力,拜会了时任芜湖市副市长程晓苏。程副市长给他发了张名片,"副市长"头衔下面还印着"高级工程师",这个很少见,说明芜湖很重视知识、很重视人才。对此,他至今记忆深刻,这是他结缘芜湖的起源。后面程副市长还领导组织编制芜湖市第一个物流规划,又验

证了卢立新心中的认识,芜湖将会对物流发展非常重视,在芜湖做物流将大有可为。

2007年初冬,因为芜湖的招商引资,卢立新带领100多个团队成员开着20多辆车浩浩荡荡地把他担任总经理的安得物流公司(以下简称安得)总部从广东省搬到了安徽省芜湖市,从此与芜湖结下了不解之缘,开启了2008年之后物流业的一个个春天。2008年年初的大雪是芜湖少见的,安得总部大楼在大雪过后不久开建,后面又在芜湖开建了两个物流园共600多亩,并从2011年开始在全国各地建设物流园,总面积超过300万平米。在他的带领下,安得物流快速发展,成为当时安徽省服务业的龙头企业,也是安徽省首个5A级的物流企业,并打造了全国首个物流类国家级企业技术中心,还获评中国驰名商标。安得也是国内营业收入最早跨过30亿元第三方物流公司之一,当时以管理仓库面积450万平方米成为全国第一。回忆在安得的奋斗历史,卢立新说,在企业做大做强的同时,自身的经营管理能力也会随之快速提升。他先后被评为"中国物流年度人物""全国物流行业劳动模范";2009年,他还被评为安徽省"优秀民营企业经营者";2010年,他作为安徽全省唯一企业代表在全省服务业大会上发言。时任芜湖市市长开玩笑说:"其他地市都是市长上台讲话,只有我把上台机会让给了你。"在当时的会上,时任常务副省长的詹夏来还在大会上点名表扬了安得,对此,卢立新至今还沾沾自喜。

2013年的冬天,卢立新曾短暂地离开了芜湖。2015年的冬天,因为芜湖的招才引智,卢立新放弃了稳定的高薪和舒适的工作环境,从广州又回到芜湖。"我又回来了,这次搞第五方物流平台。"卢立新的创业大旗一举,40多名各类人才带着钱和梦想齐聚芜湖,跟随卢立新投身于创新创业,共生物流平台诞生了,迎接2016年之后物流业的一个个春天。卢立新回忆着公司初创时的情景:等我处理好老公司事务回到芜湖时,一个有战斗力的团队已经形成,崭新的商业模式已初步构筑，比我给领导承诺的时间提前了 3 个月。当时借用了一个垃圾场楼上的环卫所废弃的办公室作为临时办公场地，没有空调，还时不时飘进来腐朽的气味，有时飘进来的还有窗外的雪花。而在这里办公的好几个人曾经是率领"千军万马"的企业高管，都归零来到这里开始新的创业旅程。在第一次公司全体会议上，大家大声呐喊："长江之滨，垃圾场之上，我们要化腐朽为神奇。"这就是共生团队利用新技术、新模式改造散乱差的物流行业的雄心壮志和最庄严的表白。

共生物流平台成立九年来，紧紧围绕新经济、新技术、新模式和新业态，积极创新，锐意进取，取得了较好的经济效益和社会效益。为 4 000 多家制造企业和物流企业及接近 40 万名车主提供数字物流与物流数字化服务，业务范围覆盖全国 20 个省 50 多个城市。共生物流平台的快速健康发展多次受到安徽省委、芜湖市委主要领导和中央电视台等中央媒体的肯定，行业和社会价值也受到越来越多的关注和认可，并获得了多项荣誉："国家专精特新小巨人企业""国家中小企业公共服务示范平台""国家大数据产业发展试点示范企业""全国供应链示范企业""国家制造业双创示范企业"，诸多荣誉与资质接踵而来。业务量保持快速增长，服务价值不断提升，服务产品不断增加，多个数字化服务产品在全国市场占有率第一。卢立新团队的拼搏精神和创新能力，被评为安徽省"A 类高层次科技人才团队"，并成为全省第一个达到业绩奖励条件的高层次科技团队。卢立新还被评为安徽省优秀民营企业家、安徽省"特支计划"创业领军人才、安徽省战略性新兴产业技术领军人才、芜湖市"百人计划"创业人才、物流行业领军人物和中国物流十大创业领袖，并当选为中国物流学会副会长。

回想这 9 年的创业历程，卢立新还是有很多感悟。他说，与我们同期创业的产业互联网公司，活到今天的比例并不高。共生物流在没有外部大幅融资的情况下，还能不断做大做强，非常不容易。卢立新自己的总结有这么几点："努力使自己成为专家型企业家,把创新融入企业基因。不管是做职业经理人还是做老板,成为专家型的企业家都是我最大的追求。我把自己熬成了全国做物流时间最长的博士,是博士的没我时间干得长,比我干得长的不是博士。创新是最重要的企业家精神,企业竞争已经从机会套利转为价值创新,专家型企业家有利于提升企业市场洞察力、技术创新力和行业影响力,从而提高企业生命力。'在共生中共享市场,在共创中共赢未来'的商业模式,时任安徽省委书记李锦斌视察调研共生物流时给予了充分肯定,创新的商业模式也是共生物流茁壮成长的源动力之一。我对创新能力的提升有着偏执的追求,在我的'威逼利诱'下,在我的示范带领下,公司打造出浓浓的创新氛围,创新意识深入每一个员工心扉。创新也是共生物流的核心价值观,每周的创新靓点点评,月度创新奖,半年一次的共心奖,都是为了提升全公司的创新意识和能力,这才有了不断的管理创新、技术创新和产品创新。"

卢立新说:"厚待人才才是最划算的投资。我深深地知道,人才才是企业的第一生产要素。一直以来,公司非常重视人才的招、留、用。舍得给钱、给股权,人才才会更加用心用力,公司现有 40 多位员工股东。仅是给予优厚待遇、股权激励还是不够的,还要激发梦想、赋予意义。公司积极推进共生型组织,从教练式管理、上下同欲、加大授权、尊重欣赏、彰显价值意义及提供更大平台等方面赋能各类人才,以激发各类人才的事业心。要成为一个好的教练,首先自己要加强学习,让人才跟着我干不仅仅有财富的增长,还有能力的提升。积极为各类人才争取各级党委政府的奖励、表彰、政治身份,也是彰显人才的价值意义。"这是他源于肺腑的感悟。

卢立新说的第三点也很重要。"与环境更好地同频共振才能获得更多的机会。企业的发展离不开党委政府的关心支持,而企业能否更好融入国家的大政方针和省区市的规划中去,决定了企业能走多远,能否创造更高的社会价值。"

这么多年来，卢立新在带领企业做大做强的同时，也是积极认真地履行社会责任。在这方面芜湖企联给予的帮助很大，卢立新说："我在芜湖企联第二届换届大会上被选为副会长，后来又成为轮值会长和镜湖区工作站站长。"芜湖企联对企业家精神和企业社会责任的重视，不断鞭策着卢立新。

干了半辈子物流的卢立新，创造了这个行业的多项第一。早在 20 世纪 90 年代，他就参与组建了大型企业内部的准第三方物流机构并担任经理；作为主要创立者在国内较早创立了第三方物流公司；全国第一个成立供应链技术公司；全国第一个建立第五方物流平台。早在 2007 年，在教育部的指导下，参与举办了首届中国大学生物流设计大赛，为物流的产、学、研合作打造了很好的平台。在芜湖企联创会会长程晓苏的指导下，卢立新在芜湖也做了些开创性的工作。从芜湖第一个物流规划开始，都有参与并有所贡献；参与推动了三山港区建设；推动建设迄今为止还是芜湖市最大的物流园区建设；参与创办芜湖市物流协会并成为创始会长；极力推动"中国物流学会年会"首次在芜湖这样的三线城市举办，成为芜湖第一个千人行业大会。这一桩桩一幕幕，卢立新回想起来都感到非常的自豪，为行业、为芜湖尽到了一点自己的社会责任。卢立新还积极通过人大、政协等各类平台，发挥自身专业优势，积极参政议政、建言献策。近年来他提交了百余篇提案、建议、发言材料和社情民意。卢立新三次参加安徽省委书记座谈会，每次发言都当场得到省委书记的肯定，还在安徽省政协大会发言时建议把芜湖打造成为国际物流枢纽。卢立新的将物流作为营商环境打造、发展多式联运等建议也多次被芜湖市委、市政府采纳。为芜湖市、淮北市市委理论学习中心组做专业报告，也让卢立新备感骄傲。"这比这么多年来多次在千人行业会议上作演讲更有价值感。"

卢立新还积极参与"扶贫""乡村振兴"等公益事业，并当选为安徽省光彩事业促进会副会长。卢立新自觉关爱员工，构建和谐劳动关系。始终把建立健全党组织作为构建和谐劳动关系的重要抓手,建立工会组织,各职能部门齐抓共管,各司其职,协调配合,注重实效,共同搞好劳动关系和谐企业创建工作的良好局面。

2024 年以来,中央要求降低全社会物流成本,大力发展新质生产力。共生物流公司在这样的大背景下,紧紧围绕安徽省首位产业和芜湖市提高融通层级的规划,主动调整发展战略,充分发挥创新能力优势,奔赴新质生产力。以数字技术为手段,推动供应链不断优化。打造汽车零部件垂直细分供应链服务平台,助力安徽省首位产业。推进建设城市物流资源大整合平台和县域综合物流平台,创新性降低物流成本。积极推进人工智能应用开发,布局未来产业。继续从产业数字化和数字产业化两个维度,推动数字经济创新发展。加大力度推进 SAAS(软件即服务),大力推进"共享数字化部",解决中小企业数字化人才难题。打造物流和供应链大数据交易平台,充分挖掘数据价值。"价值共生,让物流更智慧",这是卢立新的终身使命,"为这个使命,我愿意再干几十年"。建立"百万家生态圈,千亿级大平台",相信卢立新及其共生物流团队的愿景很快就会实现。

许　萍:福禄贝尔的小燕子

小燕子

19 世纪诞生了一位伟大的学前教育家——福禄贝尔,他创办了世界第一所幼儿园,创立了完整的幼儿教育理论,主张开发幼儿潜在本能,培育自我发展能力;主张人与社会的协调发展,培养幼儿与家人、学校、亲友的和谐发展;主张游戏教育,在活动中培养幼儿的感知能力。这些理念迄今都在影响着幼儿教育的基本方向。在 21 世纪的安徽省

许　萍

芜湖市,也出现了一位优秀的幼儿教育匠师——许萍,她创办了芜湖市最有影响力的"小燕子幼儿园",实践了福禄贝尔的幼儿教育理念,用 35 年的幼教工作,帮助孩子"系好人生的第一粒扣子",逐梦自己毕生奋斗的初心愿景。

做开拓者,一往无前

1990 年的春天,尚不满 18 岁的许萍从芜湖幼儿师范学校毕业。带着对所学专业的热爱和对幼儿的喜爱,她放弃了进入事业单位编制的机会,义无反顾地迈入了幼儿教育这一领域。在马塘区(现弋江区)鹅石街 55 号,一所叫"小燕

子"的民办幼儿园就这样诞生了！

创业之初何其艰辛。刚刚创办的幼儿园,位于一处租赁的小院落内,墙上是许萍自己用颜料画的儿童画,教室里摆放了最简单的桌椅和简陋的教具。当时的情状简直"无法想象"——缺乏启动资金、招聘不到专业的幼儿教师、家长们对民办幼儿园将信将疑……

彼时,许萍既做园长又做员工。厨房人员请假她就自己买菜、烧饭,班级老师请假她就顶上去带孩子。最难的是她怀孕那段时间,依然面临资金和师资匮乏的困境。有一次厨房阿姨因家里有事请假了,许萍早晨挺着大肚子去弋江桥菜市场买菜。由于下雪路滑,一不小心摔倒在路边,连站也站不起来,后来是一位好心的大姐把她扶起来,大姐禁不住说道:"你家怎么能让一个孕妇出门买菜啊!"许萍只好解释说,自己是给幼儿园的孩子买菜,别人去买她放心不下。那位大姐不无佩服地说:"有你这样的精神,幼儿园一定能办好!"

要加快幼儿园发展,光靠在偏僻场所租赁办园肯定走不远,正规化、专业化是做强做优做大的必然方向。为此,许萍着手让软硬件齐头并进全方位打造小燕子幼儿园。

当时的马塘区正处于大开发、大发展的关键期。经过认真深入考察,许萍认为南瑞新城是新建地块,将集聚大量人口,诞生城市很多"新市民",未来的幼教需求会非常旺盛。于是,经过多方协调沟通,她按照房屋拆迁置换政策,获得了南瑞幼儿园的举办权。在一张"白纸"上,她终于可以按照自己的想法建设小燕子幼儿园了。

那段时间,是许萍最辛苦也是最充实的时间。在幼儿园装修施工过程中,她每天都泡在工地上,从图纸设计到具体施工,每个细节都要亲自把关。幼儿园面积大,准备资金不充足,在装修过程中遇到了建筑材料涨价、施工队伍不稳定、工程进度拖延等挑战,但许萍从未想过放弃,始终坚守在一线解决问题。最辛苦的那段时间,有一次她在去建材市场购买物料的路上,坐在出租车里竟然睡着了!

20世纪90年代,幼儿园保教费标准极低,加之招生有限,现有的资金连维持幼儿园正常运转都显得困难。特别到了年底,既要筹划新学期添置教辅具,又要给老师发放绩效奖金,资金紧张到让许萍有种窒息的感觉,她经常茶饭不思、夜不能寐。关键时刻,老母亲把自己辛辛苦苦积攒的2 000元给了她,姐姐姐夫也把家里的存款全部给了她,她自己则四处朝银行和亲朋好友借钱,把全部家当都抵押去贷款,倾尽所有地投入幼儿园发展中。无论面临多少的困难,始终有个信念支撑着她——一定要把幼儿园办好,一定要给支持和信任自己的家长、亲友们一个交代!

做引领者,独树一帜

有了创办小燕子南瑞园的良好开端,小燕子幼儿园先后又发展了长江长园、绿地园等总共5家园所。每所幼儿园都各具特色,均受到家长和社会的一致肯定。

随着幼儿园规模持续扩大,许萍不断地思考:我们要办怎样的幼儿园？我们要培养什么样的学生？我们拥有什么？我们还缺什么？我们还需要做什么？在回答这些问题之前,许萍认为首要之事是加强自身的学习,不断开拓视野,汲取先进理念,夯实专业理论基础。为了提升自己的管理和专业水平,她白天上班,晚上通过自学等方式,先后取得了汉语言大专文凭和安徽师范大学教育学原理硕士文凭。同时,她频频赴合肥、上海、杭州等先进发达地区"充电"学习,广泛吸收外地先进办学理念。

在长期的学习和摸索中,许萍渐渐地理解和体悟了福禄贝尔的教育理念。

她认为,幼儿园教育要尊重儿童的学习特点,儿童应该学习基础的、简单的和启蒙性的内容;幼儿园教育要以儿童的自我活动为基础,为儿童设置开放的环境,给予儿童更大的自主权,满足儿童通过直接感知、实际操作和亲身体验而获得直接经验的需要;幼儿教育要重视游戏的教育价值,让儿童在游戏中获得胜任感、愉悦感和满足感,提高儿童的自我效能感,充分激发儿童的主观能动性,与外界环境发生相互作用,主动建构自己的发展。

在这些理念的指引下,许萍逐步提炼出"让孩子在玩中学、学中乐、乐中长"的办园思路和"一园一品"的办园宗旨。小燕子幼儿园作为芜湖市创办最早、最有影响力的民办幼儿园之一,目前幼儿园共有 33 个班级、850 名学生和 140 多名教职员工,教育资产总投入资金达 8 000 多万元。小燕子幼儿园自创办以来,总共为 3 万多名幼儿提供了优质的学前教育,真正做到了让每个孩子有园上、上好园的教育初心。

回顾 35 年创业及教育历程,许萍将办学经历分为四个阶段。每个阶段,她都依靠实干与创新,带领团队做到了一步一个脚印、一步一个台阶。

——1997 至 2003 年,品牌培育阶段。在安徽省率先创办民办幼儿园,与公办幼儿园错位发展、同台竞争的同时,小燕子幼儿园以个性化、创新化办学,弥补了社会上幼教资源匮乏的短板,为破解"上幼儿园难、上幼儿园贵"作出了重要贡献,也为小燕子幼儿园的品牌深入人心打下坚实基础。

——2003 至 2008 年,品牌形成阶段。以教师能力提升为引领,有效发挥团队凝聚力,小燕子幼儿园从一所普通的民办幼儿园跻身到首批芜湖市一类幼儿园行列,软硬件得到大幅提升,管理更加规范,社会美誉度逐步跃升,逐步形成了具有鲜明特色的民办幼儿园。

——2008 至 2014 年,品牌拓展阶段。随着办学规模的不断扩大和办学影响力的逐步提升,小燕子幼儿园从传统的办学思路中持续提升、创新,形成了以体育、文艺、传统游戏和绘本等各具特色的品牌格局,内涵式发展、外延式拓展,使幼儿园更具有韧性和活力,锻造出"理念先进、内容新颖、形式丰富、特色突出、师幼认同"的幼儿园文化建设思路。

——2014年至今,品牌提升阶段。2014年,许萍作为创始人成立了芜湖市首家幼教集团。集团成立后,采取"名园＋民园"的形式,结对帮扶乡镇5所幼儿园,实现了优质教育资源的辐射带动。在集团内部,进一步整合管理制度、健全运行机制,实现集团化办学均衡发展,形成"以自主办园为基础,以普惠园办园为主体,以公建民营办园为探索"的多元化办园模式。按照集团化办学的统一规范,各所幼儿园既有统一的管理要求,又有各具特色的竞争内容,实现良性互补、有效互动,努力打造让社会、家长、政府和教职员工四方皆满意的办园格局。

由于办学成果斐然,小燕子幼儿园成为安徽省首批民办教育先进单位。在学前教育领域,小燕子幼儿园已成为公认的具有"引领、标杆、示范"意义的民办幼儿园,为芜湖市幼教事业的发展做出了积极有效的探索。许萍本人也荣获了安徽省、芜湖市"民办教育先进个人""芜湖市十大巾帼创业女杰"等称号。2024年,许萍被省教育厅、省人力资源和社会保障厅联合聘任为芜湖职业技术学院产业教授,她将把自己的教育教学创新理念传输给更多的学子。

做贡献者,全力以赴

在办学中,许萍始终把幼儿园教师团队建设摆在重中之重的位置,提倡建立平等包容、互助互爱的教师团队关系,加强对员工的关怀、关爱,让教师朝着更专业、更优秀的方向发展。

小燕子幼儿园通过建立教师成长档案,对教师的专业特长进行跟踪式培养,充分挖掘教师入园后的主动性、自觉性,培养教师的专业成长自信心,提升教师的专业发展水平。对具有美术、舞蹈、多媒体专业特长的教师,进行定向提升式的培训。有位老师名叫张娟,专业能力一般,但普通话达到了一级乙等,幼儿园因人而异注重引导她在主持上发挥特长,现在各类活动她都能担当主持的重任。还有的教师取得心理咨询师、育婴师等资格证,让每个人都找到自己的定位,提升专业自信和工作自觉。

团队要有共同的利益、共同的方向,还要有互补型的性格和共同的价值追求。多年来,幼儿园相继成立了党支部、团支部、工会组织,成立芜湖市弋江区第一个非公党组织。通过党支部、共青团、工会组织带动活动的开展。比如在教师节举办演讲比赛,让教师讲述身边的故事,提升感染力;在端午节开展全园拔河比赛,让所有人都融入其中;举行生活技能大比拼,提升教职员工的参与感、归属感;开展家属联谊会等特色活动,向外界展现幼儿园的工作状态——这些活动既让教师树立主人翁意识,又体验到了工作、生活的乐趣,带着美好的心情和孩子、家长相处。

许萍深知,办好幼儿园必须强化制度的刚性管理,加强教学理念、课程设置的大胆创新,紧跟时代发展步伐,满足人民群众对高质量幼教资源的需求,既要守正,又要创新。

多年来,许萍坚持要求老师对每个入园的孩子都要进行家访。从孩子入园开始,晨点、午餐、午睡和午点等各个环节都要求细致检查。比如,为了保证幼儿食品的安全和质量,每天的豆浆由专人磨制;每天的食谱有专职营养师科学调配;每天的食品进货,都从正规的大超市购买,保证营养均衡、口味适宜。因为无微不至的管理和关爱,多年以来小燕子幼儿园未发生一起安全事故。

小燕子幼儿园发展至今,许萍结合国内外先进的幼教理念,开全省之先河让专业男教师走进幼儿园,充分利用男教师的各类优势,不断创新教学和活动内容,探索形成了多元的办园模式。近年来,科技化、智能化影响到社会的各领域,对教育工作也提出了更高要求。许萍审时度势,不断创新集团多元化发展模式。2023年,小燕子教育集团和联想控股集团旗下的立岳科技公司达成了战略合作,在幼教行业中率先引进AI编程课程,让孩子在幼儿园通过沉浸式体验、游戏化互动的创新教育方式,接受编程的启蒙熏陶,积极呼应国家人工智能＋行动的教育新目标。

教育的意义在于一朵云推动另一朵云,其过程不仅仅是知识的传授,更是灵魂的启迪和唤醒。

作为几届区人大代表,许萍积极履行社会责任,关注弱势群体,为贫困家庭的子女减免保育费,帮扶外来务工者子女,为他们争取各种优惠政策,享受教育公平,仅为困难家庭减免保育费就已达30多万元。在平时的工作中,她叮嘱每位老师将爱心放在工作的首位,积极服务于每个家庭、每位幼儿。幼儿园曾招收了一名白血病治愈的孩子,幼儿园专为这个孩子单独制定了特殊的学习、饮食和作息计划,帮助孩子健康成长。

许萍在社区创新开办了0~3岁亲子公益课堂,促进社区0~3岁托育家庭育儿水平提升,受惠人数超过千人次,有力地推动了社区婴幼儿教育全面发展。她还积极利用直播和短视频新媒体,把自己多年来的教育心得、经验分享给各位家长,全力帮助家长解答育儿方面的热点、难点问题,总浏览人数近千万人次。

在心无旁骛、聚精会神创办幼儿园的同时,多年来,许萍积极参与各种公益活动,常态化组织幼儿园师生参与社区服务,如探访孤寡老人、参加环保行动等。在防汛和疫情防控期间,更是带领团队捐款捐物、志愿服务,尽己所能服务社会。

孩童是祖国的未来,如同娇弱而鲜艳的花朵,需要悉心浇灌、用心守护。习近平总书记强调:"要加强对基础教育的支持力度,办好学前教育"。实现"幼有所育",是在发展中补齐民生短板的内在要求,也是满足人民日益增长的优质教育需求的应有之义。许萍用 35 年的孜孜追求和不断探索,诠释了一个教育者的崇高使命和无私奉献精神。她坚定地表示,未来会继续带着关爱与责任,用行动诠释"学前教育"这份工作的神圣内涵,时时、处处用一颗炽热的心去拨动孩子们内心的琴弦,用爱与智慧换来花开,聆听最美妙的乐章,享受最幸福的味道。

项旭东:绿荷深处有游龟

九 天

善谋事者,善于谋势;决胜负者,长于布局。从土地流转的步履蹒跚到融入国家生态养殖示范区建设,从名不见经传的龟鳖养殖合作社到国家级农业产业化重点龙头企业,10年时间成就了数亿元的龟产业。安徽蓝田农业集团有限公司董事长项旭东是如何带领企业走到安徽业界 C 位成为全国同行业领跑者?这背后有着怎样的成功秘诀?

项旭东

产业发展,兴业"龟"族

曾经和恐龙同时代生息的龟鳖目生物现有 2 亚目共约有 220 种,外骨为龟,内骨为鳖,水陆两栖,国内外广有分布。尤其是历代人们对其外形、纹理、禀赋和天性等方面认知和积淀形成的龟文化,渗透到经济、政治、军事、天文、地理、数学、医学,乃至思想意识形态、社会生活方式和风土民俗等各个领域。古老的物种,新兴的产业,"三才"的思辨,"三产"的贯通,为现代水产业和水产现代化发展奠定了资源、文化基础,也为创造价值和社会福祉提供了机会。

我国驯养龟鳖的历史极其悠久,至少不晚于殷商时期。现代龟鳖养殖开始于20世纪70～80年代,科研院所启动了龟鳖人工养殖技术研究;成长于90年代中后期,继中华鳖市场高涨之后,龟类养殖企业大大丰富了龟鳖养殖品类,及时调整了养殖品种结构;兴盛于21世纪初,集约化和生态养殖异军突起,龟鳖成为现在和未来特色淡水鱼发展的重点产业。

经过无为市至芜湖市的东向快速通道,位于陡沟工业集中区的龟鳖产业特色小镇核心区——安徽蓝田农业集团,向人们展现龟鳖产业多姿多彩的生动场景。

"融通四海"錾石描红的四个字,表达着龟鳖优异资源、优秀苗种和优质产品汇四海,通八方,物质流、资金流、人才流和信息流能够双向奔赴、源源不断的企业愿景。

"崇天法地"镌刻鎏金的四言句,透露着神龟之象上圆法天、下方法地、顶天立地、道阻且长、持之以恒、行则将至、道法自然和可持续发展的企业品格和发展理念。

四季的风可以掠过繁育孵化车间、集约养殖温室、莲叶田田的池塘、青苗离离的稻田,以及加工车间、龟鳖养生膳食馆、院士工作站的俨然楼舍,但是吹不乱集团的领头羊——项旭东的心绪,从办公楼俯瞰自己的公司,企业发展脉络和市场生意经一如自己掌上的指纹,黝黑的脸庞隐匿着执着和坚韧。

项旭东常常面对着地图,聚精会神地凝视:皖江一线聚集着龟类养殖企业,产量规模占安徽鳌头。沿淮的淮北蓄积为鳖类养殖重镇,产品辐射省内外。两广、两湖、江浙赣的龟鳖产业声势浩大,安徽龟鳖产业军团怎么才能突出特色、顺势而为、风生水起? 作为安徽省龟鳖产业协会创建者和会长,项旭东不断思考自己的创业历程、安徽龟鳖产业的成长过程,更重要的是思考突破自我、安徽龟鳖产业整体走出去的"卡点"在哪里。

历经坎坷，不改"龟"心

不同的气候、水土，造就了不同的资源禀赋。安徽省无为市濒江临湖，水网交错，为早在清嘉庆年间《无为州志》就有记载的"无为草龟"创造了良好生境。无为市曾经也有不少龟鳖养殖企业和经营者，为什么做不大做不强，有的甚至还倒闭了？思路决定出路，格局决定结局。项旭东把小龟鳖做成了大产业。项旭东是土生土长的安徽省无为市人，高中毕业后到外地打工，开始了自主创业的艰辛历程，做过水产经纪人，跑过销售，后来专门从事特色水产品批发，在广州、上海、南京建立了自己的销售公司，生意风生水起 。在外创业成功的他，始终没有忘记家乡水产养殖业落后的状况，看到家乡水产养殖品种单一、模式陈旧、效益偏低，2010 年 11 月，项旭东"凤还巢"回乡二次创业，投身特种龟鳖养殖，一期投资 7 600 万元，以中华草龟养殖为核心，带动周边乡邻一起把产业做起来。"我把房产做抵押，把钱全部甩在水里面，搞龟鳖养殖。说句心里话，没有情怀，没有一种真干的精神，根本干不到今天。"项旭东激动地说。

从销售前沿到养殖，创业之路并非一帆风顺。协调土地流转，连田成片，要挨家挨户上门做工作，一些低洼地，汛期一到还会被水淹，于是，他带领员工修沟筑坝，建起一个个标准化养殖池，从 200 亩逐步发展到 2 000 亩。

正当发展步入正轨时，2020 年的疫情防控给龟鳖养殖业蒙上了一层阴影。当时，多地不允许龟鳖在市场出售，这意味着前期的投资可能打水漂。是坚持还是及时止损，项旭东面临着艰难抉择。"要干，就要干到底"，当不少人主动放弃养殖时，他逆"市"而动，还扩大养殖规模。随着政策逐渐清晰，基地龟鳖面市，正好抢占了当时空缺的市场。

星光不负赶路人。安徽蓝田农业集团（简称蓝田集团）先后斩获国家级农业产业化重点龙头企业、国家级水产良种场、国家级水产健康养殖和生态养殖示范区、"无为草龟"农产品地理标志、全国现代渔业种业示范场、国家级示范合作社、国家特色淡水鱼产业技术体系示范基地等9个"国字号"金字招牌,在龟鳖业界创造了稳步又快速发展的奇迹,蓝田集团成为华东地区乃至全国最大的龟鳖繁育、生态养殖及深加工基地。

如何下好先手棋、打造龟鳖全产业链？项旭东认为,加工和精深加工是硬道理。

蓝田集团紧抓机遇,投资1 000多万元,建立龟鳖产品加工标准化车间,与浙江大学食品工程学院建立"无为草龟"预制菜产业研究院和博士后工作站,已研发10个产品面市。从以前卖原材料为主,变成一步到位上餐桌,不仅赢得更大市场,还极大提升了产品附加值。

沿链而进,龟鳖土特产做出大文章。随着社会经济发展和受新冠疫情影响,人们对健康和免疫力的重视已上升到前所未有的高度,这极大提升了对生物活性肽产品的需求。病人康复、孕期保健、美容养颜、运动营养等细分领域对此需求机会多,未来发展空间大。目前,开发的甲鱼肽、龟肉肽等产品制备工艺已完成并进行生产,具有抗疲劳、抗氧化、抗衰老等显著功效。多元化的产品开发,拓展了产业增值空间。

"龟"划养殖路,念活致富经。在项旭东的带领下,公司稳健发展。2021年,蓝田集团销售收入达2.76亿元,固定资产1.58亿元,形成集优质龟鳖繁育、特色规模养殖、水产品加工、休闲观光和科普教育为一体的农业集团公司。

创新发展，点亮"龟"途

种子是农业的"芯片"。养龟鳖的当务之急就是要拥有好苗种,于是蓝田集团加大科研投入,厚植特色竞争优势,积极与国家特色淡水鱼产业技术体系、中国水产研究所珠江所等开展合作,重点在良种繁育、苗种培育、龟鳖养殖等方面进行探索,大力推进良种创制关键核心技术攻关,提高无为市草龟亲本的产卵量和孵化率,于是在2020年成功孵化出120万只纯种龟苗,2023年孵苗400万只,并远销上海、广州、武汉、南京、杭州等地。在科技的加持下,蓝田集团牵头完成4项地方标准、3项国家行业标准,承担国家科技重点项目1项、国家星火计划1项,获得专利8件、全国农牧渔业丰收奖二等奖3项、安徽省科技进步奖二等奖1项。联合育种"蓝珠1号"乌龟新品系正在申报国家水产新品种的审定中。"水产企业总体情况是相似的,我个人也没有过人之处,最大的不同,就是我愿意同科学家交朋友,是他们让平凡的人长出三头六臂。"项旭东面对企业发展成效不时流露出质朴的感想。

> 半脱莲房露压欹,
>
> 绿荷深处有游龟。
>
> 只应翡翠兰苕上,
>
> 独见玄夫曝日时。

北宋苏东坡用诗句描述了龟鳖生态场景。"稻在水中长,龟在稻下游",一动一静,这是蓝田集团"稻龟共养"模式的创新。稻龟共养,是仿照龟的野生环境,乌龟以稻田里的害虫、小鱼、小虾等为食,排泄物又可以为水稻提供有机养料,形成良好的生态循环链,实现乌龟、稻谷品质的双提升,稻龟产品格外受市场青睐。集团推行外塘养殖、稻龟共养等模式,扩大养殖规模,不仅丰富了市场供应,还因竞争少、销路稳,帮助群众增收。目前,池塘生态养殖面积已达3 500亩,稻龟共养发展到1.8万亩,建立国家级水产养殖示范场3个,年产商品龟1 600多吨,每亩可为农民增收5 000多元。"我们探索的稻龟共养模式,既认真落实'藏粮于地、藏粮于技'战略,守住粮食安全这条底线,又构建多元化食物供给体系,更好实现农民增收。"项旭东介绍说。

走进蓝田企业,有小桥流水、亭台楼阁、龟鳖卡通雕塑勾勒出传统与现代交融的韵味。为摆脱传统粗放养殖模式,公司一次性拿出 200 亩养殖水面,打造全国龟鳖企业里规模最大的人工湿地型尾水处理系统,实现全场养殖水循环利用,解决养殖尾水外排对环境的污染隐患,同时路网工程、绿化工程、亮化工程同步推进,建成"花园式"养殖基地,徐徐展现"龟游莲叶上,鸟宿芦花里"的生动画卷。

"虽然短期来看投入大,但养殖环境的改善提升了养殖龟的品质,比如我们的龟肉比其他养殖户贵 5 元 1 斤,但客户还是会从我这边买龟肉。这不仅能让蓝田集团所出产的龟类产品溢价增值,也为接下来蓝田集团其他产品铺垫了品牌基础。"项旭东说。

生态养殖让龟鳖产业走向振兴,实现富民强村。蓝田在实现自身快速发展的同时,还发挥龙头带动作用,造福一方百姓。盘活了村里的闲置资源,壮大了村集体经济,光是养殖水面的流转费用,就能让村集体经济突破 100 万元。同时,通过"公司＋基地""公司＋就业""公司＋公益"等联结机制,每年带动 4 个镇 23 个村 1 500 余家贫困户入股分红 65 万元,还为村民提供 100 多个就业岗位。"回报桑梓,是我的兴业之梦。"项旭东有一个愿望,就是想力所能及地带动乡里乡亲共同走向致富路。

勇毅前行,打响"龟"牌

无为的草龟风味独特,历来是餐桌上的珍馐。蓝田集团开展无为草龟保护和申报工作,2022 年无为草龟荣获农产品地理标志登记保护,成为地域产业经济中的独特标签。

龟鳖是好食材,也是上佳的药材,补益、抗衰老等作用载入历代《本草》。李时珍曾经在前人经验的基础上阐明："龟鹿皆灵而有寿，龟首常藏向腹，能通任脉。故取其甲以补心、补肾、补血，皆以养阴也。"2018 年，蓝田集团成立了中国工程院朱蓓薇"院士工作站"，解决龟鳖加工粗放、产品市场价值低的短板。项旭东说："一开始的时候，我们主要是提取龟板胶，龟肉送人或者低价甩卖。乌龟全身都是宝，龟甲、龟油、龟蛋、龟血和龟肉，都能开发出适合市场需求的高端产品。"

为了让品牌在皖出圈、国内出皖，蓝田集团借助第 22 届中国绿色食品博览会、第 2 届中国现代渔业暨渔业科技博览会等高端活动，大力推介"徽全"品牌，扩大品牌知名度，2024 年"徽全"入选安徽省商标保护名录。蓝田集团以品牌专卖、订单合作和市场批发等形式，在全国 10 多个城市建立销售网点。产品入驻京东、盒马鲜生、抖音等平台，大力发展产品电商服务。无为草龟预制菜日产 1 万多斤，在各地多点面市供应，越来越受食客喜欢，形成了品牌传播效应。

2017 年，项旭东当选安徽省龟鳖产业协会会长之初就给自己提出要求："我要努力带领安徽省龟鳖产业走出去，这是我的职责使命。"围绕生态、绿色、创新和品牌，举办了一系列展示、展销、讲座、论坛和产业大会，让龟鳖产业不断发展壮大，从省内走向全国；邀请国家部委有关专家来皖考察指导，进一步提升安徽龟鳖区域品牌的对外影响力。

蓝田集团建立龟鳖博物馆、特色小镇客厅，面向同业人员、社会公众和游客，以活体、标本、模型展示和有趣的文字故事，将龟鳖文化娓娓道来，形成集资源保护、科普教育、生态理念和文化传承于一体的永不落幕的展览平台。

扬帆再启程，奋进新时代。蓝田集团加速崛起，为打造水产文旅特色小镇奠定了坚实的基础。依托省级现代农业产业园，蓝田集团正致力于打造龟鳖主题休闲旅游新地标，倡导"静养千年寿，重泉自隐居"的 Slowlife。整合龟鳖综合种养产业、水产深加工产业、生态文化旅游和龟鳖膳食养生产业，推动"一二三产"相加延链,"一二三产"相乘强链,融合发展。

为龟鳖再添一抹新绿,为乡村振兴注入更强动能,以创新创业行动书写中国式渔业现代化的民企新篇章,项旭东心里盘算着,眼睛看着远方。

肖明海:逆境中撑起一片天　匠心铸造精彩人生

刘　斌

2007年,压铸机行业风生水起,前途光明,肖明海敏锐地察觉到这一商机,他果断放弃选择房地产行业发展的机遇期,在上海购地投资创立了上海舜富压铸制造有限公司(上海舜富精工科技股份有限公司的前身)。2009年,适逢安徽省南陵县经济开发区蓬勃发展,一片兴旺。在家乡这片热土和热情的家乡人民的感召下,肖明海决定回乡创业,在南

肖明海

陵县经济开发区创立了芜湖舜富精密压铸科技有限公司(安徽舜富精密科技股份有限公司的前身)。随着安徽舜富精密科技股份有限公司经营规模的不断扩大以及在市县两级政府的建议和支持下,肖明海又于2022年将上海舜富精工科技股份有限公司整体迁回了芜湖市南陵县,于2023年完成母子公司吸收合并,真正扎根家乡、发展家乡、回报家乡,目前公司总资产已达10亿元,员工人数1 000多人,年产值近10亿元,年缴纳利税千万元以上,肖明海精心打造的安徽舜富精密科技股份有限公司(以下简称舜富科技)一直致力于绿色制造体系的建设,注重对先进节能环保工艺的投入,并积极推行厂区的低碳化、循环化和集约化生产,提高资源利用效率。

1972 年，肖明海出生于安徽省芜湖市南陵县一个贫苦农民家庭，家里兄弟姐妹 7 个。肖明海刚满 10 个月的时候，他的父亲因一起意外交通事故身亡，从此母亲挑起了家里重担，艰难维持着一个家庭的生存。

因为家庭经济困难，肖明海连跨进中学大门的机会都没有，但他对学习的热情丝毫没有减退。为了改变现状，16 岁那年，身材单薄的肖明海背井离乡，离开母亲和亲人，踏上了前往上海的打工之路，用稚嫩的肩膀挑起了生活的重担。白天在工地上干活，晚上拖着疲惫的身体上夜校仍坚持学习，但他并不觉得苦，回想起那段时光他反而觉得很快乐。不积小流，无以成江海，肖明海从工地的一名建筑工开始，一步一个脚印，终于当上了施工员，对此他并不满足，仍抓住一切可以学习的机会，学习施工管理技术。功夫不负有心人，肖明海顺利地当上了项目经理，成立了自己的建筑公司。恰逢国家经济改革开放及上海率先大开发进行大建设的机遇期，肖明海开始了自己的创业之路，通过努力和奋斗，赚到了人生的第一桶金，实现了个人的财富积累。

肖明海早在创业初期就提出了"舜富梦"，这是他人生最大的梦想。肖明海曾为舜富梦写下这么一段话："我人生最大的梦想就是：我要亲自设计、亲自建造一个属于舜富人自己的家园，让那些曾经陪同我一起创业以及后期加入的同伴们，为了舜富科技发展一起拼搏、一起奋斗的同伴们，一起工作，一起成长，一起生活，一起到老。"肖明海希望舜富科技的员工老有所居，共同生活在这座家园里，他也一直在为自己的梦想努力着、拼搏着。

舜富科技创立至今已经有 15 个年头了，这么多年来，肖明海从未停止过学习的步伐，通过对企业战略运营、工商管理、商业模式、财务管理、资本运营、阿米巴管理以及中欧商学院的 EMBI 等课程的学习并攻读上海交大 EMBI 学位，他较为熟悉地掌握了企业的现代化经营与管理。

随着企业规模的不断扩大，对人才的渴求也日益剧增，肖明海为了保持企业快速发展,适应外部环境的变化,不断吸引高端人才加盟,一起共圆"舜富家园梦"。

在当前的全球经济环境下,数字化转型已经成为企业实现长期发展的关键路径,无论是传统行业,还是新兴科技公司,都在通过信息技术推动业务的创新与变革,数字化不仅仅是技术的应用,更是企业从管理模式、业务流程到客户体验的全方位革新,肖明海深知未来企业的竞争除了人才就是数字化的竞争,他凭着对企业数字化转型的高度敏感性和紧迫性,于 2023 年开始着手对公司全制造流程进行数字化重塑,搭建舜富科技工业互联网平台,建立了 9 大业务领域为企业运营进行数据分析,真正实现了公司所有系统的互联互通、数据共享,精准管控,降本增效,实现了公司的可持续发展。肖明海凭借对数字化转型和工业互联网技术的攻关与投入,舜富科技先后获得了安徽省"工业互联网示范企业""数据化转型示范企业""安徽省 2023 年度优秀企业"称号,2024 年被再次评选为工信部"国家级专精特新科技小巨人企业"。肖明海本人也获得了安徽省十大行业领军人物、改革开放 40 周年优秀企业家、芜湖市优秀党员等荣誉称号。

近年来,舜富科技积极应用智能制造技术,推动"5G＋工业互联网"智能制造工厂的建设。自 2023 年新型工业化互联网同步上线以来,产品合格率已提高了 30％以上。公司通过持续创新和智能化制造,不断提升产品质量和市场竞争力,着力成为国内外知名的精密制造企业。目前,公司以新能源汽车零部件及 5G 通讯、光储充一体化产品结构件为两大发展主体,不断进行科研创新,积极与省内外知名科研院校共同研发,在国内新能源电控箱体领域占有一定的市场份额和优势,与各高校科研院所分别合作开发"铝合金电控箱体轻量化关键技术开发与产业化""铝合金半固态流变成形关键技术开发""高性能、小型化铝合金 5G 通信基站半固态流变成形工艺与装备关键技术研发""精密铝合金压铸模具用高强韧抗黏附纳米涂层关键技术开发"等项目,同时,参与制定了铝合金压铸件、铜合金压铸件的国家标准,使得公司在科技创新及产品开发方面得到了多样性发展,成为国内压铸产业的领跑者。如今,肖明海的压铸产业经历了蜕变后的重生,实现了从凤凰涅槃到华丽转身。

乘风破浪潮头立,扬帆起航正当时。肖明海将带领舜富科技团队持续加大投入,不断完善和优化数字化生产和管理体系。通过不断数字化的变革,挖掘更多的潜在价值,推动产品创新和业务模式创新。同时,加强与上下游企业的合作,共同打造更加智能、高效、协同的铸造产业生态链,力争三年企业规模翻一番,为江城经济的高质量发展贡献更多的力量。

盛业华:搏击风浪立潮头

王洁然

春华秋实,岁月如歌。从 1993 到 2024 年,安徽华能电缆集团走过三十一年风雨历程。三十而立,对人生来说,才刚刚起步。而安徽华能电缆集团(以下简称华能集团)在董事长盛业华的带领下,实现了由电线手工作坊到中国电缆业百强、由单一电缆到跨行业领军企业的华丽蜕变。这其中,既有盛业华的眼界和胆识,更有他的智慧和信念。

盛业华

踏平坎坷 方显英雄本色

华能集团的成长经历了许多坎坷和挫折。

盛业华 1979 年高中毕业后,由于家境贫寒,激励着他要负重前行,他到外地干过小工,摆过地摊,卖过农产品。1984 年,他被乡党委召回当起了本村第一任村长,随后办起了村榨油厂、无为电器二厂。两年后被选拔担任安徽省无为县互感器厂副厂长,有着销售经验的他,用两三年的时间,就把一个小小的乡办企业摇身变为国家"两部"定点企业,盛业华在经营企业上的潜能初步显现。

20世纪90年代,随着市场经济的不断发展,高沟一些企业产品结构发生重大调整,从加热器转向电缆生产。有着强烈市场敏锐感的盛业华,1994年毅然辞去互感器厂副厂长职务,带着两名股东出来创办安徽华能电力设备厂(以下简称华能电力设备),短短几个月的时间就已经做到了几十万的销售额,前景非常看好。

人心难测,就在8月8日剪彩开业的第二天,两位股东却因意见不同提出离开,并提出谁接手干谁就先要把厂里的贷款还清。这就倒逼着盛业华面临两难选择,要么厂子关闭,要么一个人来承担厂里所有的债务。有着执着信念的盛业华,勇敢地挑起这副重担,在亲朋好友的帮助下,终于筹到15万元资金还清了厂里所有贷款,使华能电力放备得以留住并继续发展。

做企业和做人一样,一定要有信念。从那时起,盛业华更加坚定自己的信念:一定要把这个企业办出个样子。

为了聚焦电线电缆,实现产业转型,盛业华将企业更名为安徽华能电线电缆有限公司(以下简称华能电线电缆),开始大刀阔斧抓市场,先后在华东、华南、华北等地建立了60多个销售网络,凭着闯劲与才智将企业办得红红火火,良好的口碑也在十里八乡传开。

2008年爆发金融危机,宏观经济形势不景气,电缆产业同质化严重,出现无序恶性竞争,利润急剧下降。在危机中寻找机遇,在变局中闯出新路,盛业华以壮士断腕的决心启动了技术改革。在流动资金捉襟见肘的情况下,做到有"取"有"舍"。一方面,选择性退出科技含量低、附加值低、竞争激烈的普通电缆市场;另一方面,瞄准开发金属护套不燃电缆、风能电缆、机车电缆等一些门槛高的特种电缆。这次转型,收到了市场的正反馈,也让华能电力设备真正活了下来。

经济发展进入"新常态"。2017年"奥凯电缆"事件后,国家重拳出击电缆质量问题。挑战与机遇并存,打击劣质电缆会淘汰一批不诚信企业,这将会带来更多的市场机遇。作为国家标准的践行者、行业规范的推动者,盛业华主动应对产品质量,先后参与了 20 多项特种电缆的国家标准和行业标准的起草和修订,坚持按照国标出厂,并做到"三不",即不做非标产品、不搞低价竞争、不干亏本生意,宁可产值减少一点,决不能砸了自己几十年的金字招牌。在国家和省、市三级多轮监督抽查中,华能电线电缆主导的产品质量合格率均为 100%。

近些年来,无为县(2019 年年底变为县级市)电缆企业面临联保互保危机,也波及华能电力设备。2018 年年底华能电力设备账户被封,盛业华陷入绝境,闭门思来想去,想的不是个人的得与失,而是更多地考虑到 300 多名跟随他多年的员工,考虑到这么多年精心打造的华能产业、考虑到对社会肩负的责任。经过 20 多天的思想斗争,盛业华作出艰难决策。决策一旦作出,便立即行动,积极向上争取,商讨化解风险之策,承接 5 000 万联保互保贷款,逐月进行偿还,15 年还清。账户被封 40 天后解冻,企业恢复正常生产。

30 年的大浪淘沙,市场经济一轮又一轮"洗牌",有的企业停产了,有的企业改行了,有的企业破产了,能生存下来并获得超常规发展的总是那些靠品质立身、获得消费者认可的企业。华能集团逆市上扬,保持稳健发展势头,2023 实现税收 4 120 万元,为全市电缆企业之首。

多元投资　不一样的演绎

在无为县基本形成一个共识,认为电缆企业的倒闭,主要是不能坚守主业,搞多头投资造成的,这的确是个普遍现象,实例也不少。但也有企业另辟蹊径,多元投资演绎了不一样的精彩。

在企业高速发展的时候,不但要居安思危,还要拥有一个明确的战略规划。

经过深入的市场调研,盛业华没有盲目跟风,而是以敏锐的眼光寻觅商机,找准投资最佳切入点,实现多元化产业布局。

生命与健康是人类永恒的话题,医药行业被称为"永不衰落的朝阳产业"。2002年,在走访客户的过程中,盛业华捕捉到一个重要商机,国家医药包装政策做出重大调整,2004年将全面淘汰天然胶塞转而使用丁基胶塞,这将是一个冉冉升起的蓝海市场。此时,无为县正在打造医药产业。他抓住机遇,果断决策,在2003年成立了安徽华能医用橡胶制品有限公司(以下简称华能橡胶公司),投资6 000万元新上丁基胶塞生产线,当年就实现销售1 000万元。站得更高,才能看得更远。盛业华思考着如何运用资本来扩大产能,2015年3月,华能橡胶公司在新三板上市,这也是无为县第一家在新三板上市的企业。近些年,华能橡胶公司在药用合成聚异戊二烯垫片这个细分领域又不断深耕,市场占有率稳步攀升,产品畅销四川科伦药业、石家庄四药、华润双鹤药业、辰欣制药和丰原药业等多家大型制药企业,深受用户好评,在全国同行业成为这个细分市场的行业冠军。

药品配送是医药产业链重要一环。延伸产业链,完善从采购到配送供应链,既方便周边老百姓用上安全、廉价、放心的药品,又能解决华能橡胶公司货款快速回笼问题,华能橡胶公司决定从推动医药产业整体发展出发,于2007年成立了安徽华能医药有限责任公司(简称华能医药公司),成为无为县唯一一家本土药品经营企业,并取得无为县公立医疗机构药品耗材配送资格,发挥县级医药企业就近就便、快速高效的独特优势,特别在疫情防控期间,华能医药公司承担了无为市医疗物资保障"主力军"重任。

创业不止,奋斗不息。如今的华能集团,从一个电缆生产加工小厂,发展成为以电线电缆为主业,集医药包装、医药批发、电子电器为一体的跨行业集团。华能集团下设华能电缆、华能橡胶、华能医药和华能电器四家子公司。华能集团近 10 年上缴税金共 5 亿多元,为地方经济和社会发展做出了显著贡献。

崇尚质量　托起强企之梦

盛业华说:"质量是企业的生命,我们秉承诚信经营、以质立企的经营理念,把做老实人、办老实事作为诚信的根本。"

在盛业华的领导下,华能集团拥有一流的测试中心并获评国家 CNAS 实验室认可,获得了 PCCC、煤矿用安全标识电缆、船用电缆、CCC 等国内产品认证,获得 TUV、欧盟 CE、海关联盟、俄罗斯 CU－TR 等国外认证,并取得质量、安全、健康、环境、绿色及能源等标准体系认证。

抓好质量关键靠人。华能集团深谙人才兴企的发展之道,注重加强员工培训,从员工入职即进行制度、质量、安全和企业文化等全方位培训,组织员工参加全国、全省、全市技能大赛,不断提高员工的职业道德和技能水平,有计划地外派主要管理人员外出考察,营造比学赶超的浓厚氛围,培养了一大批行业知名的技术高手、电缆工匠,有多名职工荣获全国五一劳动奖章和安徽省劳动模范的荣誉称号。

华能集团瞄准前沿技术进行新材料、新产品开发,建立了省博士后科研工作站、省企业技术中心、省耐高低温软电缆工程技术研究中心三个中心,为技术创新搭建高起点研发平台。目前,华能集团拥有专利 120 项,其中发明专利 33 项,还承担了国家和省火炬计划 10 余项,技术研发能力逐步从跟随者走向引领者。

坚守初心　勇担社会责任

作为改革开放政策的实践者和受益者,华能集团不忘初心,积极投身于公益,主动履行企业社会责任。

盛业华在很多场合都说:"我是一名厂长,更是一名企业党委书记。"他始终把企业的党建工作摆在重要位置,坚持每月集中学习制度,建立党史长廊、党员电教室、厂史展览室,还组织党员赴井冈山、延安、遵义等地开展"主题党日"活动。围绕为企服务,实施"党建+"行动,积极创建"五能"党建品牌,将党建融入企业发展全过程,真正实现了党建强、企业强。华能集团党委先后荣获省级优秀"双强六好"企业党组织、芜湖市非公企业和社会组织党建工作示范点等称号,为民营企业基层党组织建设树立了一个榜样。

在电缆行业"联保互保"最困难的时候,盛业华勇挑重担,担任无为市电线电缆行业协会会长,扛起这份沉甸甸责任。积极搭建企业与企业之间、企业与政府之间的桥梁,为无为市电线电缆产业发展奔走呐喊:推动省市设立了5亿元专项风险化解基金;推动政府为化解承接银行担保责任企业出台12条扶持政策;每年扶持电缆企业奖励资金超过5 000万元,帮助电缆企业渡过难关、走出困境。

曾经当过村主任的盛业华,在思想深处,在骨子里就有对家乡、对乡亲们的深厚感情。在兴办实业的同时,不忘造福乡梓,他十分注重家乡道路建设,先后投资200多万元,修建了坝湾路、隆兴路、双进路,赞助建设高沟变电所和高新大道等。从2000年开始,他每年资助30多名特困生,帮助他们完成九年义务教育。近年来,为高沟中学、新沟中学、杏花泉小学和十里希望小学等8所中小学共捐资100多万元。

疫情防控期间,华能医药公司捐赠医用口罩400多万只,盛业华个人率先捐款10万元,并组织行业协会成员捐款142万元,全力支持疫情防控。

"先富带后富、促进共同富裕,是民营企业家应有的情怀和责任。"盛业华说,从脱贫攻坚到乡村振兴,他结对帮扶4个贫困村,定下每年捐款不少于30

万元的目标。近年来,华能电缆集团累计安置就业 2 000 多人次,带动更多的农民走向富裕,过上小康生活。

新征程、新光荣。站在新的起点上,安徽华能电缆集团以党的二十大精神为指引,弘扬伟大建党精神,努力打造百亿产值战略目标,在塑造"百年华能"伟业上再续新篇章。

胡啸宇 胡啸天：不甘平庸勇创业 我辈岂是蓬蒿人

伍隽翀

胡啸宇 胡啸天

芜湖雅葆轩电子科技股份有限公司成立于 2011 年 7 月 25 日，由胡啸宇、胡啸天两兄弟共同出资组建，现为唯一注册地址在安徽省芜湖市南陵县的上市公司，也是芜湖市境内首家且唯一的在北京证券交易所上市的公司。公司 2023 年亩均税收 46.2 万元，亩均税收贡献位列南陵县第一，被权威机构评为"安徽上市公司业绩发展十强"。

胡啸宇、胡啸天兄弟出生于安徽省南陵县丫山镇，那是一个景色秀丽、历史悠久、文化积淀深厚的山村小镇。良好的家庭环境，养成了兄弟两个脚踏实地、坚韧不拔的品格和细致入微的洞察力。1985 年，13 岁的胡啸宇带着小他三岁的弟弟胡啸天离开父母到南陵县城上学。那时丫山镇到县城的山路坑坑洼洼，班车一天一趟，单程要开 2 个多小时。他们长年在外，很少回家。1991 年 8 月至 1993 年 12 月，胡啸宇任南陵县城建局规划员，这在当时是令人羡慕的工作，但他并未满足于此。1993 年年底，胡啸宇辞去工作，只身来到上海，进入一家外资企业上班。弟弟胡啸天 1995 年大学毕业后进入一家台资企业工作。外资、台资企业先进的管理经验和完善的管理制度,给了他们思想启迪和身心磨砺,为他们以后的创业打下了坚实的基础。

人生的道路总会面临着许多选择。2000 年,胡啸宇、胡啸天看准电子信息产业发展时机,他们在上海市浦东新区浦建路的东方金座创立上海雅葆轩电子科技有限公司(以下简称上海雅葆轩),从事电子元器件贸易及代理工作。创业自然艰辛,但更有成功的喜悦。两兄弟挺直腰板,勇敢地面对一切困难。在他们的努力下,公司业绩蒸蒸日上。

2008 年的全球金融危机波及电子信息产业,有段时间,他们公司营业额和收益一落千丈,销售货款也难以收回。在这最困难的时刻,胡啸宇为了留住人才,保证公司正常运作,毫不犹豫地卖掉自己的门面房等资产,把资金投入公司运营当中,支撑公司的发展。有付出才有回报,有坚持才能成功。兄弟俩勠力同心,公司最终转危为安。2010 年 8 月,公司的发展模式从贸易型转级升型为 SMT 生产制造,由浦东新区浦建路的东方金座搬迁至周浦镇天纳工业园。在胡啸宇、胡啸天两兄弟的带领下,上海雅葆轩较创业之初,公司业务、赢利和规模都有了长足发展。但他们始终没有忘记自己是南陵人,家乡的发展时刻牵动着他们的心弦,总想着有一天能回到南陵,实实在在为家乡做一些事。

2011 年 5 月,胡啸宇、胡啸天与南陵县政府签订了《项目投资合同》,7 月 25 日成立芜湖雅葆轩电子科技有限公司(以下简称芜湖雅葆轩),8 月开始南陵新厂房建设,12 月 28 日第一片 PCBA 产品正式下线。两兄弟分工合作,胡啸天在上海,负责上海雅葆轩公司的所有事务;胡啸宇在南陵,负责芜湖雅葆轩的一切事宜。从 8 月开工建设到投产,他们没有好好休息过一天,付出了常人难以想象的辛劳。他们携手建成芜湖市当时下辖三县唯一一家 SMT 生产线,兑现了向南陵县政府的"当年建设当年投产"的承诺,实现了投资南陵、服务家乡的心愿。

实现投资家乡后,胡啸宇、胡啸天一心一意要将雅葆轩做大做强,能为家乡做更大的贡献。他们认为抓资本市场就是抓企业发展,就是抓创新能力,就是抓竞争能力。谁在资本市场认识早、动作快、力度大,谁的发展就比较好。在雅葆轩只有几百万元产值时,他们就引进现代企业管理制度,于 2015 年 11 月 13 日对雅葆轩进行股份制改造,2017 年 1 月 11 日在全国中小企业股份转让系统(新三板)挂牌上市。

2021 年 9 月 2 日,习近平总书记宣布设立北京证券交易所,打造服务创新型中小企业主阵地。胡啸宇、胡啸天敏锐地意识到新资本市场的发展机会来了。他们利用雅葆轩已在新三板挂牌 4 年的基础,迅速乘势而上,于 2022 年 6 月 29 日向北京证券交易所报送上市申报材料,9 月 28 日通过上市委员会的审核,11 月 18 日芜湖雅葆轩顺利上市。当年报会当年上市,从报会到上市仅用了不到 5 个月时间,创造了极为罕见的 IPO"芜湖速度",成为芜湖市首家在北京证券交易所上市的公司。

在南陵县委、县政府的大力支持下,胡啸宇、胡啸天兄弟 2024 年决定投资 3.05 亿元,在南陵县开发区购置了一块 82 亩工业用地,用于新建厂区,打造数字化智能车间,目前正在施工建设中。建成后,雅葆轩公司将在现有含税收入 4 亿元、年纳税 2 000 万元的基础上,取得更大的发展。

在不断加大投资的同时,两兄弟非常关心家乡发展,他们为家乡捐赠办公设备,捐资修路,资助文体活动,为贫困家庭捐资助学,积极参与脱贫攻坚捐献爱心、就业帮扶等活动。

回首过去峥嵘岁月欣慰神驰,展望未来锦绣前程壮志满怀。遥想当年,在丫山镇到南陵县城的坑洼山路上,两个懵懂求学少年,离开家人,相依相偎,当蜗行的班车路过寨山时,望着车窗外的山景,脑海中同样激荡着 1243 年前,寨山脚下一个叫李白的男人"仰天大笑出门去,我辈岂是蓬蒿人"的豪情。40 年过去,弹指一挥间。两兄弟仍在前进的路上,继续为家乡的建设贡献自己的力量!

汪献利：做绿色能源的"长跑者"

李德琴

在芜湖市国家级高新区横山大道纬八路上，一家占地50万平方米、建筑面积41.9万平方米的现代化公司于2023年年底建成。这是一家专业生产铝合金边框的企业，其产量全球细分领域位居前列，这就是永臻科技（芜湖）有限公司，而引领该公司一路成长的就是我们今天的主人公——汪献利。

汪献利

汪献利出生于安徽省。20世纪90年代，他离家打工，在江苏省苏州市的一家模具厂做学徒时，掌握了做模具的技术。2002年，23岁的汪献利在辽宁省营口市创建大石桥华通模具有限公司，并担任总经理。模具厂主要为辽宁地区的铝材企业提供模具。随着经营范围的不断拓展，2009年，汪献利又成立了营口永利科技有限公司，并担任总经理。随着公司业务不断发展壮大，公司向长三角地区布局产能，2016年8月，与常州市金坛经济开发区签订招商合同，永臻科技（常州）有限公司正式成立，即永臻科技股份有限公司（以下简称永臻股份）。

永臻股份创办十余年来，一次次穿越光伏周期与企业发展的转折期，奔跑在没有终点的绿色能源之路上。

紧跟大客户需求，成就光伏边框头部企业

永臻股份是一家专注于绿色能源结构材料的企业，目前主要服务于光伏行业。公司的主要产品是光伏铝边框，同时公司也沿着光伏产业链布局了 BIPV（光伏建筑一体化）产品、光伏支架产品等。目前永臻股份共有五个生产基地，总部位于江苏省常州市，其他的生产基地分布在安徽省滁州市、安徽省芜湖市、辽宁省营口市以及东南亚地区的越南的一些城市。

公司客户包括晶科能源、隆基绿能、天合光能、晶澳科技、通威股份及阿特斯等头部光伏组件生产企业。

光伏边框产品作为一种结构材料，不受光伏电池技术路线迭代的影响，它有自身独立的迭代逻辑。在光伏边框领域，创新主要发生在材料和结构两个方面。材料方面，永臻股份主导了行业从 6063 型号的合金开发转向 6005 型号的过程，这进一步提升了公司的技术实力。结构方面，永臻股份于 2018 年研发了55 度边框，实现了节省材料用量、增加边框载荷能力的双重改进。

由于光伏行业是典型的成本驱动型行业，永臻股份创办以来，十分注重围绕客户需求进行开发，技术创新是公司发展的主要动力。

永臻股份荣获高新技术企业、专精特新小巨人企业、江苏省民营科技企业、江苏省四星上云企业、江苏省潜在独角兽企业、江苏省工程技术研究中心和江苏省智能制造示范车间等多项荣誉，各项专利有 130 余项。

顺势适度扩产，抓住行业增长机遇

过去数年的增长动能，巨大的市场增量为永臻股份带来了发展机会。永臻

股份在这个过程中适度扩充产能,于 2016 年建设江苏省常州市基地,2019 年开始建设安徽省滁州市基地,2023 年开始建设安徽省芜湖市基地,生产能力的提升推动了公司业绩的自然增长。

预计未来几年光伏行业的增速将达到每年 20％至 30％。到 2030 年,市场可能较现在实现倍增。在这样的市场增量下,公司在安徽省芜湖市、越南的生产基地投产后可对供应形成更好支撑,预计永臻股份还能保持较好的增长速度。

永臻科技(芜湖)有限公司(以下简称芜湖永臻),作为永臻科技股份有限公司全资子公司,主要生产"铝合金光伏边框支架与储能电池托盘项目一期光伏边框工程"项目,基地目前建设已完成,进入产量逐渐爬坡阶段。芜湖基地的自动化程度非常高,在行业内处于领先水平。预计芜湖永臻的产能释放后,公司将形成较大的成本优势,为光伏产业降低成本作出更多贡献。

越南生产基地是公司迈向海外的第一步,该生产基地同样拥有类似于芜湖基地一样的高度自动化生产能力。越南生产基地曾经是光伏行业走向海外的"桥头堡",很多光伏企业已经在那里建有产能,有一定产业基础。公司建成后,得到了很多产业的支持和帮助。大型光伏企业的率先出海有力带动了像永臻股份这样的链上企业扬帆出海。

以运动感悟生命,将马拉松精神融入企业

回顾这些年的创业历程,公司坚守的一大理念是坚韧,坚韧也是永臻股份的核心价值观之一。在行业困难时期,坚韧的精神支撑着永臻股份前进的步伐。

汪献利同志是位马拉松达人,马拉松运动同样是坚韧精神的典型体现。汪

献利曾说:跑马过程中会遇到各种困难和挑战,但是我们不断地去克服困难,就会跑得更远,跑得更好。做企业就像跑马拉松一样,甚至超越马拉松。因为马拉松只是一场比赛,而做企业是一场接一场的马拉松。跑完这一场,还有另外一场在等着我们,它没有终点。

面向未来,汪献利希望公司专注在"绿色能源结构材料"这条赛道上跑下去,致力于成为行业领导者。

第二编　蔚然成风 —— 成长历程

在江城芜湖的蓬勃发展浪潮中，芜湖市企业联合会见证着无数企业的砥砺奋进与成长。自成立之初，它便以搭建企业交流桥梁、汇聚行业智慧力量为使命，一路栉风沐雨，与众多企业携手同行。从萌芽起步时的探索开拓，到成长阶段的逐步壮大，每一步都镌刻着时代的印记，凝聚着各方的心血与期待。在经济浪潮的起伏中，它坚守初心，为企业排忧解难，促进行业自律发展，成为芜湖企业界不可或缺的中坚力量。翻开这篇成长历程，共同领略其辉煌过往，感受它在芜湖经济版图上的独特魅力与深远意义。

2

芜湖企联年谱
（2005—2024 年）

蔡文鑫

芜湖市企业联合会（以下简称芜湖企联）作为芜湖市企业的代表组织，参加三方协商机制，与人社部门（政府代表组织）、工会（职工代表组织）组成协商会议，共同构建芜湖市和谐劳动关系。

芜湖市企业联合会成立至今，始终围绕芜湖市的经济发展，秉承"维权、自律、服务"的宗旨，服务企业，沟通社会，搭建党和政府联系企业和企业家的桥梁，充分发挥社团组织的作用。在社会活动中，形成了芜湖企联的品牌工作。

2005——创会元年

2005 年 6 月 16 日，由奇瑞、鑫科、美的和卷烟厂等 23 家企业共同发起成立的芜湖市企业联合会（以下简称芜湖企联）正式揭牌，程晓苏当选为第一届会长，尹同跃等 12 人担任副会长，经委主任当选为秘书长。聘任了周访贤、傅祖浩、范长炎 3 位同志为顾问。

芜湖企联成立之初，第一批会员单位共有 157 家。

芜湖企联成立后,向社会公开招聘副秘书长一名,又招聘工作人员一名。

2006——初创翌年

2006 年元月 8 日,芜湖企联举办"迎新春招待酒会",这是芜湖企联成立以来最高规格的联谊活动,芜湖市领导和有关部门以及企业家共同出席联谊活动。

4 月 9 日,芜湖企联开办"企业管理大讲堂"培训活动,促进企业管理人员提高素质,推进企业改革发展。从此,启动了企业家培训的常青工作。

6 月,郑贤松来芜湖企联工作,成立了办公室、会员工作部、雇主工作部。聘用一名会员部工作人员,后因病辞职,又重新聘用一名会员部工作人员和一名办公室主任。

6 月 16 日,芜湖企职组织"创业在芜湖"论坛,共识了"激情成就事业",企业家深受鼓舞。

6 月 30 日,芜湖企职正式参与芜湖市三方(四家)协调劳动关系第 19 次会议,积极推动劳动关系三方机制工作。

8 月 19 日,"蓝海战略"研讨会在太平湖酒店主办,程晓苏会长主讲了蓝海战略思路,引导企业家们在成本竞争的红海中另辟蹊径,开创出一条崭新的"蓝海"。

9 月 27 日,芜湖企职在烟厂举办"迎中秋联欢会",共叙友情,交流亲情,使企业家们感受到芜湖企联的家庭温暖。

10 月 27～28 日,芜湖企职在金孔雀度假村举办芜湖企业文化研讨会,激发企业间文化交流、创新,推动企业经济发展。

12 月底,芜湖企职《企业家》杂志第一期发刊,全面反映国家政策信息,交流企业战略思维、管理经验和文化建设。

2007——成长三年

2007 年 3 月 20 日，在徽商银行举办银企融通研讨会，银企双方进行无障碍沟通。

4 月 20～22 日，举办企业人力资源开发与应用研讨会，为企业如何开发人才资源和管理创造效益。

5 月 17 日，举办评选 2006 年度芜湖市"十大杰出创业者""十大优秀创业者"活动，市领导出席并颁发荣誉奖杯和荣誉证书。

6 月 16 日，开展全市工业 50 强、商业 10 强、商业批发业 10 强排序工作。

8 月 18 日，举办以"徽商文化研讨会"为主题的企业家活动日，宣扬徽商文化，打造芜湖名品。

2008——创新四年

2008 年元月 18 日，召开"总结改革开放经验，谋划企业创新发展大计"新春茶话会，弘扬徽商精神，乘势而上，迈上新台阶。

3 月 18 日，组织芜湖市企业家代表团赴上海市学习考察，两市企业家广泛交流，互动合作。

5 月 10～13 日，组织企业家赴北京大学百年讲堂参加第四届中国民营企业投资与发展高层论坛。

5 月 12 日，号召会员单位向发生大地震的四川省汶川县灾区捐款 3 000 多万元。

5月28日,举办"创新成就辉煌——芜湖企业改革创新30年"纪实论坛,充分展示芜湖市改革创新的累累硕果。

6月23日,颁发2007年度芜湖工业50强、商业10强排序榜单。

7月5～6日,举办"迎奥运·移动杯"乒乓球锦标赛,开启企业家健康娱乐活动的先河。

7月10日,带领芜湖市企业家走进北京大学财智之旅,领略知识创造财富的真谛。

11月18日,举行"改革开放30年纪念勋章"颁发仪式,30位企业家获得殊荣,市委书记到会发表讲话。

12月底,举办"迎新春,展未来"新春茶话会,百余名企业家参与互动。

2009——奋进五年

2009年元月10日,举办芜湖市首期EMBA班,百名企业家参加开学典礼。

3月7日,组织企业家赴江苏省无锡市开展企业家活动日,感受中国文化的博大精深。

3月12日,为度过金融危机的影响,向全市企业家发起"抱团取暖,同舟共济"的倡议书,16家企业参与发表。

3月中旬,召开三方机制会议,表彰23家首届"创建劳动关系和谐企业"。

5月17日,组织企业家赴昆明出席"2009年全国企业家活动日",推动企业家以"信心,使命,责任"来建设发展。

8月30日,组织企业家走进南陵县大浦新农村试验区,领略大浦新农村建设成就的美好风光。

9月22日,主办芜湖市工业60年史展,市长亲自出席并揭幕,本次史展记录了芜湖工业市由衰到兴、由弱到强的历史转变,参观人数达 4 万人。

10 月 11 日,举办和谐企业论坛,畅述劳资关系和谐建设的经验。

12 月底,芜湖企联被芜湖市民政局评为"芜湖市新社会组织学习实践科学发展观重点单位"。

2010——耕获六年

2010 年元月 21 日,芜湖企联召开第二届会员大会,程晓苏当选为第二届会长,郑贤松当选为秘书长。聘任傅祖浩、范长炎、钱阳葆等 10 名同志为顾问。

元月 16 日,组织第二届北大 EMBA 高级研修班,培训了 74 名 EMBA 研究生。

3 月 26 日,召开三方机制会议,就人才培养、职工建设、出台政策等向芜湖市政府提出建议。

3 月 27 日,芜湖市委委托芜湖企联调研,建立对口支援关系,芜湖企联组织企业家赴安徽省亳州市对口考察,帮企业家们寻求商机。

4 月 11 日,举办《国家战略》高峰论坛,安徽省发改委解读皖江城市带承接产业转移示范区规划。

4 月中旬,组织咨询委员深入 15 家企业围绕生产、生活配套环境开展调研活动,并形成专题报告报送市政府。

5 月 28 日,召开全市城市规划解读会议,把芜湖建成宜居、产业布局合理的概念知晓于企业。

6 月 23 日,开展"3G 新技术——诊断你的身体健康,预防控制疾病"活动,实现了医学专家和企业家零距离的亲情接触。

8 月下旬,组织百名企业家相聚芜湖市弋矶山医院话健康,真正懂得了健康是人类生命永恒的主题。

8月31日,主办以"举杯邀明月,共叙家乡情"文化为主题的2010年外企中秋文化节,与企业文化有机结合,留下美好记忆。

10月下旬,组织企业家赴上海学习考察,使企业家们开阔了眼界,增强企业家们奋发努力的信心。

12月31日,举办全市经济形势报告会,芜湖市委书记做了题为《五大发展战略打造芜湖美好未来》的经济形势分析报告,使企业家们精神大振,决心信心满怀地迈向"十二五"开局之年,努力奋斗。

2011——花漾七年

2011年2月26日,举办第三期北大EMBA高级研修班,132名企业家受训。

3月25~27日,组织企业家赴安徽省淮南市和铜陵市考察交流,企业家们就招商引资、互利互惠、共同发展达成了广泛共识。

4月23日,组织企业家赴天津参加全国企业家活动日,贯彻落实"十二五"规划,推动企业转型升级。

4月28日,召开第六次产业政策信息发布会,芜湖市直相关部门发布,市委副书记出席,在全市反响很大。

7月8日,召开芜湖市协调劳动关系三方四家会议,围绕校企合作、培养人才展开协商讨论。

9月18日,举办芜湖市首届"企业文化节暨盛世之歌庆祝中国共产党成立九十周年"歌咏大会,弘扬正气,激励创业热情,23家企业400多人参加了此次活动。

11月3~5日,组织企业家代表团赴安庆、池州考察参观,三地企业家就如何坚守实业交流探讨,以增强坚守实业的信心。

2012——总角八年

2012 年元月上旬,召开 2012 年年会暨经济形势报告会,芜湖市领导进行经济形势分析,号召企业家打造一流产品、一流质量、一流服务。

3 月 15~16 日,召开全省企联会长联络会议,芜湖市委书记高登榜出席会议,由芜湖企联代表安徽省企联起草的《安徽省企联组织开展重点品牌活动的意见》,得到了与会代表一致赞同。

3 月 24 日,举办 2011 年度安徽省企业信用评价管理工作培训班,为申报诚信企业培养了专门人才。

4 月 28 日,召开第七次政策信息发布会,本着"讲新不讲老"的原则,解读国家、省、市近期出台的扶持政策。

5 月 18 日,开展法官与企业家联谊活动,邀请芜湖市法院法官座谈,引导企业合法经营。

5 月 27 日,召开全市企业家大会,芜湖市委书记高登榜发表讲话,并发布了芜湖市 2011 年度工业 50 强、商业批发 10 强、商业零售 10 强、建筑业 10 强企业排序榜单,表彰荣获 2011 年度"中国驰名商标""安徽省著名商标""安徽名牌""芜湖市政府质量奖"的企业。同时,芜湖市工业经济联合会正式成立,与芜湖市企业联合会同为一套机构。

6 月 7~9 日,组织企业家赴黄山考察,提升信心,加速转型,探索路径,寻求合作。

7 月 6 日,召开芜湖市协调劳动关系三方四家会议,对芜湖企联提出的评选"最佳雇主"和"优秀雇主"达成共识。

7月20日,举办复旦管理学院"蓝墨水精英"论坛,为引导江城企业家加速经济转型、加快企业发展有了很大的推动力。

8月9日,召开芜湖市诚信企业发布会,28家企业荣获首批2012年安徽省诚信企业。

9月13日,举办银企恳谈会,40余家企业参加活动。

9月29日,举办企业家"迎国庆、度中秋"文艺晚会,联谊活动加深了感情,增进了友谊。

11月6日,举办新兴产业发展论坛,为构建多业联动、联动发展的长效机制,加快转型发展提供了千载难逢的好机遇。

12月3日,带领企业赴宁波参加2012国际徽商精英年会,考察杉杉集团等知名企业并进行讨论互动。

2013——指数九年

2013年元月12日,召开2013年年会暨经济形势报告会,市领导与企业家共同分析当前经济形势,共话企业发展前景,勉励企业家整合优质资源,不断做大做强。

3月22日,主办创业创新沙龙活动暨中小企业融资服务交流对接会,帮助中小企业解决难题,助推经济发展。

3月29日,召开转变经济发展方式学术报告会,企业家们受益匪浅。

4月26日,召开2013年度政策信息发布会,解读国家、安徽省、芜湖市近期出台的扶持实体经济的政策,大受欢迎。

6月5日,召开芜湖市发展民营经济暨全市企业家大会,高登榜书记做了"当好主力军,奋力实现发展新跨越"的主题报告,并表彰了2012年度50家优秀民营企业,发布 2012 年度芜湖市工业 50 强、商业双 10 强、建筑业 10 强和全市最具成长型企业 10 强榜单。

6 月 28 日,召开协调劳动关系三方四家第 44 次会议,讨论转型升级背景下雇主的责任与使命。

7 月 12 日,组织企业家赴安徽省宁国市进行考察,共研当前经济形势,探索发展路径,助推企业转型升级。

9 月 16 日,举办"一企一策"工作座谈会,高登榜书记强调"各级部门要积极主动开展一企一组一策,帮扶企业工作,全力支持企业发展",使企业家充分享受到放大政策的叠加效应。

2014——幼学十年

2014 年元月 19 日,召开 2014 年年会暨经济形势报告会,芜湖市市长潘朝晖作报告,首次提出打造城市升级版和产业升级版的理念。

元月中旬,对全市 20 家中小企业开展经济运行情况调研活动,并形成调研报告报送市政府。

2 月 25～27 日,组织"企业全面深化改革,推动转型升级"为主题的调研活动,把企业心声反映出来、汇集起来。

4 月 25 日,举行首次"企业家沙龙"活动,芜湖市市长潘朝晖带领市政府 20 多个部门参加了沙龙活动,"面对面"沟通政府和企业家的信息与愿景,轻松交流政务信息、经济信息、企业信息。

4 月 30 日,主办 2014 年度政策信息发布会,芜湖市委副书记雍成瀚发表重要讲话,助推非公企业攻坚克难、健康发展。

6 月 23 日,召开第四次全市企业家大会,芜湖市委书记高登榜出席会议并讲话,并发布了"芜湖市 2013 年度工业百强、商业双 10 强、建筑业 10 强和最具成长性十佳企业"排序榜单。

9 月 12 日,举办企业家第二期沙龙,芜湖市市长潘朝晖深刻阐述"适应经济发展新常态,打造新优势",落实企业家的诉求,受到社会的广泛认同。

11 月 21 日,开展"迈入互联网、创造新业态"论坛,芜湖市委书记高登榜热情洋溢的讲话增加了企业家们做实体产业的信心。

12 月初,芜湖企联荣获市民政局颁发的"中国社会组织评估等级 5A"荣誉称号,此殊荣是我国社团组织评估的最高等级。

2015——前行十一

2025 年 1 月 24 日,召开 2015 年年会暨经济形势报告会,芜湖市市长潘朝晖作"主动适应新常态,实现三个高端化"主题讲话,高屋建瓴地分析了宏观经济形势,入木三分地透析了芜湖的实情,对企业家提出了适应新常态、创造新业绩的建议。

1 月 31 日,举办首期芜湖经理人大讲堂,培训企业管理人才。

2 月 6 日,举办"工行相约——为爱珍藏"新年慈善书画拍卖会,拍卖所得捐予芜湖牵手基金会,号召企业家献爱心、参与社会公益。

3 月 12～13 日,组织企业参加安徽省企业社会责任报告编制培训班,引导企业依法经营,尽社会责任。

4 月下旬,组织咨询委成员赴无为县开展电线电缆产业发展情况深度调研,形成了《芜湖市发展电线电缆产业发展情况调研报告》,芜湖市市长、副市长均做了专题批示。

4 月 25～26 日,举办"庆祝企联成立十周年暨 2015 企业家运动会",凝聚企业家精神,充分展现企业家的风采。

4 月 29 日,组织 2015 年度政策信息发布会,芜湖市委副书记雍成瀚发来书面讲话,鼓励企业家们加快转型升级,打造新常态下发展新动能。

5 月,组织召开三方四家协商机制会议,学习贯彻中共中央、国务院《关于构建和谐劳动关系的意见》文件精神。

5～6 月,为庆祝芜湖企联成立 10 周年,举办了"2015 企业家运动会",吸引了 300 多家会员单位、500 多名企业家和企业代表参与。

6 月,召开全市企业家大会,发布了芜湖市 2014 年度工业百强、服务业百强、建筑业十强和最具成长性十佳企业排序榜单。

9 月 11 日,组织纪念抗战胜利 70 周年活动,重温抗战的光辉历程,缅怀革命先烈的丰功伟绩。

11 月 2～6 日,根据国家"一带一路"倡议,举办"徽商陇上行"活动,带领企业家赴甘肃省调研考察,为企业家寻求投资合作提供了机会。

11 月 16 日,组织企业家召开深入学习贯彻"十八届五中全会"精神的学习会,准确把握"十三五"规划背后的深刻内涵以及新的目标和要求,探讨如何加快产业转型升级和企业发展。

2016——金钗十二

2016 年元月 16 日,召开第三届会员大会,选举产生第三届理事会,尹同跃同志当选为会长,张屏同志当选为执行会长,周恩光同志担任秘书长,芜湖市市长潘朝晖做经济形势专题报告,邀请了阮治源、臧国寅、韩卫民等 16 位同志担任咨询委员会委员,韩卫民为召集人。

4 月 15～16 日,组织企业家赴常熟开展"走近奇瑞观致,解密造车之旅"的企业家活动日活动,开拓视野。

4月25～28日,组织企业家赴广州、深圳进行三地企业家经贸交流,取先进之长补自己之短。

5月20日,组织咨询委员赴华星集团考察,并形成调研报告为市委、市政府决策提供依据。

6月11日,举办"第二届企业家运动会'新百杯'棋牌大赛",丰富了企业家的业余文化生活,增强了企业家之间的沟通和交流。

6月16日,召开芜湖市协调劳动关系"三方协商"第50次会议,对和谐劳动关系的实施意见达成共识。

6月17日,召开"2016温暖之旅,企联在行动——送政策进弋江区"政策信息发布会,采取巡讲的办法进行,更具有针对性,使服务更加精准。

7月1日,举办庆祝中国共产党建党95周年活动,重温学习,意义非凡。

7月上旬,会长尹同跃向企业家们发出全力以赴投入抗洪救灾的倡议书,得到了全市企业家们的积极响应。

8月5日,赴新华联鸠兹古镇参观考察,企业家们感到"天下徽商兴于鸠兹"是实至名归。

8月23日,召开全市企业家大会,芜湖市委书记宋国权、副市长汪华东出席会议并作重要讲话,发布了芜湖市2015年度工业百强、商贸服务业百强、建筑业十强企业排序榜单。

9月24日,举办"第二届企业家运动会'电信杯'乒乓球赛",企业家们互赛球技,交流友情。

9月底,芜湖企联微信公众号正式上线,内容涵盖三大版块:企业创新、企业服务、会员中心。

10月29日,主办"第二届企业家运动会'移动杯'羽毛球赛",增强企业家之间的互动。

2017——舞夕十三

2017 年元月 14 日,召开 2017 年年会暨经济形势报告会,芜湖市委常委、常务副市长冯克金做经济发展情况报告,勉励企业要主动适应新常态,积极取得新作为。

1 月 22 日,正式申请《企业家》准印号为"皖 L02－028"。

2 月 22～23 日,承办"全省工经联 2017 年联席会议",参会代表们就 2016 年的工经联工作进行交流发言。

4 月 14 日,召开芜湖市 2017 年企业社会责任报告发布会,副市长张志宏发表重要讲话,15 家发布企业被授予社会责任报告发布牌。

4 月 19 日,组织咨询委员赴无为县电缆企业考察调研,通过调研分析形成有质量的专题调研报告报送市政府。

5 月 18 日,轮值召开市协调劳动关系三方(四家)第 52 次联席会议,明确构建和谐劳动关系综合试验区建设的目标。

5～6 月,参与切实推进精准扶贫、深入实施"千企帮千村"活动,注重"输血"与"造血"并重、坚持扶贫与扶志并举。芜湖企联组织了锦华制造、第四医院等单位捐款 10 万余元,对口帮扶南陵县乡村。

5 月 15～16 日,发起建立沿江设区市企联(工经联)交流会议机制,为企联组织的发展和建设出谋划策。

7 月 1～2 日,走进黄山露营地开展自驾游活动,丰富企业家们的业余生活。

7 月 14 日,召开 2017 年政策信息发布会,市财政局等有关部门解读各项财政政策和经济政策,为企业分享政策带来的红利以及推进企业的转型升级起到了很好的作用。

7月25日,成立芜湖企联弋江(高新)区工作站,让芜湖企联的服务更加贴近和深入企业,更加精准有效。

8月4日,召开全市企业家大会,芜湖市委书记潘朝晖发表重要讲话,继续提出了打造产业和城市三个升级版的概念和实施意见,并发布了芜湖市2016年度工业企业百强榜单、商贸服务业百强榜单、建筑业十强榜单。

8月18日,组织举办关于制定企业社会责任团体标准培训班,拟制定国家级、省级团体标准。

10月14～15日,举办第三届企业家运动会,共有40支乒乓球队伍、32支羽毛球队伍和11支网球队伍参赛。

11月3日,组织企业家赴江苏省靖江市企联及靖江企业考察,交流学习现代企业管理的经验。

11月27日,举办企业家培训班,学习贯彻党的十九大精神。

11月28日,正式发布《企业社会责任报告编制指南》(T/WHQYLHH 1—2017)团体标准并实施,该标准是安徽省首个团体标准,也是全国500个团体标准之一。

11月初,建设成立党支部,全面落实党支部工作计划的实施。

2018——拼搏十四

2018年1月30日,召开2018年年会暨经济形势报告会,市长贺懋燮做经济形势专题报告,全面解读党的十九大精神。

4月15日,召开全市企业家大会,芜湖市委书记潘朝晖发表重要讲话。

4～5 月,组织专家咨询委开展"如何解决企业用工难"和"芜湖企业实施品牌战略"主题调研,并写出相关调研报告。

6 月 26 日,举办芜湖市企业社会责任报告暨 2017 年企业排序发布会,发布芜湖市 2017 年工业企业百强、商贸服务业企业五十强、建筑业企业十强榜单,另外芜湖市 17 家企业发布了企业社会责任报告,贺东副市长参会并发表讲话。

8 月 28 日,组织企业家赴合肥科大讯飞股份有限公司和中国电信芜湖分公司考察交流,让企业家们切身感受到了大数据时代人工智能赋能行业新发展的趋势和未来,在开阔眼界的同时,更好地思考企业的未来与发展。

11 月 8 日,举办"企业经营管理法律知识"专题讲座,大大提高了企业管理人员的法律意识和应对能力。

11 月 13 日,组织企业家赴上海宇培国际控股和诺亚财富考察交流学习,感受大型实业和投资公司的创业历程和辉煌成就。

11 月下旬,举办第四届全市企业家运动会,丰富企业家们的业余生活。

12 月初,组织芜湖市改革开放四十周年百名优秀企业家评选活动,激励企业家创新创业。

2019——舞象十五

2019 年 1 月 3 日,召开庆祝改革开放 40 周年百名优秀企业家表彰大会,芜湖市市长贺懋燮出席会议并讲话,隆重表彰了改革开放 40 年以来芜湖市各行各业的百名优秀企业家,并举行了授奖仪式。

5 月 15 日,轮值召开市协调劳动关系三方(四家)第 56 次会议,通过双方的共同推动,使政策落实到位,使民营企业健康发展。

6 月 17～18 日,组织企业家赴六安市开展"坚守实业,转型发展"活动,旨在为企业发展实业破难题、聚共识、强信心。

7月6日,召开全市企业家大会,发布2018年度工业企业百强、商贸服务业五十强、建筑业十强榜单,并为新入选的51家企业进行了授牌,同时15家企业发布了社会责任报告,并举行了专题讲座,芜湖市委书记潘朝晖发表了重要讲话,对企业家和企联工作提出了殷切的期盼和要求。

11月3日,举办第五届全市企业家运动会,弘扬企业家精神,激发企业家创造新业绩的新动力。

11月10～16日,组织企业家赴日本开展为期一周的《中日企业管理文化交流》境外企业家活动日之旅,带领企业家们实地深入了解日本企业管理的奥秘。

11月12～13日,组织企业家赴南陵县开展"南陵赏秋"为主题的企业家活动日,共叙友情。

12月初,在5A级社会组织复评中,芜湖企联再次荣获市民政局颁发的"中国社会组织评估等级5A"荣誉称号。

2020——二八十六

2020年1～2月,芜湖企联号召企业响应"团结一致防控疫情"的号召,通过国内外采购紧缺物资,捐赠武汉,助力芜湖。

5月16日,开展"助力芜湖企业全面恢复生产,提振信心自驾之旅"活动,深受企业家们好评。

5月21日,召开2020年企业家大会,表彰了首届芜湖市2019年优秀民营企业和民营企业家,发布了芜湖市2019年企业排序榜单,芜湖市委书记潘朝晖发表重要讲话,希望企业家们善于从眼前的危机和困难中创造机遇,把握时机,实现企业更好、更快地发展。

6 月 2 日,组织企业家走进无为市开展企业家活动日,企业家们纷纷畅所欲言,抒发感受。

6 月 10 日,组织专家咨询委员赴无为市考察调研,就企业复工复产问题进行调查,汇总形成调研报告,提交芜湖市委、市政府和相关部门参考。

7 月初,号召企业参与新疆皮山县桑株镇墩恰喀村的结对帮扶项目,助力扶贫攻坚工作。

8 月上旬,组织企业采购防汛抗洪物资,为防汛工作筑起坚固后盾。

9 月 15 日,召开企业社会责任报告发布会,17 家企业公开发布社会责任报告。

10 月上旬,开办企业创新发展(定制)研修班,采取互动课堂,以企业经营发展问题为案例进行教学,结业后颁发中科院合肥技术创新工程院 CEP 创新发展(定制)研修班学业证书。

11 月中旬,举办第六届全市企业家运动会,增强企业互动,发挥企业余热。

2021——青春十七

2021 年 3 月 2 日,召开第四届会员大会,尹同跃继续当选为芜湖企联会长,张屏、刘涛当选为执行会长,冯武堂当选为秘书长,表彰了 60 家优秀会员单位,贺东副市长也对企业家和企联工作提出了要求。

3 月 15 日,主办"3·15 普法宣传进企业暨企业用工风险法律讲座"活动,企业家们纷纷表示本次活动的举办在当前形势下显得尤为适当和及时。

4 月 28 日,举办企业社会责任报告发布培训班,50 多家企业负责人表示将积极履行社会责任并参与企业社会责任发布。

6月8日,主办"唱响初心 扬风远航——芜湖市企业家庆祝建党 100 周年文艺晚会",几十家企业几百余人参与演出,表达芜湖市企业家们为党和国家事业建功立业的澎湃热情。

6月25日,轮值主办市协调劳动关系三方(四家)第 60 次会议,三方四家就构建和谐劳动关系工作形成工作合力,切实为企业服务。

7月9日,组织党支部党员开展"古田行"红色教育主题活动,重温这段不平凡的红色记忆,感受老一辈革命家筚路蓝缕的峥嵘岁月。

8月24日,组织企业家代表走进芜湖市湾沚区开展企业家活动日活动,大家座谈交流,积极参与"115"规划投资发展。

10月 25 日,组织企业家代表赴青岛开展企业家活动日活动,以工业互联网建设为契机,拓展企业家们的视野和创新思维,加快企业数字化转型。

11月6日,中科院创新总裁芜湖定制班结业,所有学员被颁发结业证书,企业家的创新思维得到了拓展,更好地为企业创新发展赋能。

12月1日,主办了"1％工作法企业交流会",与会企业代表围绕"是什么""为什么""干什么""怎么干"等内容展开热烈讨论。

12月初,企联会员信息化服务系统正式上线运营,做好线上数字化工作。

2022——岁月十八

2022 年 2 月 25 日,召开 2022 年年会,表彰 2020～2021 年度 20 家优秀民营企业和 20 名优秀民营企业家,芜湖市副市长汤劲松在讲话中指出,企业家是经济发展的活力和动力,要发挥开拓、标杆作用。

5月21日,举办第一期企业家移动课堂"走进长信科技"活动,大家听取课题分享,受益匪浅。

5 月 27 日,主办 2022 年企业社会责任报告编写培训班,50 多家企业参加了此次培训,纷纷表示按照"四个责任,两个参与"积极编写报告。

6 月 19 日～21 日,组织党支部党员同志前往安徽省六安市开展党组织红色教育活动,缅怀革命先烈,追寻红色记忆。

6 月 30 日,组织企业家赴芜湖经济开发区开展企业家活动日活动,实地感受智能现代化生产。

7 月 16 日,召开 2022 年企业家大会,24 家企业发布社会责任报告,发布 2021 年度工业企业 100 强、商贸服务业企业 50 强、农业企业 30 强、建筑业企业 50 强排序榜单,芜湖市委书记单向前作专题报告。

7 月 30 日,举办第二期企业家移动课堂"走进天航集团"活动,为企业家们搭建学习交流、资源共享的平台。

9 月 24 日,举办第三期企业家移动课堂"走进芜湖格力"活动,企业家们了解了在数字经济与实体经济融合创新背景下,中国工业互联网时代发展的前景和未来。

10 月 19 日,成立芜湖企联鸠江区工作站,主动发挥作用,加强联络,为企业发展提供全方位服务。

10 月 21 日,成立芜湖企联繁昌区工作站,更好地为企业服务。

11 月 10 日,组织企业家赴南陵县开展企业家活动日,大家切身感受到南陵县工业经济和新兴产业的发展活力和发展前景。

11 月 11 日,成立芜湖企联镜湖区工作站,发挥好职能作用,积极服务企业,维护企业权益,踏实开展工作。

12 月 9 日,在南陵县龙山党校召开县、市、区企联及工作站、分会联谊座谈会,贯彻落实党的二十大精神,发挥好企联的职能作用,开展企业家喜闻乐见的活动,为企业赋能。

2023——砥砺十九

2023年2月8日,成立芜湖企联湾沚区工作站,精准有效地为企业服务。

2月18日,召开芜湖市优秀民营企业和企业家表彰大会暨芜湖企联2023年年会,表彰2021~2022年度20家优秀民营企业和20名优秀民营企业家,芜湖市市长宁波作专题报告,副市长蔡毅发表重要讲话。

3~4月,开展走访市内企业考察活动,深入实践贯彻二十大精神。

3~11月,组织专家咨询委员开展"专精特新"企业调研,并形成调研报告报送市政府。

4月24~25日,莅临亳芜园区考察,推动加强芜湖与亳州的合作共建,为进一步增进南北合作共建注入活力因子。

4月25日,主办2023年企业社会责任报告编写培训会,70多家企业的相关负责人参加了此次培训。

5月18~20日,组织企业家走进台州开展企业家活动日,切身感受当地企业的发展活力和前景,学习兄弟地区的企业家精神,为芜湖的经济发展做出突出的贡献。

6月28日,轮值召开芜湖市协调劳动关系三方(四家)第64次会议,就保护企业家合法权益、激励企业家创新创业、为企业家营造良好发展环境等进行交流讨论。

6月29~7月1日,组织各县市区企联、工作站赴上海市长宁区进行访问交流,这是沪皖两地企联在长三角企联会合作机制的框架基础上的又一次重要互动。

7月20日,召开2023年企业家大会,芜湖市副市长蔡毅做专题报告,发布

"芜湖市 2022 年度工业百强、商贸企业 50 强、现代服务业 50 强、农业企业 50 强、建筑开发企业 50 强"排序榜单,21 家企业发布社会责任报告。

8 月 1 日,企业家课堂正式成立,第一课"走进视谷"活动,专家们的精彩演讲得到了企业家们的一致赞赏,开阔了视野,提供了新思维、新思路。

8 月 25 日,举办第八届企业家运动会掼蛋比赛,企业家们以"掼"会友,在赛场上"牌"兵布阵,勇争上游,"掼"出精彩,"掼"出成绩,也收获了友谊。

9 月 28 日,举办第八届企业家运动会乒乓球比赛,企业家们精湛的球技、激烈的对抗、默契的配合,将赛场气氛拉向一个又一个高潮。

10 月 23 日～26 日,组织企业家赴河南省南阳市开展企业家活动日,搭建企业桥梁,增进企业交流,提升企业家做实业的信心。

10 月 28 日,举办第八届企业家运动会羽毛球比赛,丰富企业家们的业余生活。

11 月 3 日,第二次企业家课堂"走进奇瑞"活动,使企业通过战略引领找到自己的站位和特色,为自身企业数字化转型赋能。

12 月 29 日,在无为市召开县市区企联及工作站联谊交流会,大家通过学习 2023 年中央经济工作会议精神,表示一定贯彻精神到工作中,根据自己的区域特色,因地制宜,有效地开展工作。

2024——弱冠二十

2024 年 1 月 14 日,召开 2024 年年会,表彰 2023 年度 20 家优秀民营企业和 20 名优秀民营企业家,芜湖市市长徐志做专题报告,希望企业家们为"聚焦高质量、冲刺八千亿、建成省域副中心城市"而努力奋斗。

3 月 28 日,召开发布企业社会责任报告座谈会,30 余家"专精特新小巨人"

企业代表表示会积极加入发布社会责任报告的行列中,推动企业实现更高质量绿色可持续性发展。

4～5月,组织专家咨询委员开展"企业履行社会责任"调研,了解企业社会责任履行情况,形成有针对性的调研报告报送市政府。

4月26日,举办第三次企业家课堂"走进低空经济"活动,企业家们通过此次活动开拓思路、升华认知。

5月18日,组织企业家参加2024年全国企业文化(奇瑞集团)现场会,此次现场会具有巨大的冲击力,使企业家们深受领悟。

6月13～14日,组织企业家走进合肥开展"向合肥学习"为主题的企业家活动日,学习最前沿的科创成果和创新发展。

7月9日,召开2024年企业家大会,芜湖市委书记宁波出席并作专题报告,发布了2023年度芜湖市工业、农业、商贸、建筑开发、交通运输、文化旅游6大行业的企业排序榜单,并隆重表彰了芜湖市10家发布社会责任报告的优秀企业,部分企业在大会现场发布了年度企业社会责任报告。

8月1～2日,召开2024年省市工经联联席会议,芜湖企联近年来一系列创新举措备受与会代表关注,各地市工经联纷纷表示积极学习,芜湖市委副书记出席并讲话。

8月9日,举行贯彻党的二十届三中全会精神专题学习会,大家结合各自的工作实际,有针对性地展开了热烈的交流研讨。

8月22日,举办第四次企业家课堂"走进海创"活动,在授课的同时呼吁企业家们紧跟国家战略,踩紧产业发展节拍,坚持技术创新,利用优势,实现企业绿色转型高质量发展。

9月14日,举办第九届企业家运动会掼蛋比赛,50余家会员企业共派出100位参赛选手参加,大家以牌会友,"掼"出精彩,比赛气氛热烈。

9月26～27日,组织企业家赴杭州阿里巴巴开展企业家活动日,深入体验企业数字化转型的路径与成果展示。

11月8～14日,组织企业家赴日本举办主题为"精益智造·创新发展"第五次企业家课堂活动,企业家们实地体验日本百年企业的精益管理理念与自动化(智能)生产技术,亲身感悟企业的"工匠精神"和创新发展精神。

10～12月,组织专家咨询委员开展"岸线经济"调研,了解港口物流枢纽建设情况,并形成调研报告报送市政府。

12月13日,组织县市企联及区工作站主要负责同志赴江苏省无锡市企业联合会学习交流,共同探讨企联的工作开展方法和模式。

12月14日,在江苏省无锡市召开2024年县市区企联及工作站交流会,就各自工作展开讨论,并表示要继续做好企联长期形成的品牌工作和特色工作,将走访企业作为常态化的工作。

我在芜湖企联工作期间最难忘的事

郑贤松

时间过得真快啊,转眼间芜湖市企业联合会(以下简称芜湖企联)已成立20个年头了,真是光阴似箭,日月如梭。芜湖企联成立二十年来,坚持以企业为中心,注重服务企业,加强对企业的政策宣传与解读,为企业提供有针对性的指导和帮助。芜湖企联在加强企业发展、促进行业协调、服务会员企业等方面做了大量一系列行之有效的工作和活动,并取得了显著成果,从而助推了芜湖经济的发展。

芜湖企联的工作主要是以服务企业为主项,由一般常态化工作逐步形成了品牌模式,创建了芜湖企联独特的工作模式,如三方机制维权服务、企业排序、企业家活动日及年会、牵手励志奖学等一系列活动,已经形成了芜湖企联固化的工作品牌。这些活动的开展,为企业提供了一个广阔的交流平台,推动了企业之间的合作,提高了企业的整体运营水平,同时也为政府和企业间搭建了沟通和交流的平台。

我是2006年9月中旬应会长程晓苏的邀请,来芜湖企联工作的,历任副会长兼秘书长,直至2015年9月离任,供职整整十年。这十年的工作使我十分愉快,最使我难忘的二三事至今记忆犹新。

三方机制是立会之本

2015年,国家进一步明确了"企业联合会作为企业代表组织在构建和谐劳动关系中的地位和职责"。企业联合会与人力资源和社会保障部、中华全国总工会共同建立的协调劳动关系三方机制,是在劳动立法、经济与社会政策的制定、就业与劳动条件、工资水平、职业培训和劳动争议等方面,依据国际劳工标准公约规定而实施的劳动关系的三方原则。

针对芜湖市的实际情况,雇主方增加了市工商业联合会,这样即成了三方(四家)联合协调机制。正好一年四季,每季度都由一家轮值方主办。事先准备好协商议题内容,各方积极筹备有序,活动开展得有声有色,协商成果显著,既得到了三方四家各方的理解,也收到了很好的效果。

尤其是,全市所有企业都在实行"劳动合同制度",签订集体合同,这样在劳动关系中就出现了许多新问题。如就业压力大、劳动关系紧张、群体性突发事件增多、用人单位拖欠或克扣劳动者工资、不为职工按时足额缴纳社保金、任意延长工作时间及非法收取劳动者押金等。这些问题的存在,直接影响到企业的劳动关系,影响到职工队伍的稳定,也直接影响到经济建设的健康持续发展。

推行三方协商机制来协调劳动关系,当三方协商机制的作用发挥出来的时候,它会积极引导双方更好地实现其签订的集体合同和协议,会指导帮助企职双方更好地通过协调机制来达到双方目标。工作实践证明:三方机制是立会之本,也是建立中国特色劳动关系的根本保证,同时也是我国社会主义发展的必然要求。

难忘的企业家活动日

企业家活动日是一个旨在促进企业家交流、弘扬企业家精神、推动企业发展的一项活动,是打造一个尊重企业家、扶持企业家的载体平台,建立芜湖企业家的"家"。这对助推加快芜湖经济社会高质量发展具有重要意义。

企业家活动日是我们芜湖企联诸多品牌工作中最亮眼的一项活动,也是最受企业家们欢迎的一项活动。实践工作中,记得我们每年、每季度都坚持举行企业家沙龙派对活动,定期组织企业家赴省内各地市交流活动,同时我们还组织企业家先后去上海、常州、九江等地实施跨省域企业家交流学习活动。

企业家活动日的内容丰富多彩,宣讲政府适时出台的新政策,企业间交流创新发展的新理念。活动日架设了一座政企沟通的桥梁,让企业家们敞开心扉畅所欲言,倾听企业家们的心声,让企业家反映的问题能得到及时有效的解决,同时也构建了企业家之间的交流平台。

总之,通过举办企业家活动日的系列活动,既加强了企业间相互交流,又增进了企业间的友谊,同时也学习到外地企业的先进管理理念和管理模式。这项深受企业家喜爱且积极参与的活动,对芜湖市经济社会发展起到了很大的助推作用。目前,笔者更希望此项活动越办越好,内容越办越丰富,真正把企业家的"家"办成家好月圆。

牵手基金会成立的前后

记得最清楚的一件事,就是牵手基金会的成立起始。我是 2006 年 9 月中旬来芜湖企联工作的,当时芜湖企联刚成立,招聘来的几个年轻人都走了,驻会人员仅剩 2 人，工作开展遇到不少困难。分管经济工作的芜湖市市长程晓苏亲自约我去他办公室，说："老郑，芜湖市企业联合会刚成立，眼下人手太少，工作难以开展，你是长期从事工业经济工作的老人，又很熟悉企业的工作，想让你来企联工作，可好？"面对敬重的领导言辞恳切的指示，我稍作考虑，便答应接下了这份沉甸甸的工作。

我来到芜湖企联，除负责处理日常工作外，急需筹建成立"牵手基金会（当时的牵手扶困助学基金会）"。当时的芜湖企联刚成立不久，工作条件十分简陋，一套住宅房三人办公，一台电脑公共合用，没有专用的交通工具，出门不是坐公交就是打车，或乘顺风车。好在工作人员齐心协力，不辞劳苦，不计报酬，坚持三个月跑遍了几十个企业，募集资金 160 多万元，终于在 2007 年 1 月 8 日，在芜湖铁山宾馆成立了"牵手扶困助学基金会"。

牵手扶困助学基金会成立后，始终坚持"以人为本，慈善为怀，致力于鼓励品学兼优以及睿智成才的莘莘学子完成学业，造就人才"的办会宗旨，受到了社会各界的肯定，同时也彰显了企业家及社会爱心人士的社会责任和担当。

2015 年后，基金会由原先的扶困助学逐步转为励志奖学，并更名为"芜湖市牵手基金会"。20 年来，牵手基金会共计资助 5 200 多位莘莘学子，资助金额为 1 000 万元，发放奖学金 600 多万元。受助的学子拿到奖学金、证书后激动无比，感慨万千，留下了终生难忘的印象和美好的记忆，在学校和社会上产生了积极影响。

在诸多企业家慷慨的善举中，其中有两位企业家尤为让我感动万分。他们分别是鑫龙电器董事长束龙胜、楚江集团董事长姜纯，两位企业家都是一次性给芜湖市牵手基金会捐款 100 万元。他们的慈怀善举在牵手基金会及社会上产生了极大的反响，也激励了更多的企业家们纷纷慷慨解囊，伸出援手。

寸草之心三春晖，滴水之恩万人暖。他们从不高谈阔论，为人坦诚，办事实在,把自己苦心经营赚得的资金,用在慈善事业上,用自己"小"的资助,给世人"大"的惊喜。我问及他们慷慨相助的缘由时,他们对我说:"我们常常无法做伟大的事,但我们可以用伟大的爱去做些小事。"他们是这样说的,也是这样做的。他们还表示只要企业继续不断发展,他们的慈善事业将永不会停止。

滴水穿坚石,爱心善天下。以束龙胜、姜纯为代表的企业家们,礼发于诚,声发于心,行出于义,以慈善情怀,用仁慈之爱,为自己的高尚人格镌刻出真实的标记。他们奉献的爱心,成就了孩子们的梦想,让爱心在希望中绽放,让希望在教育中成长。也正是由于他们带头善举的榜样,弘扬慈善的美德,感召了许许多多的企业家和社会成功人士都来奉献爱心,履行社会责任。20 年来,芜湖市牵手基金会的各项工作开展有序,并取得了一定成效,赢得了社会的认可。

印 象

芜湖企联成立 20 年来,所做的工作硕果累累,为芜湖的经济发展起到了不可小觑的助推作用。实践证明,企业联合会的成立是政府与企业沟通的理想平台,同时也为广大企业家搭建了交流沟通、资源共享、优势互补的平台。对于加强企业家队伍建设,提高企业管理水平,构建和谐政企关系,推动全市经济社会持续、快速、健康发展都具有重要意义。

当下,知所从来,思所将往。我国推进中国式现代化正处于新时代、新征程。站在这历史新起点上,我们深信在芜湖市委、市政府的坚强领导下,芜湖市企业联合会一定会带领全市企业家紧密团结在以习近平同志为核心的党中央周围,既当改革的促进派,又当改革的实干家,为把中国式现代化宏伟蓝图变成美好现实再创新业绩,再铸新辉煌。

浅谈社会组织的法治思维

杨良彬

社会组织是人们为了有效地达到特定目标,按照一定的宗旨、制度、系统建立起来的共同活动集体。它有清楚的界限、明确的目标,内部实行明确的分工并确立了旨在协调成员活动的关系结构,如党政、政府、企业、学校、商店、工厂和公司等。本文所指的社会组织是指以社会团体、基金会和社会服务机构为主体组成的非营利性团体。

人类进入工业社会以来,社会生产力飞速发展,社会分工越来越细,社会生活和社会关系也越来越复杂,为完成特定目标和承担特定功能的社会组织大发展就成为必然趋势。很多发展成熟的社会组织在政府职能转变、经济发展和公共服务提供等方面都发挥了不可替代的作用,是现代社会治理中不可或缺的重要力量。其鲜明的特点是依法设立,整章建制,合规运营。

随着我国治理体制和治理能力的不断进步,社会组织如雨后春笋般蓬勃发展。我国目前社会组织总量已达 88.2 万余家,在服务国家、服务社会、服务群众和服务行业等方面发挥了重要的作用。为规范社会组织的经营行为,国家确定由民政部来实行统一管理。主要采取针对社会组织的四大构成要素——规范、地位、角色和权威,运用法规、准入、监督和处罚等手段,来约束其运营行为。

目的在于引导社会组织增强法治思维,督促依法合规运营,实现高质量发展。

法治思维是社会组织稳健发展的内在要求

当前我国社会组织在促进社会发展、服务民生、维护社会稳定等方面发挥着越来越重要作用。它们不仅是政府与市场之间的桥梁,更是民众参与社会治理的重要渠道。然而,社会组织的健康发展离不开法治的保障和支持。引入法治思维对于社会组织而言,具有以下几方面的重要性。

有利于保障社会组织合法运营。社会组织在成立、运营、管理等各个环节都必须遵循法律法规,严格把控登记、负责人准入关、业务边界关和制度健全关。以确保社会组织的合法性,防止其陷入违法违规的境地。

有利于规范社会组织行为。对外通过法规的约束,社会组织可以更加规范地开展活动,避免出现损害社会公共利益或侵犯他人合法权益的行为;对内通过发挥"三会"作用,加强分支机构管理,严格财务制度等手段规范经营行为。

有利于提升社会组织的公信力。社会组织依法开展活动,必须加强内部管理,确保透明运作;必须强化自律机制,规范财务公开;必须积极回应公众关切的问题,增强沟通互动;必须持续优化服务,践行社会责任。做到上述几点,自然会在社会上树立良好形象,从而赢得公众的信任与支持。

有利于促进社会组织与政府、市场的良性互动。在法治的框架下,社会组织可以更好地与政府和市场协作,主动对接政策需求,严格遵守市场规则,争取政府支持,实现良性互动,共同推动社会的进步和发展。

有利于维护社会的稳定和谐。社会组织在调解矛盾、化解纠纷等方面发挥着重要作用。通过公开、公平、公正地开展服务,可以更加有效地处理相关问题,从而维护社会的稳定和谐。

社会组织依法发展的路径

建立健全法律法规体系。政府应不断完善与社会组织相关的法律法规,明确社会组织的法律地位、权利义务、监管机制等,为社会组织提供清晰的法律指引。如近期民政部会同中央社会工作部、农业农村部、市场监管总局和全国工商联印发了《关于加强社会组织规范化建设推动社会组织高质量发展的意见》,是在总结前期对社会组织管理经验的基础上,为进一步全面深化社会组织领域改革,着力解决当前社会组织中存在的突出问题而制定的重要法规,是当前和今后一段时期社会组织运营活动的基本遵循。

加强法治宣传教育。通过举办法治讲座、培训班、宣传活动等形式,重点围绕《关于加强社会组织规范化建设推动社会组织高质量发展的意见》,从正反两个方面进行研讨,提高社会组织成员的法治意识和法律素养,使其自觉遵守法律法规,依法开展活动。杜绝侥幸心理,做好自我规范化建设。

完善注册登记制度。简化注册程序,提高注册效率,确保社会组织的合法性和合规性。同时,加强对社会组织管理人员的资格认定和背景审查,防止不法分子利用社会组织从事违法活动。在成立登记阶段,各级民政部门实行事先告知提示,避免发起人、捐资人盲目申请成立登记社会组织;在负责人人选审查时,引导社会组织建立健全负责人选任、公示、履职、管理、监督及退出等制度,推选政治合格、在本领域有代表性、具备相应经验和业务能力、适合岗位职责要求的人员担任负责人;在名称审核、业务范围审定时,按照明确、清晰、聚焦主业的原则进行把关,引导社会组织聚焦主责主业。

强化监督管理。建立健全对社会组织的监督管理体系,按照《关于加强社会组织规范化建设推动社会组织高质量发展的意见》要求,立足促进社会公平正义、增进民生福祉,一手抓积极引导发展,一手抓严格依法管理。政府依法管理,其实是在保护社会组织,保护整个行业的健康可持续,重点加强对社会组织日常运营、财务管理、活动开展等方面的监督,确保其合法合规运行。

推动自律机制建设。鼓励社会组织按照《关于加强社会组织规范化建设推动社会组织高质量发展的意见》要求,结合自身实际,建立自律机制,规范内部管理,提高自我约束能力。通过制定内部规章制度、设立监督机构等方式,确保社会组织活动的合法性和规范性。要发挥会员(代表)大会、理事会、监事(会)等内部机构的职能作用,落实民主选举、民主决策、民主管理;要完善社会团体、基金会建立健全分支(代表)机构管理制度,加强对分支(代表)机构的监管;要加强财务管理,建立权责清晰、约束有力的内部财会监督机制和内部控制体系,依法如实披露关联交易情况;要健全内部纠纷解决机制,在正常决策机制失灵时利用多种方式解决矛盾纠纷。

同时,要建立健全重大事项报告制度、接受行业管理部门业务指导和行业监管;做好年检年报工作,接受民政部门监督;规范收费行为等。

发挥党组织的战斗堡垒作用。必须坚持和加强党对社会组织工作的全面领导,引导社会组织坚决拥护"两个确立"、做到"两个维护",坚定不移地在思想上、政治上、行动上同以习近平同志为核心的党中央保持高度一致。只有这样,才能使社会组织不偏离正确的政治方向,才能自觉增强合规意识,才能促进可持续发展。

企业联合会依法办会的思考

企业联合会作为独特的社会组织,除具有社会组织的一般属性外,还在和谐劳动关系建设中扮演着重要角色,代表企业法人处理劳动纠纷。这是党中央、国务院赋予的权力和责任,也是国家《劳动法》赋予的法律责任。在实际工作中,企业联合会更应善于运用法治思维来开展以下的工作。

树立法治意识,明确职责定位。企业联合会应首先树立法治意识,明确自身在和谐劳动关系建设中的职责定位和《关于加强社会组织规范化建设推动社会组织高质量发展的意见》的基本要求,依法依规开展工作,积极维护企业法人的合法权益,在促进劳动关系和谐稳定的同时,提升企联的社会地位。

加强法律法规学习,提高法律素养。企业联合会应组织会员企业学习《劳动法》《劳动合同法》等相关法律法规,提高会员企业的法律素养和依法用工意识。通过举办培训班、交流会、企业家课堂等形式,帮助会员企业了解法律法规的最新动态和具体要求,确保其在用工过程中合法合规。同时还要加强自身学习,深刻领会在构建和谐劳动关系中"三方四家"和《关于加强社会组织规范化建设推动社会组织高质量发展的意见》的精神实质,以提高工作质效。

建立健全内部规章制度,规范内部管理。企业联合会应按照《关于加强社会组织规范化建设推动社会组织高质量发展的意见》的要求,建立健全内部规章制度,规范内部管理流程。通过制定《章程》《会员管理办法》《财务管理制度》《活动组织制度》等规章制度,确保企业联合会工作的合法合规性和高效性。同时,加强对联合会工作人员的法治教育和培训,提高其依法办事的能力和水平。

积极参与劳动纠纷调解,维护企业合法权益。在劳动纠纷调解过程中,企业联合会应坚持依法调解、公正调解的原则。通过深入了解纠纷事实、分析法律依据、提出合理建议等方式,积极协助会员企业解决劳动纠纷。同时,加强与政府部门、司法机关等相关部门的沟通协调,形成合力,共同维护企业合法权益和社会稳定。

推动劳动关系和谐稳定,促进企业健康发展。企业联合会应积极参与构建和谐劳动关系的工作,推动企业与员工之间的和谐共处。通过组织开展劳动关系和谐的企业创建活动、推广先进管理经验和做法等方式,促进企业改善用工环境、提高员工福利待遇、增强员工归属感和满意度。同时，加强与政府部门的合作与交流，共同推动劳动关系和谐稳定和企业健康发展。

加强品牌工作力度，有效服务会员单位。企业联合会作为一个平台，在依法履行职责中，要争取政府的支持，围绕服务企业、企业家的目标开展工作，创立品牌。就芜湖企联来说，在 20 年工作实践中，严格执行法律法规、企联章程和各项工作方案，逐步形成了具有典型意义且成效显著的特色社会组织，如每年年初评选表扬优秀民营企业、企业家；每年年中发布年度企业排序榜单和年度企业社会责任报告；推动和谐劳动关系建设；开办企业家课堂；举办企业家活动日和企业家运动会等，基本做到服务企业贴心、实用，为企业家交流工作经验、切磋业务技能、丰富文娱活动等提供平台，深受企业和企业家的赞许。

发挥政府与企业的桥梁作用。除了日常按照职责针对企业经营中存在的问题，及时与政府进行协调沟通，争取政府支持，及时解决外，还创造性地开辟了新的沟通渠道。一是及时准确地将芜湖市委、市政府关于地方经济发展的战略传达给企业家。主要通过在年初和年中召开的企业家（会员）大会上，分别邀请芜湖市委书记、市长到会作经济形势报告会，将市委、市政府的经济工作目标、措施、存在的问题及解决方案，面对面传授给企业家，做到信息直通，引导企业有的放矢开展经营活动；二是组织专家咨询委、企联秘书处围绕芜湖市委、市政府工作计划，就企业在实际执行情况开展调研，并形成有价值的调研报告，供市委、市政府决策参考。

加强党建工作。为进一步加强党对芜湖企联的领导，芜湖企联正在积极地向有关方面申报成立功能性党支部，将本部和分支机构（含无为市、南陵县企联）的党员集中起来，以形成合力，强化党支部对企联的领导，做到在思想上、政治上、行动上同以习近平同志为核心的党中央保持高度一致，推动芜湖企联时刻坚守正确的政治方向，增强依法合规意识，促进高质量发展。

岁月如歌　铸就辉煌

童劭琼

在时光的悠长画卷中,二十载春秋犹如璀璨星辰,镶嵌于芜湖市企业联合会(以下简称芜湖企联)的历史长河中。芜湖企联成立二十周年之际,我,一名有幸伴随其成长二十载的见证者与参与者,从原秘书处工作人员的角度,愿以笔为舟,载满深情与敬意,回顾那段波澜壮阔的航程,共同"讲好企联的故事"。二十年来,芜湖企联秉承"维权、自律、服务"的宗旨,以坚定的步伐和无私的奉献,让每一滴汗水、每一分努力、每一次跨越,都如指路明灯,照亮企业前行的道路,为芜湖市的企业发展贡献力量。

序章：梦想启航 共筑未来

2005 年 6 月 16 日,在时任芜湖市副市长程晓苏的倡导下,在原芜湖市经济贸易委员会的大力支持下,经过一年多的筹备,芜湖市企业联合会正式成立,这标志着芜湖的企业家们有了自己的"娘家"。彼时的芜湖,国有企业改制基本完成,工业经济加速发展,民营企业如雨后春笋般快速成长。面对这样的形势,芜湖市企业联合会深感责任重大,它承载着政府与企业之间沟通桥梁的使命,肩负着促进经济交流、维护企业（雇主）权益、推动行业发展的重任。自那时起，芜湖企联秉承"维权、自律、服务"的宗旨，踏上了为企业服务、为经济添彩的征途。

企业家大会：群英荟萃   共谋发展

经济形势报告会暨全市企业家大会是每年的核心活动。大会的召开离不开芜湖市委、市政府的高度重视与支持，市委领导在会上为企业家解读宏观经济形势和政策走向。这些报告犹如明灯，指引企业在复杂的经济环境中找准方向。在这里，来自不同行业、不同领域的精英们汇聚一堂，分享成功经验，探讨行业趋势，共谋发展大计。大会不仅为企业家们搭建了展示自我、相互学习的平台，促进了企业间的合作与交流，还推动了芜湖经济的繁荣发展。

为雇主维权：守护正义   捍卫权益

维护企业和企业家合法权益是芜湖企联的重要职责。二十年来，随着我国劳动法律、法规的不断完善，企业在劳动关系方面面临诸多挑战。对此，芜湖企联积极贯彻相关文件精神，及时召开三方四家协商机制会议，详细介绍芜湖企联在构建和谐劳动关系方面的特色和做法，与工会、劳动部门等各方深入沟通协商。

在市场经济的浪潮中，企业难免会遇到各种挑战与困难。为更好地为企业提供法律服务，芜湖企联成立法律服务中心，设立维权热线电话，为企业和企业家提供及时有效的法律援助服务。芜湖企联始终站在企业及雇主的角度，积极为企业维权发声，成为企业最坚实的后盾。无论是面对不公平的市场竞争，还是遭遇法律纠纷，芜湖企联都会第一时间伸出援手，为企业提供法律咨询、法律援助等服务,帮助企业维护自身权益,营造公平、公正的市场环境。

牵手基金会：爱心传递 责任担当

企业不仅是经济发展的主体,更是社会责任的承担者。芜湖企联积极倡导企业履行社会责任,由会员单位楚江集团、鑫龙电器和奇瑞汽车等17家企业联合发起成立了芜湖市牵手扶困助学基金会(现更名为芜湖市牵手基金会,简称牵手基金会)。作为芜湖市一家非公募性基金会,牵手基金会经历了两个发展阶段。第一阶段是从2005至2009年,以扶困助学为宗旨,帮助芜湖市品学兼优的寒门学子一圆求学梦;第二阶段是自2010年至今,以励志奖学为特色,更加突出"质量＋特色"的基金会发展模式,培养和激励睿智成才的学子全面发展,将来能成为有用之才。2010年8月,芜湖市牵手基金会成功举办"牵手之歌"大型文艺晚会,晚会真实再现了江城企业家们无私奉献、回报社会和情系公益的感人故事。

芜湖企联二十年来一直引导企业参与社会公益事业,传递爱心与温暖。从资助贫困学生到奖励优秀学子,芜湖企联与企业携手并肩,面对突如其来的疫情,芜湖企联积极组织企业参与疫情防控工作。通过捐款捐物、志愿服务等形式,参与疫情防控工作,用实际行动诠释了企业的社会责任与担当。

专家咨询委：深入调研 精准服务

为更好地了解企业需求,提供精准服务,芜湖企联定期组织企业调研活动。由芜湖企联专家咨询委深入企业一线,与企业负责人面对面交流,倾听企业心声,了解企业困难。通过调研,芜湖企联不仅掌握了大量第一手资料,为政府决策提供了有力的信息支持,还根据企业实际需求,量身定制了一系列服务措施,帮助企业解决实际问题。同时积极响应政府号召,参与构建"1+9+N"企业服务体系,推动建设企业服务中心,为企业提供线上线下、市(县)区联动、社会协同的服务模式。通过"纾困、惠企、赋能"的工作主线,芜湖企联努力打通服务企业"最后一公里",助力企业解决发展中的难题。

芜湖企联还深入推行实施"百分之一工作法"以提升服务效率,通过精细化的管理和服务,帮助企业降低运营成本,提高生产效率。这一举措不仅得到了企业的广泛认可,也进一步提升了芜湖企联在企业中的影响力。

信息发布会:百强排序,树立标杆

政策信息发布会是芜湖企联长期坚持的服务项目。从最初简单解读到形成系统的政策汇编及专家解读模式,帮助企业及时获取最新政策动态。这一过程困难重重,要与多个政府部门协调沟通,以获取准确、全面的政策信息。

为了表彰先进、树立标杆,二十年来芜湖企联在市统计局、市工信局的支持下,每年开展"芜湖市工业百强、商贸业50强、建筑业10强"等企业排序,发布企业社会责任报告等,不仅提高了企业的社会知名度,还提高了企业美誉度。

企业家活动:凝聚力量,共创辉煌

为了增强企业家的归属感与凝聚力,芜湖企联特别设立了"企业家活动日"。由芜湖企联组织丰富多彩的活动,如主题论坛、文化交流、体育竞赛等,让企业家们在轻松愉快的氛围中增进友谊、交流思想。2009年9月,在芜湖市科技馆举办"芜湖工业60年史展",从"二个半烟囱"到自主品牌奇瑞汽车的诞生等。这些活动不仅丰富了企业家的精神文化生活,还增强了企业间的合作与联系,为芜湖市经济的持续健康发展注入了新的活力与动力。

铸文化之魂：拓宽国际视野，拓展创新空间

企业文化是企业的灵魂,也是芜湖企联服务工作中不可或缺的重要组成部分。二十年来,芜湖企联始终注重企业文化的培育与传承,通过《企业家》和《企业家通讯》,以及微信公众号撰写企业科技创新、企业发展的故事,提升企业的品牌形象和市场竞争力;同时举办企业家沙龙、企业家论坛等活动,引导企业树立正确的价值观、经营理念和发展战略。

在全球化的大背景下,以文化赋能。二十年来,芜湖市企业联合会积极拓宽国际视野,组织企业家赴国内外考察学习。从欧洲的先进制造业到美国的科技创新中心,从亚洲的经济发展前沿到非洲的广阔市场,芜湖企联带领企业家们走出国门,了解世界经济发展趋势与行业动态。同时,芜湖企联还积极引进国际先进管理理念与技术成果,为芜湖市企业转型升级提供有力支持。

学而时习之：终生学习 引领未来

为了提升企业家们的综合素质与管理能力,芜湖市企业联合会与北京大学合作开设了"北京大学 EMBA 高级研修班"。参与学习的企业家及企业高管达1 000 多名。企业家们不仅在研修班学习到了最前沿的管理理论与实践案例,还与来自全国各地的优秀企业家们交流思想、碰撞智慧。研修班为企业家们提供了宝贵的学习机会与成长平台,为企业注入了新的活力与创新力。随后成立的北京大学芜湖校友会 EMBA 专业分会,为省域副中心芜湖的经济发展添砖

加瓦,引领本土企业走向更加辉煌的未来。

弘扬价值观：凝心聚力 再创辉煌

二十年来,芜湖企联以社会主义核心价值观为引领,以贴心服务为抓手,吸引和团结一大批国有、上市规模以上企业及民营中小企业和众多企业家,形成了齐心协力、共建芜湖的向心力和凝聚力。这一切,离不开芜湖企联创会会长程晓苏同志的策划指导,离不开企业家们共同不懈的努力与坚持。这种凝聚力,也是芜湖企联长期坚持、不断探索的结果,它与芜湖企联秘书处严谨的工作态度、丰富的服务内容以及与企业家们的深度互动是分不开的。

芜湖企联在组织建设上实施了"三化"战略——工作(活动)制度化、组织建设常态化、调研专题化,创造性地开展6+1品牌工作,全面提升服务质量,构建了一个制度健全、运行有序、活动丰富的社会团体组织。劳动关系三方协调机制的设立,搭建了通向企业家反映心声的桥梁,使企业的呼声能够被有效地传递和重视。经济形势报告会、全市企业家大会等重要活动的举办,为企业家提供了思维的灯塔和行动的指南,为企业的快速发展和创新思维提供了源源不断的动力。

芜湖企联还通过企业转型升级工作、企业家的健康工程、"牵手励志奖学金"的设立、《企业家》杂志的出版等举措,丰富和延伸了工作内涵,为企业家提供了交流、学习和成长的平台。定期的企业调研、精心组织的企业家课堂等工作方法,提升了服务质量,为企业家提供了实实在在的帮助和支持。

程晓苏同志作为芜湖企联的创会会长,他的领导和倡导对于芜湖企联的成立和发展起到了关键性的作用。他坚持芜湖企联的公益性、事业性,对秘书处的要求等同党政机关,清正廉洁、公开透明;对组织运行严格按章程办事,工作制度化、系统化。他坚持芜湖企联以企业为核心,维护企业权益,所以,芜湖企联始终秉承"维权、自律、服务"的宗旨,不断为企业家提供全方位的支持和服务。通过这些举措,芜湖企联成功地将自己打造成为一个制度健全、运行有序和活动丰富的社会团体组织,使企业家们形成了团结奋进的凝聚力,为芜湖市的企业家在全市民营经济发展中发挥了积极的作用,也为未来持续、健康发展、再创更大辉煌提供了坚实的基础。

结语：不忘初心　砥砺前行

二十年的时光转瞬即逝,但芜湖企联与企业之间的故事却永远不会结束。在这段旅程中,我们共同经历了风雨、见证了成长、收获了友谊。今天,当我们翻开《讲好企联的故事》这本书时,那些曾经的点点滴滴都仿佛重现眼前。它们不仅是我们共同的记忆和财富,更是激励我们不断前行的力量源泉。让我们带着这份力量和信念继续前行,在未来的日子里继续书写属于我们的精彩篇章!

我们共同走过的六年

张克勤

我尽管离开芜湖市企业联合会（以下简称芜湖企联）已两年多了，但每每和友人谈及芜湖企联话题时，往昔在企联工作的人和事，便如潮水般涌上心头，那些自己亲身参与的工作与活动更是清晰如昨。

2016年，我从南京卫岗（芜湖）乳品有限公司总经理的岗位上退休。应芜湖企联的邀约，我以一名志愿者的身份加入企联秘书处团队，就此在从管理企业到服务企业的角色转变中，开启了一段全新的征程。这个征程一跑就是六年。

我在企业里摸爬滚打了整整40年，对实体经济的发展怀有极为深厚的情感。退休之后，如何将这份对实体经济的真挚情怀延续下去呢？芜湖企联这个平台，是服务企业、沟通社会，尤其是党和政府联系企业和企业家的桥梁，完美契合了我为实体经济继续奉献的心愿。

服务企业，事无小事。来到芜湖企联后，角色虽变，但我主动放低姿态，全身心投入一件件服务企业的具体琐碎事务中，以实际行动践行着自己的初心与使命。

回首那6年，作为参与者、奋斗者和见证者，诸多经历至今历历在目。

那 6 年，我们满怀激情。6 年间，每年参与筹备的企业家大会和企业年会，宛如一个个深刻的印记。

犹记得 2015 年，我首次有幸参与芜湖企联"企业家大会"的筹备工作。当年 6 月，芜湖企联决定召开全市企业家大会，我和伙伴们即刻进入"临战"状态。大家各司其职，有的忙于会务安排、材料准备，有的忙于联络沟通，一时间，电话铃声不断、电脑键盘敲击声不歇、车轮转动不停。我们一次次与政府部门对接、一次次对材料进行修改、一次次和企业家们联络，各自奋战的同时又相互支持，呈现出一派积极而繁忙的工作景象。最终，企业家大会得以胜利召开。此次大会内容很是丰富，既有"工作报告"的精彩展示，又有"工业百强"的重磅发布，更有芜湖市委书记亲临现场作形势报告，这次会议赢得了政府部门与企业家们的一致好评。于我而言，我更加享受筹备过程中的那种工作氛围。

每年参与组织的企业家大会和企业年会，都各具特色。企业家大会有芜湖市委书记做工作报告，企业年会则有市长站台分析经济运行形势，这让企业家们有机会聆听市领导对经济形势的剖析以及那份殷切的嘱托与希望。并且，在企业家大会上进行的工业 100 强、商贸 50 强、农业 30 强和建筑业 30 强发布会，对于提升企业的知名度意义重大，堪称企业的一块"金字招牌"。

那 6 年，我们执念前行。6 年间，我在参与多项重大活动中倾注了太多的热情和汗水。

2021 年 2 月，为庆祝中国共产党建党 100 周年，芜湖企联决定在"七一"前夕举办全市企业庆祝建党 100 周年大型文艺会演活动，这在芜湖企联历史上尚属首次组织如此大型的文艺活动。芜湖企联领导将活动的组织工作交付于我，我顿感责任重大。我于 1987 年入党，对党有着深厚的感情，下决心定要全力以赴，将成功举办这场盛会作为献给党的生日的一份厚礼。此后的四个月，我马不停蹄地奔赴各县区、园区，深入各镇街、企业，广泛发动群众、协调排练事宜、组织辅导节目、遴选优质节目、开展彩排工作等，终于在 6 月 8 日顺利演出并取得了圆满成功，赢得了芜湖市委、市政府以及社会各界的高度赞誉。而此时，我的双腿因持续奔波劳累，已然严重浮肿，疲惫得几乎站不起来，但我觉得一切付出都是值得的。

那 6 年，我们无私奉献。6 年间，我始终践行围绕中心、服务大局，在服务企业中彰显作为，在引导企业践行社会责任中体现担当。

2019 年，依据芜湖企联启动的"万企帮万村"精准扶贫行动安排，我承担起了推进村企结对帮扶的工作任务。为了做好此项工作，我多次奔赴南陵县家发镇滨玉村，上门走访，摸底调查，力求摸清村里的发展瓶颈，精准研判村里的发展需求。经过多次的走访、调研、论证，最终确定了扶持滨玉村做大做强大棚蔬菜产业、实施产业扶贫脱困的突破方向。当年的 6 月 15 日，随着帮扶协议的签署，芜湖企联副会长单位安徽二环石油集团、锦华机械有限公司、凯迪绿色能源开发有限公司现场捐赠了 10 万元。

6 年，在时间的长河中不过是短暂的一瞬，但对于人生而言，却着实不算短。在芜湖企联这个大家庭里，我结识了许多志同道合的同事和朋友。我们一起工作，一起学习，一起成长，共同度过了许多难忘的时光。这些友谊和经历将成为我人生中最宝贵的财富。

在芜湖企联的 6 年工作，让我深入了解了芜湖市的企业生态。我见证了众多企业的崛起与腾飞，也亲历了一些企业的转型与升级。这些经历让我更加深刻地认识到，芜湖企联在引导企业发展方向上起着不可或缺的作用。它通过组织各类活动、搭建交流平台等方式，为企业提供了宝贵的发展机遇与思路，助力企业更好地适应市场变化、把握发展趋势。同时，在服务企业过程中，芜湖企联始终秉持着贴心、专业的态度，切实解决企业面临的诸多实际问题，无论是政策咨询、资源对接还是协调沟通等方面，都给予了企业强有力的支持，让企业能够在发展的道路上更加顺畅地前行。

　　转眼间,我离开企联已然过去两年半,但那份情感却始终割舍不下。在芜湖企联的工作经历、辛勤付出以及各项工作、项目、活动的成功开展,都为我的人生留下了美好的一页。在此,衷心祝福芜湖企联在今后的发展道路上越走越顺,继续为企业与政府的沟通搭建坚实桥梁,为实体经济的发展贡献更多力量,创造更多辉煌!

第三编　品牌形成 —— 实践赋职能

芜湖市企业联合会的品牌工作犹如一颗璀璨星辰，照亮企业前行之路。它凝聚着多方智慧与力量，在交流协作中破茧而生，于探索实践里砥砺前行。它见证了芜湖企业从单打独斗到携手并进，从本土深耕到放眼世界的伟大跨越。品牌工作行，是理念的传播之旅，是资源的整合之径，更是芜湖企联品牌形象塑造、核心竞争力提升的不朽征程。翻开本篇，一起感受芜湖企联六大品牌工作的形成、发展和创新，体验其如何在实践中悟出职能，在品牌中发挥本质，以更坚实的力量为企业撑起一片蓝天。

3

企业社会责任报告的前世今生

韩卫民

企业社会责任理念的由来

1953年,美国经济学家霍华德·R.鲍恩在其出版的《商人的社会责任》(*Social Responsibilities of the Businessman*)一书中给出了企业社会责任的最初定义,即"商人有义务按照社会所期望的目标和价值,来制定政策、进行决策和采取某些行动。"这个定义正式提出了企业和经营者必须承担社会责任的观点,因此,霍华德·R.鲍恩被称为"企业社会责任之父"。企业社会责任报告(简称CSR报告),就是企业将其履行社会责任的理念、战略、方式方法,其经营活动对经济、环境、社会等领域造成的直接和间接影响、取得的成绩及不足等信息,进行系统的梳理和总结,并向利益相关方进行披露的方式。到20世纪90年代,形成了企业社会责任报告的基本框架,主要涉及企业的组织管理、人权、劳工实践、环境、公平运营、消费者权益、社区参与和发展七个方面的信息。2001年,国际标准化组织(International Standard Organization,ISO)对社会责任国际标准进行了可行性研究和论证,认为适用于私人部门的CSR报告"七个方面"原则,同样适用于公共部门,提出用社会责任(SR)代替CSR,决定开发适用于包括政府在内的所有社会组织的"社会责任"国际标准化组织指南标准,编号为ISO26000,该标准于2010年11月1日正式发布。

CSR 报告的现状及发展趋势

根据瀚森国际CSR机构的研究结果,企业大多以可持续发展报告或环境报告的形式披露其履行社会责任的相关信息。2002年,全球报告倡议组织(GRI)发布了企业可持续发展第二代报告指南,目前,世界上大多数上市公司、跨国企业集团都是以该《报告指南》为参考模板,编写相关报告。

编制CSR报告对我国企业来说是舶来品。我国第一份CSR报告是由壳牌(中国)公司1999年发布的。中国加入世界贸易组织以后,国务院对CSR做出了工作部署,要求在中央企业和大型国有企业率先开展CSR报告工作。2008年,国务院国资委下发《中央企业履行社会责任的指导意见》,要求中央企业健全社会责任管理,主动发布社会责任报告。社会科学文献出版社于2008年出版了《中国企业社会责任2007》,这是首部中国企业社会责任蓝皮书。中国社科院工业经济研究所设立了CSR研究机构。2009年,《中国企业社会责任报告编写指南(CASS-CSR 1.0)》面世。从2008年起,每年都要举行中国企业CSR发布会或CSR高峰论坛,公开发布企业CSR报告。2022年,国资委专门设立社会责任局,明确指出中央企业履行社会责任是与生俱来的使命。通过设立社会责任局,着力强化履行社会责任的重点领域,确保完成与社会责任相关的重点任务,不断提高中央企业履行社会责任的能力和水平。与此同时,中国企业联合会、中国工业经济联合会、中国工商联等行业协会也做出了相应的部署,现已形成国家、省级和市级企联(工经联)联动的工作机制,积极鼓励、引导和组织会员企业发布年度企业 CSR 报告或可持续发展报告。新修订的《公司法》第二十条明确提出"公司要承担社会责任,鼓励发布社会责任报告"。中国上市企业协会会长、中国企业改革与发展研究会长宋志平在《2021'SEG 中国论坛峰会》上提出,好企业的标准就是一要有效益,二要合规,三要承担社会责任。

关于 CSR 报告与 ESG 报告的关系,有学者认为,企业 ESG 报告脱胎于CSR 报告。由于 CSR 报告存在一定的模糊性和主观性、投资者难以量化等方面的不足。ESG 报告则强调企业不仅要关注财务绩效,还要从环境、社会和治理的角度衡量企业价值,使企业履行社会责任的实践和表现可量化、可比较并可持续改善。2004 年,联合国全球契约组织(UNGC)在其报告 *Who Cares Wins* 中首次完整提出了 ESG 概念,ESG 是将环境(Environmental)、社会(Social)、治理(Governance)因素纳入企业投资决策与经营管理之中。分析两者的《编制指南》可以看出,两者在内容上有较多重叠,但报告的侧重点是有所不同,ESG 报告侧重从绿色金融投资的角度对企业履行社会责任和可持续发展进行评价。ESG 投资理念在 2005 年被引入我国。近年来,国资委、财政部、证监会先后对央企、国有企业和上市公司的 ESG 报告做出了明确的规定,2024 年财政部将发布了中国自己的 ESG 评价标准——《企业可持续披露准则 —— 基本准则》。从发展趋势看,中央企业、国有及控股企业和上市公司将更多以 ESG 报告形式披露企业履行社会责任、实现企业可持续发展的信息。

企业社会责任工作的成效

芜湖市是在 2014 年着手开展 CSR 报告工作的。2014 年 7 月,芜湖市政府批复同意由芜湖企联负责芜湖市企业 CSR 报告评选和发布工作。为此,芜湖企联制定了企业 CSR 报告编制与发布工作流程,即"(1)由企业按照《CSR 编制指南》编写企业 CSR 报告;(2)芜湖企联邀请市政府相关部门负责人组成 CSR 报告评审专家组对企业提交的 CSR 报告进行评审,并提出审查意见;(3)企业根据专家审查意见对 CSR 报告进行修改完善;(4)由芜湖企联组织年度企业 CSR 报告发布会,并通过多种途径对企业 CSR 报告进行宣传"。2015 年 12 月,芜湖企联组织芜湖市首场 CSR 报告发布会,市政府分管领导出席会议并讲话,发布会邀请了芜湖企联(市工经联)顾问单位专家、芜湖企联专家咨询委成员和部分芜湖市人大代表市政协委员参会指导。由于《中国企业社会责任报告编写指南》(以下简称《指南》)主要针对国有大型企业的工作情况并参照国际标准编制的,该《指南》内容繁多,指标体系复杂,对大多数中小企业来说不实用。芜湖市不少企业反映按此标准编写 CSR 报告难度大。2017 年,芜湖由市企联与芜湖市标准化研究院合作,编制了《企业社会责任报告编制指南》(T/WHQYL-HH 1—2017)团体标准,该标准将企业 CSR 报告内容集中在"企业的经营责任、环保责任、保障责任、安全责任、参与社会公益事业和国家发展战略"6 个方面,使企业编写 CSR 报告工作简便易行,重点突出。该标准的实施填补了省内空白,得到了安徽省企联和省工经联的高度肯定,兄弟市企联也纷纷到芜湖市学习交流。2022 年,芜湖企联按照"创新、协调、绿色、开放、共享"新发展理念和国家"双碳"发展战略要求,对团体标准进行了修订,在市场监管局和芜湖市标准化研究院支持下,将《企业社会责任报告编制及发布指南》由团体标准上升为地方标准(DB3402/T 27—2022)。这一创新性工作,受到芜湖市企业的欢迎,也使芜湖市 CSR 工作继续走在全省和长三角兄弟城市的前列。

芜湖市已连续九年组织 CSR 报告发布会,参加发布的企业有 48 家,连续 9 次在会上发布 CSR 报告的企业有 2 家,连续 8 次在会上发布 CSR 报告的企业有 3 家,共发布 CSR 报告 158 篇。每年还向安徽省工业经济联合会推荐优秀

CSR 报告参加省级 CSR 报告发布活动。此外,芜湖市有些企业和上市公司,则根据自身需要,自行向社会发布年度 CSR(ESG)报告。比如,奇瑞汽车集团设立了 ESG 专业委员会,由一位集团副总裁专门负责,及时向社会和利益相关方发布奇瑞集团 ESG 发展战略相关信息。三七互娱网络科技集团股份有限公司(上市公司)连续 8 年自行向社会发布 ESG 报告,受到同行和国际评级机构的关注和好评。

目前,芜湖 CSR 报告工作存在的不足是企业参与度不高,主观原因是大多数中小企业对 CSR 报告编制缺乏内在驱动力,客观原因是社会面对 CSR 报告关注度不高所致。下一步工作的重点,进一步扩大对 CSR 或 ESG 报告的宣传和推荐,在政府相关部门的支持和推动下,积极鼓励企业发布 CSR 或 ESG 报告。

集智囊之智慧　诉企业之所求

张　萍

芜湖市企业联合会(以下简称芜湖企联)有一支银发志愿者队伍,20年来,他们的足迹走遍芜湖市(县、区)数百家企业,了解企业情况,倾听企业诉求。他们就是企联的智囊——往日的顾问,今日的专家咨询委员会委员。

芜湖企联创立伊始,一批从市里退下来的长期从事经济工作和分管过企业工作的市级老领导,怀着对芜湖的热爱之心和对芜湖经济工作的关心之情,受聘担任芜湖企联顾问,最初有阮治源、傅祖浩、范长炎等十五位老同志组成企联顾问团,后又有一批从领导岗位退下来的领导加入,有臧国寅、韩卫民等领导,原芜湖企联顾问团更名为芜湖企联专家咨询委员会,由韩卫民同志担任咨询委召集人,这样一批为芜湖市经济发展作出过重要贡献的老领导,他们退休后仍关心和思考着芜湖市的经济发展问题。他们不拿报酬,志愿参加每年的调研活动,用他们多年积累的工作经验和智慧继续为芜湖市经济、社会发展发挥余热。

近二十年来,芜湖企联专家咨询委成员赴企业调研近百余次,调研的主要任务是了解企业的发展状况、存在的困难问题,以及企业和企业家的诉求。围绕着专项主题形成调研报告,报送芜湖市委、市政府及相关部门,到目前已报送了20余篇有价值的专题报告,芜湖市领导对芜湖企联的专题调研报告十分重视，一一给予批示或转有关部门办理。2024 年，芜湖市委书记宁波在芜湖企联提交的《芜湖市企业发布社会责任报告的调研报告》上亲自批示，要求政府和有关部门重视此项工作，这就进一步推进了此项工作的开展。

反映企业诉求是芜湖企联的工作职责，我们的调研工作始终围绕芜湖市委、市政府的中心工作，开展不同主题的调研活动，及时反映企业诉求。

2010 年，在后经济危机时期，企业出现招工难、用工荒、职工队伍不稳定的现象，同时还出现了中小企业融资难、手续繁、担保难的问题。针对这些问题，芜湖企联首席顾问阮治源等几位老领导组成 3 个调研小组，分头对 22 家不同类型的企业进行了 2 周时间的调研活动。调研结束，形成了 3 份针对不同问题的调研报告，由芜湖企联向芜湖市委、市政府提交，及时反映问题并提出了有价值的建议。

为解决企业用工难的问题，老领导们急企业所急，主动为企业服务。他们主动联系学校，带领需要用人的企业负责人，上门拜访安徽工程大学、安徽机电职业学校、芜湖技师学院等院校，主动对接帮助，出谋划策，促成了校企合作，并建立了用人的长效机制，达成了长期的合作意向。

2011 年，芜湖企联对校企联盟情况连续进行了专题调研，为充分利用芜湖市高职院校培训资源，帮助芜湖市企业培养中高级技能人才，缓解企业"用工难"、学生"就业难"问题，并就企业如何能留住技能型人才等问题，在首席顾问阮治源，顾问范长炎等带领下，会同芜湖职业技术学院，邀请了市经信委、人社局、教育局等部门负责人到芜湖技师学院、机电学院等院校、奔赴楚江集团等 8家企业进行走访，通过座谈、问卷等形式，了解芜湖市校企合作办学的现状，找出存在的问题，最后就如何搞好校企合作办学提出了四点建议，形成了专题调研报告，上报芜湖市委、市政府。

2013 年是企业调结构、转型升级发展的重要时期，为及时有效地向政府反映企业诉求,调研组走访了金牛电气、航天特种电缆、兆信炉料等企业,就企业调结构、转型升级相关问题,顾问们从不同角度和一定高度解读资产、技术人才等问题,他们用长期积累的经验对了解到的问题深刻分析,并将通过调研了解的基本情况和企业转型升级的成功经验向芜湖市委、市政府报告。时任分管经济的芜湖市副市长及时作了批示,并给予了很高的评价。

电线电缆产业作为芜湖市经济发展的四大支柱产业之一,在 2015 年实体经济面临转型升级的重要时期,如何引领新常态,做实做强支柱产业,芜湖企联针对无为县电线电缆产业进行深度调研,会同无为县经信委、金融办、科技局和税务局等相关部门的领导共同分析电线电缆产业发展的新形势,探讨进一步发展的思路和政策措施,并对无为县具有代表性的电缆企业:鑫科、太平洋、华宇和新亚特等企业进行走访,经过连续两年的跟踪调研,最终形成了《芜湖市电线电缆产业发展情况调研报告》,为市、县政府决策提供了重要的参考。

近几年,根据经济形势的发展变化和芜湖市经济工作的重点,我们组织了咨询委成员深入县、市、区重点企业进行调研,了解芜湖市支柱产业和重点战略性新兴产业发展等情况,先后走访了楚江高新电材、中电钻石飞机等 30 多家企业,还考察了三只松鼠无为市产业园、繁昌县春谷 3D 打印产业园、镜湖数字经济产业园、湾沚通航产业园、鸠江工业机器人产业园和南陵县快递物流智能装备制造产业园等,召开了多场企业及政府有关部门的座谈会,与一百多位企业家面对面交流,并听取了经信局、各县市区、经开区主管部门的情况介绍,根据收集到的多方面的意见和建议,最终形成了《关于促进芜湖市制造业高质量发展的建议》,提交芜湖市委、市政府及相关部门供参考。

2021 年年初,咨询委主动上门,听取了芜湖市经信局《关于芜湖市优势产业发展规划及五年升级行动计划》和新能源汽车产业发展情况介绍,还实地走访了奇瑞新能源汽车等企业,召开了奇瑞新能源、奇瑞商用车、辛巴科技等企业和区政府有关部门的座谈会，围绕汽车出口、打通智能网联汽车产业链、供应链的通道建设情况进行深入交流，调研小组还专程到奇瑞集团听取智能网联汽车项目研发及产业化情况，对调研了解到的情况进行分析对比，形成《关于芜湖市新能源汽车发展情况调研与建议》的调研报告，提交芜湖市委、市政府。

2022 年，专家组深入鸠江经济开发区、弋江高新区、无为市、市经济开发区、三山经济开发区、南陵县等，对专精特新企业发展情况开展调研工作。专家组的老领导们不辞辛苦深入企业进行走访、座谈，了解企业经营中遇到的困难、问题，与当地政府及相关部门进行沟通交流，提出建议意见，并形成《关于芜湖市部分"专精特新"企业情况的调查》等调研报告。

2024 年年初，专家咨询委员会召开了 2024 年调研工作的启动会，根据习近平总书记指示中提到的："企业家应努力承担社会责任"这一要求，确定了"关于芜湖市企业社会责任报告发布情况的调研"为 2024 年调研主题。专家咨询委员会的委员们走访了楚江集团、华衍水务、公交集团、富春染织、长信科技等将企业社会责任报告工作做得较出色的企业，实地走访、座谈交流，听取他们介绍关于这项工作不断推进、不断创新的好经验以及好的建议，专家咨询委员会将通过调研收集到的信息、意见和建议进行汇总，由韩卫民同志亲自执笔，完成了《关于芜湖市企业社会责任报告发布工作的调研报告（讨论稿）》，与历次调研后一样，专家咨询委员会召开调研工作总结会，会上对已形成的《关于芜湖市企业社会责任报告发布工作的调研报告（讨论稿）》进行讨论，委员们各抒己见，认真讨论，提出各自的看法和建议，经过韩卫民同志的再次"深加工"，最终形成了《关于芜湖市企业社会责任报告发布工作的调研报告》，芜湖企联将报告报送芜湖市委、市政府，由宁波书记亲自批示，并给予了充分肯定，请主要领导阅研并积极引导，同时转发政府相关部门。芜湖市领导的高度重视，极大推进了此项工作的开展。

　　2024 年下半年，为响应党委、政府"加快建设港口型国家物流枢纽，全国性综合交通枢纽城市"的战略决策，引导芜湖市相关企业积极参与到这一发展进程当中来，咨询委赴安徽省港口运营集团、芜湖港、三山港区、海螺港务进行实地走访，并开展座谈交流，听取企业情况介绍，了解企业的诉求。这项调研工作至今仍在进行中。

　　二十年里，芜湖企联专家咨询委员会在企联创会会长程晓苏、专家咨询委员会召集人韩卫民的带领和组织下，根据不同时期、不同的经济工作重点，始终与芜湖市委、市政府同频共振，紧紧围绕芜湖市委、市政府的中心工作开展不同专题的调研。上文提及的调研报告和未提及的调研报告，如《关于企业运行形势的调研报告》《关于企业运行机制存在问题的调研报告》《关于促进我市制造业高质量发展的建议》等，无不渗透着专家咨询委全体志愿者的辛劳与智慧。

　　芜湖企联专家咨询委员会的志愿者们在调研工作中展现出的分析问题的能力、平易近人的态度、无私奉献的精神和认真负责的工作态度，深深打动并感染着我们。

企业家课堂中的企业家精神

李　萍

2019 年,我以一名志愿者的身份进入芜湖市企业联合会(以下简称芜湖企联),参与秘书处的工作,同时承担企业家培训的组织对接工作。五年来,从"创新班"到企业家课堂,我无数次地联系着企业和企业家们,深深地感受到了企业家们执着、好学、追求进取的品质和坚韧不拔的创新精神。我被他们的精神所感动,并激励着我在芜湖卫仕科技有限公司努力进取。

企业家课堂的重要一课是"走进奇瑞",当我接到这个任务时,我就认真地去了解奇瑞集团,了解它的创建和发展历程,联系授课讲师,复制课件讲稿,到生产一线参观……当我在写主持词时,才真正感受到了心潮澎湃。奇瑞集团的一批创业者们怀着"造中国人自己的车"的家国情怀,在三间茅草房里简餐陋食、头脑风暴、自己画图、自行设计,用不到一年时间的努力,就于 1997 年 3 月启动了第一幢 8 万平方米的厂房建设工作。在这初始创业的过程中,他们顶住各方面的阻力和压力,用"初恋般的激情、钢铁般的意志、冰山般的冷静、大海般的胸怀"的精神去造汽车,使我体会到了企业家的战略定力和坚韧不拔的意志精神。

奇瑞汽车的成功依靠的不仅仅是意志和力量,更多的是扎实和创新的技术。技术思维和理工男精神是以尹同跃为代表的企业家精神的另一种表达。

在一段时间里,许多企业为了赚快钱,买零部件组装汽车,没有自己的技术。而奇瑞汽车以走自己的技术为本的路线,第一份投资是研发汽车发动机,从国外引进先进的生产线,做好汽车的心脏。奇瑞汽车忍受了十多年的亏损,不但做出了高质量的整车产品,而且它研发的发动机是中国最好的汽车发动机,引来全球客户的采购。有了这种基础性积累,奇瑞人厚积薄发,从1999年年底第一台车下线,到2023年销售达到210多万辆,出口量占全国第一,这种积健为雄的精神更是创业企业家最重要的精神之一。

当企业家课堂来到海创科技集团时,我被海创人超前的眼光所折服。海创集团是从海螺集团裂变出来的一家科技型企业,它从环保产品的产业桎梏中走出来,服务国家"双碳"战略,改做环保治理产业。它用海螺"走高端路线、做龙头企业"的理念,做环保设备,做新型材料,做生产服务业,每个产业都做到了行业第一方阵。它又用超前布局的算法,敏锐地感悟到电动汽车的后时代,认识到锂电池的处理将是环保行业的攻坚任务,他们攻克了世界性的技术难题,运用水泥窑炉控温技术,对锂电池进行了梯次利用和再生利用,变废为宝。海创集团的环保产业在全国20多个省市开设了工厂。这种提前排兵布阵的智慧就是企业家的创新精神。

海螺创业以郭景彬为代表的企业家对产业和资本游刃有余地进行了有机运作,使企业越做越聚集,越做越大。海螺集团有3家上市公司,都是芜湖市首次在香港和国内上市的企业,开创了芜湖市企业上市融资的先河。在我主持"走进海创"的课堂活动时,又一次被他们的敢为人先的进取精神所打动。

2023年12月,中央经济工作会议提出打造生物制造、商业航天、低空经济等若干战略性新兴产业。我们的企业家课堂于2024年4月就走进了低空经济,走进了湾沚区,原计划限额100人的课堂,结果近200人报名了,这给我们的筹备工作带来了甜蜜的烦恼。同时也充分反映了企业家对新型产业知识学习追求的精神。在航空产业园,我们参观了展览馆、钻石飞机的生产车间,以及已试飞的 4 座、6 座小型飞机和其核心件发动机生产线,使我们感受到芜湖的低空飞行器产业在研发、生产、应用方面的能力已具备了一定的规模,形成了大飞机看上海、小飞机看芜湖的产业发展格局。由此,芜湖的领导和企业家们这种无中生有的创造精神,让大家敬佩的心情油然而生。

航空产业园的主任和钻石飞机的领导在企业家课堂给我们做了精彩的分享。他们介绍了低空经济的现实空间、宏观政策、未来发展趋势和我们的机遇。使参加企业家课堂的企业家们都为之振奋,大家充分认识到这将是芜湖市经济发展的一个新增长极,更是新质生产力的爆发式增长点。所有企业家都感到了这里的无限商机。

每次企业家课堂都是一次头脑风暴,是茅塞顿开的开悟,是知识前沿的一次亲身体验,所以企业家课堂深受企业家们的欢迎。企业家课堂不仅成为芜湖企业界一张靓丽的名片,也成为芜湖企联的一项重要的品牌工作。

企业家课堂的形成是由企业培训工作积淀而成。企业家培训经历了企业家大讲堂、北大、复旦的 EMBA 的学业培训、创新班移动课堂、海外(日本)研学和办技工学校等各个阶段的探索而形成的一项品牌工作。作为芜湖企联品牌的企业家课堂,目前已举办了 6 期(包括 2024 年的日本研学),我们还会继续办下去,办成芜湖市企业家在课堂里能第一时间了解知识前沿、产业前沿和企业管理最先进经验的分享平台。

在企业家课堂里,我们见证了企业家精神,同时在这个课堂里,这种精神也将传播给更多的企业家。在发现和弘扬这些精神的过程中,我也被熏陶着。它也激励着我们要站在更高的基点上,用更开阔的视野,用更真诚的服务,把企业家课堂办得更好,让芜湖的企业家们和他们的企业走得更远,直至走向世界。

组织建设是发展的新引擎

蔡文鑫

在芜湖这座充满活力与机遇的城市,芜湖市企业联合会(以下简称芜湖企联)正掀起一场推动经济发展与企业协作的热潮。在这片土地上,企业如繁星般闪耀,它们是城市经济发展的璀璨星辰。而芜湖企联如同一颗璀璨的明珠,闪耀在经济发展的星空:秘书处恰似那坚实而精巧的桥梁,承载着无数的希望与力量,默默编织着企业发展的锦绣画卷;区工作站恰似那串联起繁星的丝线,编织着一张紧密且充满生机的发展之网。它们宛如一座坚实的桥梁,连接着企业与政府、企业与企业,为区域经济的繁荣发展注入源源不断的动力。

秘书处作为芜湖企联的执行机构,负责日常工作的开展,其建设水平直接关系到企业联合会的整体效能。完善的秘书处建设能够更好地服务企业,为芜湖经济发展注入强大动力。

秘书处核心职能

芜湖企联秘书处设秘书长 1 人,副秘书长 3 人,下设三个驻会部门:办公室、会员部和雇主部。主要职能如下。

　　组织运营。秘书处承担芜湖企联日常运营管理工作,包括会议组织、活动策划、文件管理和经费运用等。组织各类企业家大会、论坛、行业研讨会、企业考察走访、企业培训及联谊等活动,增进企业之间的了解与合作。

　　信息服务。收集、整理和发布企业和行业相关信息。建立信息平台,为企业提供相关内容,帮助企业掌握有效信息。

　　沟通协调。秘书处是企业与政府之间的重要纽带。它负责将政府的政策法规、发展规划等信息精准传达给企业,确保企业在政策指引下开展经营活动。同时,收集企业的意见和诉求反馈给政府部门,使政策制定更贴合企业实际。

秘书处人员队伍建设

　　芜湖企联在城市经济发展中扮演着关键角色,而秘书处的人员建设则是重中之重。

　　能力要求。秘书处工作人员应具备相应的沟通能力、组织能力和学习能力。能与政府、企业等不同群体进行有效沟通,还对各项活动的组织高效到位。同时,不断学习新的知识,为企业提供专业服务。

　　人员素质。加强党建学习,定期进行党课培训,提高人员政治觉悟和思想认识,提升员工工作水平和综合素质。

秘书处制度建设

　　制度是一个组织的核心,完善的制度建设则是发挥作用的关键保障。

　　规章制度健全。秘书处最核心的规章就是《章程》,其余各项制度也健全到位,包含《财务管理制度》《档案管理制度》《会员管理制度》《会费收缴制度》《会务管理制度》《印章管理制度》《车辆管理制度》《部门岗位职责》等。

工作流程规范。秘书处有一套完善的工作流程,涵盖文件收发、会议组织、活动筹备和会员服务等各个环节。每周召开一次工作例会,明确每个工作环节的责任人和时间节点,确保工作高效有序开展;每年召开至少两次理事会,汇报全年的工作计划和完成情况,确保各项工作规范开展。

考核与激励机制。建立科学的考核机制,对工作人员的工作业绩、工作态度、团队协作等方面进行定期考核。设立相应的激励机制,对表现优秀的员工给予表扬和奖励,激发员工的工作积极性和创造性。

秘书处资源整合与利用

资源整合与利用是推动经济发展的关键动力,秘书处在这一方面发挥着至关重要的作用。

内部资源整合。充分利用芜湖市企业联合会会员企业的资源,促进企业之间在技术研发、市场拓展、资金融通等领域的合作,实现资源共享和优势互补。

外部资源拓展。加强与政府部门、高校、研学机构和金融机构等外部单位的合作。与政府部门合作,争取更多政策支持;与高校和研学机构开展产学研培训,为企业提供技术创新;与金融机构开展活动,为企业解决融资难题。

秘书处信息化建设

在当今数字化时代,信息化建设对于芜湖企联有着至关重要的意义。

信息系统搭建。建立秘书处专属的信息化管理系统,包括会员管理系统(电子档案)、信息发布和活动管理系统(微信群、网站)等。会员管理实现会员信息的快速查询、更新;信息发布确保信息的及时准确;活动管理用于活动的在线报名、议程安排、现场签到等。

数字化服务拓展。利用大数据、人工智能等技术,为企业提供更精准的信息服务。

芜湖企联秘书处建设是一项长期而复杂的工程,需要从职能发挥、人员建设、制度完善、资源整合和信息化建设等多方面入手。通过持续努力,提升秘书处的服务能力和管理水平,更好地服务于芜湖企联的会员企业,推动芜湖市企业的高质量发展和区域经济的繁荣。

芜湖企联的区工作站作为秘书处的分支机构,如同一个个紧密交织的节点,连接着企业与政府、企业与企业,为城市经济发展注入强劲动力。

工作站建设的目标与规划

目标明确。芜湖企联区工作站建设的首要目标是打造成为各区企业服务的综合性平台,为企业提供服务,成为企业间合作的红娘。另一个重要目标是加强各区企业与各区政府的沟通,及时反馈企业的诉求和问题,形成政府与企业之间的良性互动。

区域规划。现今,芜湖企联已经成立了八个区工作站,涵盖芜湖市所有区域:镜湖区、弋江区、鸠江区、繁昌区、湾沚区、经济开发区、三山经济开发和江北新区。这八个区工作站严格按照企联区工作站管理办法开展工作,作为各区企业的平台,搭建好桥梁,联系好纽带,提供好服务。

工作站的服务内容与运营模式

多元化服务内容。不定期与区政府部门召开会议,及时为企业提供政策服务,提高企业获得政策支持的成功率;走访各区其他优秀企业,为企业搭建技术创新服务平台,促进企业技术合作。

灵活的运营模式。区政府在政策支持、资金扶持等方面发挥引导作用,保障各区工作站的建设和发展方向。企业作为区工作站的主要服务对象和参与者,通过缴纳会费、参与项目合作等方式支持区工作站的运营。

工作站建设的成效与展望

阶段性成效。自芜湖企联区工作站建设以来,已经取得了显著的成效。八个区工作站在服务企业、促进合作、技术创新等方面都发挥了各自的平台作用,通过开展一系列的活动,帮助企业在各自的产业领域稳中求进,加快发展,提升质量,优化创新。

在服务企业数量方面,越来越多的企业加入区工作站的服务体系中,涵盖了芜湖市各个主要产业领域:汽车零部件制造、电子信息、材料等。

在企业合作方面,各区工作站成功促成了多家企业间的合作,提高了企业的产品质量和市场竞争力。

在技术创新方面,各区工作站推动企业与其他机构的合作,创新产品,提升了企业在市场中的竞争力。

未来展望。展望未来,芜湖企联区工作站将继续深化服务内容,拓展服务领域,加强交流与合作,借鉴先进经验,为芜湖企业搭建更广阔的发展平台。

尤其在数字化转型方面,各区工作站将加大信息化建设力度,利用大数据、人工智能等新技术,为企业提供更加精准、高效的服务。

总之,芜湖市企业联合会区工作站建设是一项具有深远意义的工程,它将在未来的发展中持续为芜湖的企业发展和区域经济繁荣创造更多的价值。

三方四家协商机制是立会之本

陈学华

企业联合会是企业代表组织,是代表企业的组织,是维护企业家(雇主)权益的合法代表。中国企业联合会的前身为1979年3月成立的中国企业管理协会。1999年4月,经国务院领导同意,国家经贸委审批,更名为中国企业联合会。之后,各省市的企联组织在国家要求和当地党委政府的关心支持下相继建立。

2005年6月16日,芜湖市企业联合会(以下简称芜湖企联)正式宣告成立,时任政府分管领导程晓苏担任第一届会长。自此,芜湖企联作为新时代企业的代表组织,积极承担起企业代表组织的使命担当,发挥社团组织的工作职能,参加协调劳动关系三方协商机制,与人社部门(政府代表组织)、工会(职工代表组织)组成协商会议,共同构建芜湖市和谐劳动关系,开启履职历程。

三方协商机制的起源

三方协商机制是企联的立会之本。那么什么是三方协商机制?首先说说三方协商机制的起源。它起源于19世纪末和20世纪初的西方市场经济国家普遍采用的协调处理劳动关系问题的一项基本机制。根据国际劳工组织 1976 年 144 号《三方协商促进履行国际劳工标准公约》规定,三方机制是指政府(通常以劳动部门为代表)、雇主和工人之间,就制订和实施经济与社会政策而进行的所有交往和活动,即由政府、雇主组织和工会通过一定的组织机构和运作机制共同处理所有涉及劳动关系的问题。协调劳动关系三方机制是国际通行的,发挥政府、工会和企业代表组织作用,共同研究解决劳动关系重大问题的组织体制和运行机制。

我国三方协商机制的历史

我国协调劳动关系三方机制是在改革开放后逐步建立和发展起来的,由政府劳动行政部门、雇主(企业)组织和工人组织三方代表,按照一定的制度、规则和程序,在协调劳动关系方面形成组织体系和运作。1990 年,全国人大常委会批准实施国际劳工组织 144 号《三方协商促进履行国际劳工标准公约》,该公约要求各成员国承诺采取各种措施,促进政府、工会和雇主组织就劳动关系问题进行有效协商。

2001 年 8 月,原劳动和社会保障部、全国总工会、中国企业联合会在北京召开了第一次国家级三方会议暨国家三方会议成立大会,通过了《国家协调劳动关系三方会议制度》,标志着国家层面三方机制的正式建立。

目前,我国协调劳动关系三方建立了定期会议制度,每年召开三次国家层面的三方例会,协调劳动关系中的重大问题。每两年召开一次全国性三方机制工作会议,研究部署全国三方机制工作,并设立了常设办公室。三方协商机制建立 20 多年来,有效稳定了企业劳动关系,充分发挥了维护经济发展和社会稳定方面的独特作用。

"三方"变"三方四家"

2011 年是一个重要年份。这一年的 8 月召开了改革开放以来第一次全国性研究部署构建和谐劳动关系工作的重要会议，会议明确要求健全三方机制。与此同时，国家三方会议于 7 月召开第十六次会议，吸纳全国工商业联合会为成员，与中国企联共同作为企业方代表，由此形成了"三方四家"工作格局。在国家三方会议的示范带动下，各地的三方会议纷纷将工商联吸纳为成员，"三方"正式演变为"三方四家"。

2015 年，《中共中央、国务院关于构建和谐劳动关系的意见》进一步明确了企业联合会作为企业代表组织在构建和谐劳动关系中的地位和职责。文件明确要求加强和创新三方机制组织建设，建立健全协调劳动关系三方委员会，由同级政府领导担任委员会主任。以此为依据，全国 20 多个省（自治区、直辖市）建立了协调劳动关系三方委员会，由省级政府副职领导担任主任，成员一般由省级人社厅、总工会、企联、工商联等单位副职领导组成。到 2017 年 9 月底，全国共有各级三方机制 22 185 家，其中县级三方机制 2 564 家，街道（乡镇）和工业园区三方机制 15 282 家。

芜湖市三方四家协商机制的运行

三方协商机制在芜湖市实施得比较早，早在 2001 年就开始推行，时任政府分管领导程晓苏担任协商委员会主任，办公室设在芜湖市劳动局，每年召开 4 次协商会议。

在芜湖企联未成立之前，工商联代表雇主（企业）方参加协商会议。芜湖企联成立以后,雇主(企业)方由企联和工商联共同代表。为了加强沟通协调,三方四家工作会议每年定期召开,通过会议的形式及时共同探讨、分析、解决调解工作中遇到的问题。自 2015 年开始,三方四家工作会议改为每年两次,四家轮值主持。截至 2024 年,芜湖市协调劳动关系三方四家会议已召开了 66 次,每半年召开一次会议,每次会议设一个主议题,不管领导如何变动,这个会议机制都一直在运行。

三方四家协商机制是在新时代下探索多元化解决劳动争议调解新途径、新模式的缩影。"三方四家"既紧密合作,又发挥各自职能,在维护劳动关系稳定、社会稳定方面发挥各自不可替代的重要作用。作为三方机制成员中的重要一方,在 20 年的履职历程里,芜湖企联在维护企业和企业家权益、反映企业诉求、构建和谐劳动关系等方面取得了一些工作成效。未来,我们还将继续秉承"维权、自律、服务"的宗旨,积极践行新时代社团组织的光荣使命,共建和谐劳动关系新局面,共创和谐发展新篇章。

竞争赛马　榜单有名

高　峰

企业榜单的意义

1955 年,《财富》杂志创立了"美国 500 强"(FORTUNE 500)排行榜,根据各公司 1954 年的总收入,对美国最大的 500 家工业企业进行了排名。第一份榜单的发布在当时获得了轰动性的成功,进而促成了一份类似的国际企业排行榜的出炉。第一份国际企业排行榜刊登于《财富》杂志 1957 年的 7 月刊上。这份榜单叫做"美国之外的 100 家最大的工业企业"。它受到了广泛的好评,该榜单在 20 世纪 60 年代扩充至 200 家公司,并在 70 年代初期增加至 300 家。在 1990 年的 7 月,《财富》杂志首次刊登了包含美国企业在内的"全球工业企业 500 强排行榜"。第二年,《财富》杂志又推出了包含美国企业在内的"全球服务企业 500 强排行榜"。1995 年,同时涵盖了工业企业和服务性企业的《财富》杂志世界 500 强排行榜首次亮相,一直延续至今。

《财富》杂志"世界 500 强"自问世以来,每年榜单的发布,都会成为全球经济界的热门话题。这份榜单的制作依据并不复杂,它以营业收入对全世界的大企业进行排序。公司的营业收入越高,在榜单上的排名就越靠前。这种排名方式看似简单粗暴,其实很合乎商业逻辑,也非常抓人眼球。因此,世界各地的企业都以登上该榜为荣,能进入世界500强就是企业对外的一块金字招牌。谙熟商业的人都知道,相对于利润和市值这些指标,一家企业的营业收入最能体现它的市场地位。企业的收入规模越大,市场地位也就越高。

对于企业来说,企业排序是对过去一整年自身业绩的评价,排名的高低很大程度上可以直接反映企业实力、行业地位以及社会影响力,有助于企业了解自己的行业位置并和领先自己的同行进行比较,明确自身企业的优势与不足,进而为企业发展战略调整提供参考依据。同时,企业排序在一定程度上可以激发企业的竞争意识,促使企业不断创新、提高效率、提升管理水平,有利于整个行业的进步与健康发展。

从投资者的角度来看,企业排序有助于他们筛选更优质的投资目标。排名高的企业通常具有更好的经营业绩、较强的竞争力和较大的发展潜力,这能帮助投资者降低投资风险,为其提供有价值的参考。

对于区域性的排序榜单,每年一度的企业排序也是反映区域经济的一张成绩单和产业健康表。一个城市,一个省份的产业结构是否完整,产业门类是否齐全,哪些行业正在欣欣向荣,不断成长,孕育新的经济增长动能;哪些行业正日渐式微,已成"昨日黄花",这些都可以反映在排序榜单之中。对不同行业的企业进行梳理排名,有助于地方政府了解企业的发展近况,为地区产业的进一步优化升级,探索新的发展路径提供参考依据。

行业骄子　鸠地争雄

世界性的企业需要在群英荟萃的全球榜单中追求自己的"座次",地区性的企业也同样需要一份能展现自身实力的"段位表"。2007 年,芜湖企联着手对辖内企业开展排序工作,直至今日,已经步入了第 18 个年头,那一年,也是中国企业开始在国际舞台崭露头角的一年,当年有 30 家中国企业登上《财富》杂志世界 500 强榜单。

综观芜湖的城市发展史,自清末以来,芜湖人对工业的探索从未停止过,很多芜湖人自力更生发展工业的故事都在历史上留下过浓墨重彩的一笔,如明远电厂、裕中纱厂、益新面粉厂等,这些响亮的名字都给这座城市留下了深刻的工业记忆。改革开放以来,芜湖更是将发展制造业作为立市之本,强市之要。

芜湖企联的排序工作就是从对工业企业的排序开始的,2007 年,为响应芜湖市委、市政府"工业强市"战略,助力工业经济又好又快发展,芜湖企联在市委、市政府的支持下,对芜湖市域内的工业企业按 2006 年的营业收入规模从高到低进行排序,排序工作得到了经信、统计、国税和地税等多部门的大力协助,组织多方专家评估审核后,最终形成了"2006 年度芜湖市工业 50 强"榜单。在当年的这张榜单里,可以看到很多至今依旧活跃在芜湖市工业建设前线的企业,像奇瑞汽车、海螺水泥、鑫科新材料、鑫龙电器等,经过十几年的发展已经成为各自行业内的佼佼者和领头羊,甚至扬帆出海,成为享誉海外的品牌,迈进世界 500 强的序列。

随着产业格局的调整和芜湖市工业经济的不断发展壮大,芜湖市制造业的门类也随之拓展,为了适应这一发展变化,芜湖企联在 2013 年将原来的"50 强"增加到了"100 强",近年来,一些"新面孔"也出现在了百强榜单之中,像以无为市弗迪电池为代表的新能源汽车电池产业,以芜湖长信科技为代表的新型显示器件产业,以信义光伏为代表的可再生能源产业,这些新登榜单的年轻面孔,不仅是当今工业科技进步的代表,也是芜湖城市产业升级、推进"新质生产力"迈向新台阶的生动印证。

面向未来   不断擦亮企联品牌

芜湖企联的排序榜单历经十几年的不断打磨,逐渐形成了涵盖工业、农业、商贸业、建筑开发、交通运输和文旅业 6 大板块的企业排序榜单。我们依据国际通行的世界 500 强排序标准,在每年的 6 月份对芜湖市辖内 6 大行业的企业上年度的经营业绩进行评估排序,并在 7 月初召开的全市企业家大会上发布排序榜单。这一工作如今已经常态化,发展成为芜湖企联的工作品牌之一。

一直以来,每一年度的企业排序榜单的发布都牵动着企业家们的心。能在自己所在行业的榜单上更进一位,是一件能让企业经营者和员工都备感欣慰和自豪的喜事,在一定程度上也唤起了企业家的竞争意识和创业的激情。处在成长期的企业能进入榜单,行业的老大哥能"稳坐钓鱼台"每年保持位次不变,这是最能反映上一年度企业成绩的直观体现。长期以来,芜湖企联发布的企业排序榜单见证着芜湖企业发展的风雨历程,既有树大根深、风采不减当年常年霸榜的行业老大哥,也有初出茅庐、锐意进取的年轻后生。既有时代风云蝶变、令人惋惜的落幕英雄,也有柳暗花明、重振雄风的传奇礼赞。

18 年来,芜湖企联发布的企业排序榜单始终同城市发展同频共振,也见证着江城芜湖城市地位跃升的时代历程。奇瑞欣欣向荣,领跑全省;海螺绿色转型,老树开花。每张榜单都是一幅幅企业艰苦创业、辛勤耕耘而今收获累累硕果的生动画卷。

今天,站在全力建设省域副中心城市的伟大历史节点上,江城芜湖正展现千帆竞渡,百舸争流,意气风发的城市时代风貌。芜湖企联将继续做好芜湖企业发展的"记录员",我们也相信,芜湖企业排序榜单这张"英雄榜"也定会在新的时期不断焕发新的容光。

企业家活动日魅力无限

张　萍

　　芜湖市企业联合会(以下简称芜湖企联)是"企业之家""企业家之家",芜湖企联开展哪些活动能够使企业家们有家的感觉呢? 这是芜湖企联一直思考的问题,"企业家活动日"一出现就受到企业家们的欢迎。每年的活动从内容到形式都有不同的创新,既有"走出去",又有"请进来";既有培训、论坛、参观、交流,也有沙龙、联谊、体育运动等,真可谓是形式多样,丰富多彩,魅力无限。

　　"企业家活动日"在芜湖企联成立 20 年来已形成知名品牌。每年我们都要举办 2 到 3 次,通过组织企业家参观考察,相互交流,拓宽了企业家们的视野,增进了企业家们的相互了解和企业家之间的友情,深受企业家们的欢迎。

　　2007 年,我们举办了"徽商文化研讨"企业家活动日联谊活动,时任芜湖企联会长的程晓苏在活动中作了"弘扬徽商文化,打造芜湖名片——徽商之都、铜都摇篮、奇瑞都城"的主题发言,赢得企业家们的热烈赞誉和强烈共鸣。

　　在 2008 年面临全球经济危机的情形下,怎样激发企业家的创业热情,芜湖企联开展了"走进奇瑞,感悟春天"的企业家活动日活动,让企业家们看到了奇瑞汽车产销两旺的大好局面,使企业家们深受鼓舞。

　　2008 年 5 月,四川省汶川县发生了 8 级大地震,我们组织企业家开展了主题为"众志成城援汶川"的企业家活动日活动,发动会员企业捐款捐物,在第一时间向汶川受灾的父老乡亲送去一份温暖。据不完全统计,芜湖企联会员企业共向四川受灾地区捐款 3 000 余万元,组织企业家和企业的员工们为灾区人民献血,有 1 000 多名志愿者报名,预约献血,随时准备献出爱心。

2010 年中秋前夕,芜湖企联举办了一期"赏明月 迎中秋"企业家活动日活动,参加的在芜投资的外地企业家和本地企业家齐聚一堂,欢声笑语,他们作诗作画,抒发豪情,活动给他们留下了美好的回忆。

2013 年 9 月,芜湖企联牵头,会同市发改委、金融办举办的"银企交流互动会"企业家活动日,有 150 多名企业家参加,活动形式丰富多样,参观调研、政策解读、产品介绍等,通过政府搭建平台,激励和引导商业银行为中小企业提供服务,使中小企业能直接与银行对接,获得金融支持。企业家们了解了货币信贷政策、金融服务产品等方面的知识,实现银企合作共赢的活动目的。

根据国家"一带一路"倡议,芜湖企联和安徽省国际徽商交流协会共同举办了"徽商陇上行"企业家活动日活动。时任芜湖企联会长程晓苏率十多位企业家赴甘肃省庆阳市、平凉市和兰州新区,重点围绕文化产业、农产品开发、高端服务业等产业,进行实地考察和交流。

2014 年,面对传统产业的产能过剩,芜湖企联创新了活动的内容和方式,举办了两次"企业家沙龙"活动,时任芜湖市市长潘朝晖亲自带领芜湖市政府部门和各区县主要领导参加活动。通过"企业家沙龙"搭建的平台,提供了企业家和市领导、政府部门面对面交流沟通的机会,企业家反映的一些难题,通过直接沟通,在政府部门的多次协调下,最终得以解决。

二十年里,"企业家活动日"活动走遍了芜湖各市、县、区,并走进上海、北京、浙江、河南等省市。

2019 年,开展了"坚守实业 转型发展"和"南陵赏秋"为主题的活动日,引导和鼓励企业家们不忘初心,扎根实业的信心,同时欣赏南陵县美好乡村建设成果,让企业家品赏秋色之美,放松愉悦心情。

2021年,"企业家活动日——走进湾沚"活动,企业家们参观了德力西电气自动化车间、航空小镇、芜宣机场,亲身感受湾沚区的快速发展。2021年,我们还组织了企业家赴山东省青岛市海尔集团开展了"企业家活动日"活动,通过参观海尔文化展厅、生活展厅、海尔智能研究院,企业家们近距离体验了工业互联网平台的应用功能,拓展了企业家们的创新思维,进一步促进了企业数字化转型。

2022年6月,芜湖企联组织了30多位企业家赴芜湖市经济技术开发区开展"企业家活动日"活动,参观了奇瑞汽车智能网联超级工厂、信义光能控股有限公司等现代智能企业的头部工厂,11月,组织企业家走进南陵县,参观芜湖金牛电气股份有限公司、国邮快递物流智能装备(南陵)产业技术研究院、顺荣汽车零部件有限公司等新型产业,让企业家们切身感受到南陵县数字经济和新兴产业的发展活力及发展前景。

芜湖企联不断创新活动的形式和内容,于2019年和2024年分别组织二十多名企业家赴日本开展"中日企业管理文化交流——企业家活动日之旅""精益制造　创新发展"企业家活动日活动,企业家们参观了京瓷、丰田、三菱和欧姆龙等具有代表性的百年企业、"世界五百强"企业,学习先进的经营管理理念和方法,拓宽了企业家们的思路和国际视野。

自2009年我们首次开展"企业家活动日"以来,组织企业家活动40余次,包括组织企业家赴长三角、沿海发达地区参观学习,组织企业家赴高等院校学习,提升他们的水平和能力。

企业家赴本地企业参观考察,让他们了解芜湖社会经济的发展情况,"企业家活动日"的开展,开阔了他们的视野,拓宽了工作思路,提高了思想水平和经营管理能力,活动受到了企业家们的一致好评。

为了让企业家在繁忙的工作之余身体得到锻炼,心情得到放松,我们在企业家活动日中又增加了企业家运动会。

2006 年,我们开展了"迎奥运·移动杯"乒乓球比赛,企业报名非常踊跃,积极参与,我们共组织了 50 支参赛队伍、300 余人参加。

2007 年,我们会同市容局、体育局、乒乓球协会,联合举办了"市容杯·乒乓球精英赛",会员单位中有 12 支球队,120 余人参赛。

2015 年,企联首次举办"企业家运动会",首届运动会的每项比赛竞争都非常激烈,历时近一个月,棋牌、乒乓球、羽毛球,三项赛事角逐出冠、亚军。运动会吸引了来自芜湖企联 300 多家会员单位、500 多名企业家和企业代表参与,在轮值会长华星集团、芜湖电信等单位的大力支持下,首届运动会得到良好的社会反响。

第三届企业家运动会,我们分析采纳了企业家对赛事的意见和需求后,采用综合性运动会的形式,在联盛广场体育馆内举行了运动会开幕式,参赛人数达 400 多人。

2023 年,第九届"企业家运动会",我们又创新了方法,掼蛋、乒乓球比赛分别由会员企业冠名承办,运动会羽毛球比赛由芜湖企联弋江区工作站独立承办。每场比赛井然有序,精彩纷呈,收到了良好的效果。

丰富多彩的"企业家活动日"活动,让企业家们拓宽了视野,增长了新的知识点,学到了先进的思想理念。同时又增强了企业家间的友谊,他们在交流中相互得到启发,碰撞出思想的火花。

"企业家活动日"以它独特的魅力,吸引并影响着越来越多的企业家!

激励成就企业家事业

陈学华

　　企业是城市的脊梁,企业家是企业的领头羊。企业和企业家都是社会的宝贵财富。一个城市没有企业就没有产业,有了企业必须培育优秀的企业家。企业家是企业的灵魂,企业家在产业发展过程当中有特殊的作用,形象地讲,是"1和0"的关系。"0"是发展产业、发展企业的各要素,如土地、厂房、技术和设备,但如果没有企业家,这些要素统统等于"0"。在产业发展中,企业家是关键。企业家相对于经济发展的其他资源来说,是最重要、最稀缺的。

　　改革开放至今,企业家在社会经济发展中发挥着无可替代的作用,他们创造了大量的社会财富,推动着经济和社会不断向前发展。芜湖市企业联合会(以下简称芜湖企联)在 20 年的履职历程中,始终把激发企业家的创业热情放在重中之重的位置。

大会表彰　弘扬优秀企业家精神

　　2008 年是改革开放 30 周年,为了纪念这一具有里程碑意义的时代,芜湖企联推选出有突出贡献的 30 位企业家,为他们颁发了功勋纪念章。时任芜湖市委书记出席大会,亲自颁发纪念章,并喊出了"在和平时代,企业家是最可爱的人",震动了全市！在当时全球经济危机的情况下,让企业家们受到极大的鼓舞。

2019年元月3日,华邑酒店三楼会场内气氛欢快热烈,来自全市各个行业领域的百名优秀企业家齐聚一堂。这是芜湖企联为纪念改革开放40周年组织开展的100名优秀企业家的表彰大会现场,会场内百名优秀企业家整齐就座,身披红色绶带,喜气洋洋接受表彰。时任芜湖市委书记在表彰大会上又一次强调了民营企业家是自己人、家里人,使企业家们有了亲近感。

这100位受表彰的优秀企业家都是在芜湖改革开放各个历史时期分别作出过突出贡献的企业创始人和管理者,他们以坚定不移的韧劲和永不停息的创新精神,为芜湖市社会和经济的发展作出了卓越的贡献,他们的业绩让芜湖走在了时代的前列,他们都是芜湖市经济、社会发展的功臣,是时代的弄潮儿！

与时俱进　持续开展"双优"评选表彰

2018年12月,《芜湖市委、芜湖市人民政府关于大力支持民营经济发展的实施意见》(芜市发〔2018〕37号)文件中明确提出,由芜湖企联每年在芜湖市民营企业中评选和表彰20家优秀企业和20名优秀企业家。芜湖企联的目标和任务得到进一步彰显,自此以后,"双优"评选和表彰工作成为芜湖企联又一项颇具社会影响力的品牌活动。

自2019年开始,芜湖企联在全市民营企业中连续开展"双优"评选表彰工作。旨在鼓励和支持民营企业发展,激励民营企业家创业。2020年,由于疫情防控未进行评选,于是在2021年合并评选表彰。截至2024年末,共开展了五届"双优"评选和表彰工作,累计表扬了100家优秀民营企业和100位优秀民营企业家,在全市范围内促进形成了尊重和支持企业和企业家的良好社会氛围。

"双优"评选表彰工作是芜湖市委、市政府授予芜湖企联的工作任务,芜湖企联十分重视。每年的评选工作坚持公开、公平、公正的原则,采取自下而上、逐级推荐、好中选优的办法进行。在评选过程中,我们加强宣传工作,积极营造重视民营企业和企业家的社会导向。同时积极扩大企业和企业家的受奖度,特别注重创新型、成长型民营企业。通过评选和表彰相关工作的开展,进一步弘扬和激发优秀企业家精神,发挥优秀企业示范作用,优化民营经济发展环境,提振民营企业发展信心。

不忘初心　激励企业和企业家成就更高事业

芜湖企联在 20 年的发展历程中,始终秉承为企业和企业家服务的初心,通过开展"双优"评选表彰、企业家课堂、企业家活动日等一系列品牌活动,在服务地方经济建设大局、促进企业转型发展、推动企业家队伍成长等方面做了大量工作,发挥了积极的作用,取得了初步成效。

如今,站在新的起点,新时代向我们提出了新的任务和要求,在通向未来的赛道上,芜湖企联将一如既往地坚持以习近平的新时代中国特色社会主义思想为指引,认真贯彻落实党的二十大精神,秉承为企业和企业家服务的宗旨,继续发挥社团组织的桥梁纽带作用,激励企业和企业家干事创业的决心、创新发展的信心。相信未来一定会有更多企业和企业家不断完成自我的转型和创新,继续成为下一个阶段经济发展的重要组成部分,为芜湖市的经济和社会高质量的发展贡献力量。

用二十年的时间认真做好一件善事

靳　艳

芜湖市企业联合会 20 年步履铿锵的发展历程,正是芜湖改革、开放、创新波澜壮阔的 20 年。在伴随着城市经济快速发展、把企业做大做强的同时,芜湖企业家本着主动关心社会、回报乡梓的企业家精神,已经成为城市文化精神的重要组成部分。其中,由芜湖市企业联合会发起成立、运行至今的芜湖市牵手基金会是浓墨重彩的一笔。牵手助学二十载,微光如炬,情暖江城。

缘起,以爱心的名义出发

芜湖市牵手扶困助学基金会,觉醒于 2004 年,成立于 2005 年。

2005 年的芜湖,正是工业经济加速发展的时期,芜湖大部分国有企业改制基本完成,民营企业如雨后春笋般快速成长,一批在芜湖诞生或者在芜湖壮大、将引领行业的明星企业,彼时已经有了一定的规模。当时媒体上大量报道了许多贫困家庭的孩子因贫困上不了学或考上了好大学,因没钱上不了学的新闻,这引起了很多芜湖企业家的关注,他们想为改变这一社会状况尽一份力。虽然当时芜湖市企业联合会还没有成立,但企业家们的时代心声却激荡出了阵阵涟漪。

随着芜湖市企业联合会筹备工作的启动，在全市的整体统筹安排下，一系列工作相继展开：芜湖市企业联合会正式成立，随后不久，芜湖市牵手扶困助学基金会也宣告成立。该基金会由奇瑞汽车、浦发银行、楚江集团、鑫龙电器和张恒春药业等 17 家企业共同发起，引起了强烈反响。在基金会成立大会上，现场就收到了 166 万余元的捐助。

芜湖扶困助学基金会得以破土而出，既有刚刚成立的芜湖市企业联合会的首倡之功，也是芜湖优秀企业家的共同追求。"牵手"有着美好的寓意，即用企业家的大手牵起学生的小手，共同前行。芜湖扶困助学基金会的口号是："不能让成才的学生因家庭困难而失去成才的机会。"回望 20 年前，芜湖扶困助学基金会的成立确是一大创举，展现了芜湖企业家敢为人先、热心公益的美好品质。即使在今天，由社团组织发起成立以助学为使命的基金会，在全省也仍是唯一一个，在长三角地区并不多见。

蓬勃，用心呵护每一位学子

芜湖牵手扶困助学基金会的助学金主要来自芜湖企联的会员单位、企业家和理事会成员的捐款。芜湖抚困助学基金会成立以后，捐款逐步增加，其中，著名企业家束龙胜个人捐款 100 万元，姜纯的企业捐款 100 万元，尹同跃把获得的全国劳模的奖金也捐给了基金会，向基金会捐款的企业和个人超过 100 人。

与春蕾计划、希望工程等其他助学形式相比，芜湖牵手扶困助学基金会并非单纯意义上的扶困，"育才为主""跟踪帮扶"是它最大的特点。所以芜湖扶困助学基金会扶助的对象是品学兼优的学生，或是某次单科获奖的学生，理事会在讨论获助学生名单时，都要附成绩单和奖励证书的。资助的学校开始确定为

7 所示范高中和主城区一所初中、两所小学。

芜湖扶困助学基金会资助的方法和一般基金会不一样，一个学生一旦被列入扶助对象后，就会一直扶持他完成学业，直至研究生毕业，最长的扶助对象达10 年以上。"我们当时对贫困学子跟踪帮扶，就像企业家经营公司、农民种植庄稼一样，用爱心和时间共同陪伴着这些自强不息、品学兼优的学子，在人生的道路上走上一程。"牵手扶困助学基金会创始人，基金会第一届理事长程晓苏对此有极为生动的表述。

基金会的 6 位顾问和秘书处的同志曾赴北京、上海、天津和西安等地的大学访问被资助学生，对受助学子的学业进行跟踪服务，确保基金会的工作扎实有效。同时，扶困助学基金会还定期组织专题调研、座谈会、实地考察等活动，让企业家与学生面对面交流，用芜湖企业家创新创业的奋斗故事，激励年轻学子勤奋学习、勇攀高峰，为芜湖市推进"人才强市"战略注入源源不断的精神力量。

转型，从扶困向励志的转变

在扶困助学基金会的发展历程中，2015 年是个比较大的转型节点。当年，经民政部门批准，基金会更名为"芜湖市牵手基金会"（以下简称牵手基金会）。同时，以更名为标志，基金会由扶困助学向励志奖学转型，由长期资助转变成为一次性奖励，进入第二个发展阶段。

牵手基金会的转型也有着其时代背景。当时，随着各级政府对教育的持续投入，对贫困生的兜底政策使通常意义上的贫困学子在逐步减少，贫困也不再是影响成才的重要因素。因此，扶困的价值在降低，奖学、励志的价值在凸显。

基金会的转型是全方位的。一方面，把长线资助转变为一次性奖励，以励志奖学为特色,更加突出"质量＋特色"的发展模式,培养和激励睿智成才的学子全面发展,成为有用之才。尊重各个学校发放奖学金的自主性,最大限度提高励志奖学金的适用性和激励价值。

另一方面,从激励人全面发展这个角度看,人才的覆盖面愈发广泛。基金会奖励的学校扩大到县、市、区有代表性的中小学,同时又扩大到职业学校。奖励对象不仅是公办学校的学生,还扩大到私立学校的学子。特别是在 2022 年,奖励对象又扩大到残联联系的特殊学校的学生,凡是有残疾证的学生考上大学都是励志奖励对象,芜湖的三所聋哑学校也有奖励指标,这在社会上引起了很大反响。

品牌,沉淀成为城市文化资产

20 年来,牵手基金会累计募集爱心善款近 1 000 万元,发放奖学金 600 多万元,受资助学生达到 5 215 人次,这是一组沉甸甸的数字,饱含着爱心和希望。

作为一个公益组织,牵手基金会在成立伊始就坚持公开透明、规范管理。牵手基金会建章立制,制定了资金管理办法、扶助对象条件、助学金标准和理事会审查程序等一系列规章制度,以长效机制确保基金会工作制度化、规范化、科学化。同时,因为所有资金都来自爱心捐助,牵手基金会严格控制运行费用和管理成本,有一半的工作人员来自芜湖企事业单位的退休人员,以志愿者的身份参与基金会的运行。

牵手基金会的成功运行,既得益于芜湖市企业联合会的全力支持、芜湖企业家的爱心参与,也得到了社会各界持续的关心关注。牵手基金会,已经发展成为一个巨大的爱心磁场,对捐助者,也对受助者,持续散播着巨大的影响力。

芜湖的企业家们用 20 年的时间认真做好一件善事,他们在奉献爱心的同时也获得了自我价值的认可。同时,更多的理事会成员企业也深受影响,主动以丰富的形式参与到社会慈善中,助学、修桥、铺路,帮扶困难员工等,尽到作为企业家的社会责任。同时,涌现出了奇瑞汽车、新兴铸管、张恒春药业等一批爱心企业,代表了芜湖企业家的时代风采。

一笔笔奖学金,如同一颗小小的种子播种在芜湖大地,一大批受到过资助、激励的学子顺利完成学业,成为对社会有用之人。一名曾在芜湖市某中学就读的藏族学生,自 2005 年起在牵手基金会的一路帮扶下考入山东大学,她毕业后回到家乡西藏,学以致用,回报乡梓。芜湖某高中一名优秀学子,在最艰难的时候得到了基金会的资助,顺利读到了研究生毕业。工作以后,她连续十几年向牵手基金会捐款,期望把曾经感受到的温暖散播给更多需要的人,并请基金会隐去其姓名。还有很多人,默默无闻地捐资助学、参与志愿服务,用自己的方式传递善意和温情。

牵手基金会不仅属于芜湖企业家,也属于芜湖这座城市的文化资产。芜湖企业家众志成城,是参与者,也是创造者,祝愿芜湖牵手基金会越办越好!

第四编 企业家思维 —— 哲学与视角

　　《企业家》杂志是芜湖企联主办的季刊，是企联工作和企业精神的宣传窗口，也是企业家认知、思维方式的交流平台。每期的卷首语都是芜湖市企业联合会创会会长程晓苏以"成光"的笔名撰写，共70多篇。现摘选20篇具有代表性的文章汇集成篇，编入此书，供读者品鉴。

4

视角与哲学

视角是看问题的角度。世界上的事物都有多面性,从不同的角度去审视它,就得出不同的结论与认识,有了不同的结论和认识,就会有不同的处理方法,从而获得不同的结果。

MBA 老师经常会讲这样一则故事:有 A、B 两个鞋厂同时派出两个推销员到太平洋一个岛国去推销鞋子。A 厂推销员看到岛国的人都不穿鞋子,就打道回府离开了。B 厂的推销员认为这里的人都没有鞋子穿,市场潜力大,就选了一双最好的鞋子送给了岛国国王,国王十分高兴。岛国的人们看到国王穿鞋子,人人都穿鞋子,于是争相购买鞋子。结果 B 厂发财了。

同样一个事实,却产生了截然不同的结果。这是因为看问题的角度不同,思路就不同,解决问题的方法也就不同,所以导致了天壤之别。

宋代诗人苏轼描写庐山时有一名著名的诗句:"横看成岭侧成峰",说的是从不同的角度看庐山,得到的印象就各自不同。诗人由此想到,在庐山中观察庐山,就会认不清庐山的真面目。他告诉我们一个深刻的道理:人们对任何事物只有从不同角度去全面观察认识,才能得到正确的结论。

哲学是世界观和方法论的总和。历史唯物主义和辩证唯物主义给我们一个认识事物的科学理论和方法。也就是说,认识和判断任何问题和事物,要把它放到当时的历史背景条件下去分析,在分析过程中要去伪存真,由表及里,找出事物的基本规律(即一般规律)和分别规律,再从事物的一般矛盾中找出主要矛盾和矛盾的主要方面,得出正确的结论,采取正确的处理方法。

正确的视角是以哲学理论、方法为基础的。视角还要有心理学、伦理学等诸学科的综合运用,同样的一个事物在不同的时空看,有时要转换视角。有时审视事物突出主要方面,这叫矫枉必须过正。但矫枉过正时,必须掌握好一个角度,在哲学上叫防止量变到质变。

现在,社会存在的有些问题,本来是可以避免的,就因为有些人看问题的视角不正确,产生了认识分歧,造成冲突、矛盾或对抗。如果人人都来学哲学,都能科学地运用视角,社会就会很和谐。

选择正确的视角看问题,对于人生定位、心态平衡、掌握思维模式、处理社会及人际关系、如何做人做事和选择职业发展方向等都是非常重要的。

规则是本

　　龟兔赛跑是人们耳熟能详的寓言故事。其实,龟兔赛跑一共赛了三次。第一次是在陆地上赛跑,不管怎么说,兔子是赢家。第二次乌龟提出再到水里赛跑一次,结果乌龟赢了,兔子到水里当然是一筹莫展。第三次,两者协商,在陆地上赛跑时,由兔子背着乌龟;在水里赛跑时,由乌龟背着兔子,结果两者同时到达,实现双赢。

　　三次竞赛三种结果,证明了在不同的条件下和不同的环境里,各自的特长都得到不同的发挥,最后的结果就不一样。所以,不能轻易地判断兔子与乌龟谁跑得快,只是在不同的条件下,谁快谁慢的问题。这里面的核心问题是设定什么样的游戏规则,规则决定胜负,规则是本。

　　时光荏苒,日月如梭。2009 年一晃就过去了,2010 年眨眼就到了。这是一个历史上值得纪念的日子,一场国际金融危机以后,我们又迎来辉煌的一年,各项经济指标都超过了历史的最好水平。那为什么骇人听闻的金融危机和胆战心惊的天灾人祸没有阻碍经济发展呢? 是因为这一年的"规则"变了,新规则是国家由"控"变"保"。过去国家实施的是从紧的金融、财政政策,控物价,控产值,控金融。而去年(2009 年)国家实施了适应宽松的金融政策和积极的财政政策,保企业、保增长。国家还投资 4 万亿元资金刺激经济发展。在过去有些不能办的事,去年(2009 年)可以积极去办(如银行超规模放贷)。这叫此一时彼一时。条件、环境变了是指老百姓的消费观念也变了,汽车进入家庭已是常态,过去怀疑这个趋势的人反而率先买车了。汽车进入家庭的势头还会越来越猛,势不可挡。2009 年的变化,是事实证明"规则是本"的道理。

历史是一条长河,它一泻千里,但有无数次弯曲,无数个沙洲。每个沙洲和每一次弯曲都有当时的历史背景和环境,这个背景和环境都有适应当时条件的游戏规则。判断历史要用当时当地的规则去衡量,千万不能错位颠倒,否则结果就变了。

在我们迎接新的一年时,最重要的是要研究新一年的规则,选择我们发展的方向和最好的赛道,获得最佳的成效。

人生韵律与阳光心态

《光明日报》总编辑袁志发先生写的《人生的韵律》是一部难得的人生哲学文章。

诗词有韵律，人生也有韵律，诗词的韵律指的是平仄格式和押韵规则，人生韵律涵盖的是生命价值和生存艺术。诗词有韵律才有品位，人生有韵律才有意义。

人生韵律的基调是和谐、得与失、喜与忧、真与假、己与人，都是相伴而生，都是平衡的。一幅太极图把人生的韵律标志得淋漓尽致。

我们需要思考的是，怎样才能使自己的人生韵律和谐，怎样才能使自己的生活富有韵律，因为人生旅途中能够让你的生活走调变味以致失衡变态的事情太多太多。

对待人生是由人的心态决定的，心态又是由人的能力和品德决定的。心态有阳光的、阴暗的、爽直的、扭曲的，不同的心态就有不同的人生态度。

要使自己的人生有韵律，必须要有良好的心态。良好的心态是阳光的，透明的，真实的。因为阳光心态是一种修养，是一种品质，是一种知识的积累。有了阳光心态就能把握好生存的艺术和行为的节奏,就能正确认识和对待社会生活中的方方面面。

得与失永远是平衡的。大地奉献了泥土和水分,草木才奉献了鲜花和果实,人要想要得到什么就必须失去什么。在许多情况下失去本身就是一种得到。

喜与忧是相伴而生的。喜中有忧,忧中有喜。当好事落在你身上的时候就要看到忧的影子,当坏事降临时要看到喜的希望。生活中绝对的好事与坏事是不多见的。在一定条件下,二者是相互转化的。

生活中的很多现象都有真与假,把真夸大就是假,把假夸大就可能露出真。真假是不难辨的。

在政治生活和日常生活中,良知都是要求我们多一点真诚,少一点虚假,与人相处要真心实意。想听到别人的真话,而自己讲的都是假话,则永远得不到朋友。曾国藩选人才有三句话:人品看眼神、真伪看嘴唇、能力听语言,这是十分有道理的。

人生中有许许多多的关系,但最重要的当属是人与人之间的关系,就是己与人的关系。己与人的关系主要表现在利益上,这种利益包括物质的和非物质的。非物质是最重要的,表现在人的声誉、尊严和认同。和谐的人际关系显现最佳的社会状态。若为了自己的利益而无端地伤害他人的利益,最后的结果是伤害了自己。这种平衡是一种自然法则,是一种无形的力量。

其实,何止诗词有韵律,也何止人生有韵律,世间万事万物都有其韵律。山有山的韵律,水有水的韵律。天上的飞鸟有韵律,底下的宝藏也有韵律。韵律是一种法则,人生的韵律,归根到底是人生的一种法则。

知进须知止

知进与知止是两种智慧行为。知进就是前进、奋斗、攀登、激情的行为;知止就是停止、放缓、降调、降温的行为。

在我们所接受的教育中,无论是父母、老师还是领导,都是教育我们要有理想、有抱负,要知难而进、不断进取;要生命不息、奋斗不止;要敢试、敢冒、敢闯。这种精神激励我们学习、创业、攀登。有了这种精神和志向,我们获得了成绩、成果和职位。所以,知进成就着事业。

然而,没有人教育我们需要懂得知止。知止也是成功的重要因素。止,在我们生活中是无所不在的。我们做任何事都有一个行与止的问题。任何事情如果做过度了、做过头了,事物就会发生质的变化,甚至走向反面。知止反映了一个人的淡定和从容,是智慧、修养的综合反映。

如何把握知进与知止的关系呢? 先哲早就告诉我们:适可而止。"适"即适度,适度没有量化标准,靠一个人去悟,靠平生的修养和经验的积累,靠一个人智慧的判断。

范蠡是知止的大智者,辅佐越王成功后就隐居改行了;曾国藩是智慧集大成者,功高盖主后急流勇退;比尔·盖茨在产业上达到巅峰程度,成为世界首富,但也知止了,把资产大部分投向非洲扶贫工作,成为大慈善家,比尔·盖茨是智者。有些人就不懂得这个道理,只知进而不知止。许多现象印证了不知止的后果:有的人功劳政绩很大,不知道归功于上级,所以不被重用,始终怀才不遇;有的人才华太露,不知掩饰,遭人嫉妒,往往树敌无数;有的人风头太大,引来非议之怒;有人得理不饶人,不懂得适可而止,反而让人反感。这种例子举不胜举,大到政治家、企业家,小到平民百姓,都逃不脱这种规律。埃及总统穆巴拉克为国家的独立、发展做出过杰出的贡献,在中东具有领导和调停地位,但他贪权过度,执权三十年的结果是民怒如干柴,一点就燃。最终十七天的街头抗议,就被赶下台。他如果懂得知止的道理,实行有限制的任期,则会永远是埃及的精神领袖;重庆的文强一辈子从事公安工作,获得过公安部的嘉奖。但他利令智昏,权欲膨胀,成了黑社会保护伞,落得一个死犯的下场;俄罗斯的石油大亨富能敌国,他不懂得见好就收,结果成了阶下囚。凡是不知止者,都是欲望冲昏了头脑,不知止者为不智,不智即愚蠢,愚蠢者就会做蠢事。

先哲们说,革命再前进一步就是犯罪,真理前面就是谬误。所以,任何事物都有极限,世上没有无限的事情。我们只有懂得知进而又懂得知止,才是真正的成功者。

宽容是一种超越自我的能力

一个人的能力有几种表现形式。呼风唤雨、克敌制胜是一种组织能力和指挥能力；遇事沉着冷静、逢凶化吉是一种驾驭能力和处事能力；思维敏捷、触类旁通是一种学习能力和思想能力。而宽容也是一种能力，而这种能力具有人格的魅力，具有感化的效果，使对方和朋友都具有安全感。这是一种超越自我的能力。

舜是传说中远古时代的帝王，他就是因为具有这种宽容能力而成功的政治家。

舜的亲生母亲很早就去世了，父亲糊涂透顶，一切听从舜的继母的。这个继母很坏，她有一个从小娇生惯养的儿子，对舜非常不尊重。继母为了让自己的儿子独吞家产，就怂恿丈夫和儿子去谋害舜。他们把舜赶出了家门，企图让他冻死或者饿死在野外。舜面对现实没有气馁，独自一人来到荒芜的山中，用自己的力量盖上了新房子，开辟了新土地。远处的人们听说了舜的事迹，都来投奔他。于是，原本荒芜的山坡，由于舜的到来，渐渐形成了一个热闹的小村落，舜在这里备受尊重，享有声望。当时的领袖尧听了舜的事迹，觉得舜是个有贤能的人,就把自己的两个女儿都嫁给了他,并给了他很多牛羊,还为他修了粮仓。

舜的继母和弟弟见了,既羡慕又嫉妒,就又想害死舜,想把他的资产占为己有。有一回,舜在修粮仓时,继母他们在下面点火,想烧死他。舜随手抓起两个遮太阳的斗笠,随风飘去,才免受伤害。继母还不甘心,又趁舜挖井的时候往下倒土,想活埋他,没想到,舜在井下挖了一条地道,钻了出来,安全地回到家。

面对这样无恶不作的继母等人,舜采取了宽容的态度,没有责怪他们,还是一如既往地尊敬和善待他们。终于,狠心的继母和其儿子幡然悔悟,他们被舜感动得恸哭流涕,再也没有起害舜的心。舜的行为也感动了天地,他在农田干活时,大象帮他耕田,鸟儿帮他除草。

尧听了这个事迹后,又经过考察,认为舜是一个既有品德又有能力的人,就把首领的位置让给了他。后来,舜成了一代政绩卓越的帝王。

舜的小故事启示我们,宽容是一种容纳百川的胸怀,这种胸怀像熔炉一样,化弊为利,化敌为友。宽容作为一种能力,能化解敌对,能感动社会。这种能力会产生一种力量,这种矛盾化解后的力量是最坚定最牢固的,社会感动的力量具有战斗力和凝聚力。所以,懂得宽容是大,是超越凡俗的修养和智慧。

宽容是一种文明,是智者的修炼。社会有了宽容,就少了仇恨,少了对立,少了冲突。现实生活在呼唤具有这种宽容能力的管理者,他能使社会更和谐;在渴望这种社会风气,它能使人间充满爱心;在探求对这种品德规范的新认识,它能给具有宽容心的人的能力重新判断。千万别把具有宽容品德的人视为软弱,其实他是强者,是强悍的力量通过柔软的棒去发挥,是一种太极功。

阳光总在风雨后

"阳光总在风雨后"是 2004 年中国女排在雅典奥运会获冠军以后唱的一首歌中的歌词,我感到它很有哲理。中国女排从 1984 年以后的巅峰跌到了谷底,17 年与奖牌无缘。困难历练信心,艰苦锻炼意志。当她们再回到巅峰时,顿时感到雨后天明,阳光灿烂,一种幸福感抒怀而出。

阳光总在风雨后,是一种自然现象,也是一种社会规律。作为社会规律,它表现在经济运行的轨迹上,也表现在政治生态变化上。阳光总在风雨后,也是人的精神紧缩、舒张的心理现象。

在自然界,暴风雨后,天高气爽,特别明亮。空气无尘,百枝吐绿,鹊雀打鸣。

在经济领域里,危机犹如暴风骤雨,打晕了人们的思维,又催醒了人们的思路。政治领袖和企业家,认清了前辙的弊端,探索了新的经济学定律和理念。危机之后,仿佛雨后天晴,市场扩张,在新的发展方式下快速增长。在 2008 年全球金融危机之后,将迎来新的经济黄金期。

在政治生态中,同样是阳光总在风雨后。一阵暴风雨可以吹散邪恶,洗涤尘埃。而风雨之后,政治生态也是雨后天明,阳光灿烂,安全稳定。

人在战胜疾病之后,会健康愉快;人在走出抑郁之后,会精神爽朗,对事业充满信心。信心赋予了创造力,信心赋予了激情。观全球经济危机之后今日之芜湖,正处在阳光总在风雨后的时期,企业家的创造力会成就芜湖发展的辉煌。不知人们可感悟到:今日是雨过天晴,阳光灿烂。

工作心态决定人生成败

15世纪有一位改革家路过一家巨大的石料厂,看到许多人在那儿汗流浃背地搬砖,他想知道他们搬砖用于干什么。

他走过去问一个人:"你在干什么?"那个人特没有好气地说:"服苦役,你看不见?"

他去问第二人:"你在干什么?"第二个人把手里的砖弄得横平竖直,说:"我在砌墙呢。"

他又去问第三个人,第三个人很骄傲,他把砖放下来,擦擦汗,笑着说:"我在盖一座教堂呢。"

于丹教授在《中国少年报》上给小朋友们讲了这个故事,她把这三个人视为悲观主义者、职业主义者、理想主义者。其实,这三种工作态度是三种人生观的心态。这种人生心态决定着人生的走向,决定着人生(包括事业)的成败。

第一个人的心态特点是抱怨。他对自己的岗位不满是基于与别人对比,总认为自己吃亏了,常常叫苦叫累,抱怨上司,抱怨同事,抱怨社会。抱怨的结果是,谁也不喜欢他,最终他一事无成,一生可能就在抱怨中度过。在我们现实生活中，持这种人生心态的人也大有人在，他们对什么都不满意，对社会不满，对岗位不满，对他人不满，认为都不如己意。他们没有看到：现实不会因有抱怨而改变，抱怨的结果是伤害了自己。少一点抱怨，自己可能就得到改变。

第二个人的心态是本分的心态。这类人的最大特点是兢兢业业地做好本职工作。社会需要大量这种务实主义者，持这种心态的人，不计名利，干一行就会干好一行，虽无大志向也不奢求索取。这种人的人生虽不辉煌但也算成功。

第三个人是社会精英所持的心态。他对社会、对事业都充满着热情，有理想，有抱负，这种激情成就了他的事业，成就了他的人生。这种心态的特点是看社会、看别人、看事业都是从积极方面、正面的角度看，而不是过多地看缺点、看消极的东西。那些正面的、阳光的东西激励着他奋斗，他一定是成功的。

心态是一种修养，是对自己行为品质历练的结果；心态是知识的积累，是运用哲学思维方式认识社会的内心表现；心态是一个人综合素质的外在表现。所以，我们每个人都应审视一下自己的心态，使其得到升华。正确地对待自己的工作、岗位；正确对待社会；正确地对待他人，人生成功的概率就会更大。也只有保持一个良好的工作心态，耕耘好每个岗位的土地，附着理想目标，创造性地实践，不折不挠，才能达到人生成功的顶点。至于顶点有多高，不要去想它，它的高度与你的努力有着数学关系。

路窄须侧身过

参观古镇时,我发现一个现象:在"一尺巷"中,有人目无旁人,直行直闯,让对方行人很难受,带来的是怒视或争吵;有人则侧身让一让,得到的是微笑和友好的目光。这时,我就想到了一句谚语:路窄侧身过。

仔细思考,路窄侧身过是一种哲学,是人生的姿态和为人的品质,是做事业的智慧,是解决一切矛盾的方法论,更是一种战略思维。

在人生的道路上往往会遇到路窄的时候,遇到各种困难和矛盾。这时,就会有人性的冲突,有人往往会被负面情绪左右,做出不恰当的决定和选择。而具有"侧身过"的思维的人,都是先稳住脚步,不急不躁,冷静前行,做出合理的决定和选择,矛盾得到妥善解决。道路总是有宽有窄的,等路窄期过去,前面的道路就会宽阔,驰而不息。这就是人的修养和智慧的历练过程。

在社会生活中,也常常会发生矛盾和冲突。这时,有的人就会冲破性格的底线,让矛盾升级,产生不可挽回的后果。而有人则会压制个人的情绪,冷静一下,淡化矛盾,让矛盾侧身而过。这样,人在社会的空间就越来越大。桐城六尺巷的故事就是典型的侧身过范例,让张氏父子流芳千古。

做事业、做企业，"侧身过"也是一种智慧和战略。在行业的竞争中，企业内卷越来越猛烈。许多人采取的是拼成本、拼规模、拼市场的做法，商场变成一片红海，使企业内伤难补。而有智慧的企业家则采取了避开锋芒、另辟蹊径的蓝海战略，找出边界效益，使企业厚积薄发，驰而不息。奇瑞公司就是实施蓝海战略的典范。在汽车产业内卷时，奇瑞一度被小视。其实，奇瑞在避开锋芒，侧身而过，在技术内功上作超前谋划，在市场上进行新的战略布局。所以，在国内市场拼价格时，奇瑞在国际市场赚双倍利润，近 20 年全国出口第一。在新能源上，被称为"起大早、赶晚集"的奇瑞汽车股份有限公司董事长尹同跃的一声"不客气了"，就使全品牌新能源化，以 50％以上速度增长。在智能网联汽车的竞争中，他又一句"不客气了"，接着就有百辆无人驾驶汽车过长江大桥。不能不说奇瑞的成功是源于"侧身过"的哲学思维。

侧身过的思维就是面对一切矛盾和冲突时，打开的另外一扇门，寻找新的路径，实施蓝海战略，达到顺利、胜利、成功的结果。为人者、为事者都应具备这种思维。

低调做人　高调做事

　　低调做人、高调做事是人们追求的一种做人的品格和做事的风格。低调做人是指做事的动机不是炫耀自己,标榜政绩,彰显能力,而是恪尽职守,为社会、为团体做贡献。高调做事的方法是超越常规把事做成,把事做好。如何低调与高调,关键是如何做人。

　　低调做人是一种修养,是一种淡然、沉稳、随意的品格,更是一种做人的智慧。因为哲学原则告诉我们:山不解释自己的高度,并不影响它耸立在云端;海不解释自己的深度,并不影响它海纳百川;地不解释自己的厚度,也没有谁能取代它万物之本的地位。所以,低调并不意味着无能和无奈。

　　如何低调做人?犹太人的贤人七德值得我们借鉴。七德要求:一是不要在能人面前班门弄斧;二是不随意打断别人讲话;三是做事不急于求成;四是对别人提问题要有针对性;五是解答对方的问题要符合实际情况,使人心服口服;六是与人谈话要有始有终;七是做任何事情都要立足实际,不要超越现实。犹太人的七德标准很具体,做到不难,关键要有正确的人格品质和健康的心态。如果一个人把"自我"放到高于一切的位置,那张扬的心态爆发起来更疯狂。

　　成功者低调做人,会形成一种精神和力量。这种精神与力量可以望众,形成德高。德高望重形成的力量可以打败利剑。拿破仑在他临死前说:"我曾经统领百万雄师,现在却空无一人。我曾经横扫三大洲,如今却无立足之地。耶稣远胜于我,他没有一兵一卒,未占领过尺寸之地,他的国家却建立在万人心中。世间有两种武器,精神和利剑,从长远看,精神必将打倒利剑。"拿破仑的感悟是真理,他的失败原因是高调做事时又高调做人。只有耶稣低调做人,吃尽苦头,才成就了世间最伟大的事业。佛教创始人释迦牟尼成为几十亿人的精神国王,就是因为他低调做人,追求梦想,舍去自己,他才成了精神典范。

　　在现实生活中,人的品格和风格是一个万花筒。而看万花筒的人喜好都不一样,但是好口碑统一的标准还是低调做人,高调做事。

自恋必自损

自恋就是自我欣赏,自我满足,有时是自我张扬。

自恋者总是目空一切,傲慢世界。他们的思维方式总是专看别人的瑕疵,把自己的优点与别人的不足相比,越比越沾沾自喜。在行为方式上,他们放纵自己,无约无束,处处自我炫耀。而遇事又表现出小肚鸡肠,谁超过自己就会想方设法去损伤别人,换得自我心理满足。在与别人相处时,他们自以为是,脾气很大,似老虎屁股摸不得的架势,表现得自大和强硬。在对待自己时,他们自我满足,不思进取,固步自封,靠经验和旧程式行事。自恋者的特质表现形式有很多种,无法用文字和语言一一归纳。自恋的结果是表面上得到阿谀奉承,实际上是大家都敬而远之,没有真正的朋友。

怎样做到不自恋呢? 首先要有一个空杯的学习思想,要有一个"一日三省吾身"的自省精神,要有一个收放有度的处事方法,要有一个敢于否定自己的变革气魄,要有容纳百川的大度胸怀。不管是一个人,还是一个国家,都应该有这种精神。"三人行必有我师焉",人人都有可取的长处,个个都有致命的弱点,大到国家,小到个人,都是如此。我们在看全球经济衰退时,还要看到美国的股市仍然一枝独秀,资本市场仍然是最佳的避险港;我们在看到自身发展强大时,还要看到许多深层次的矛盾没有解决,危机就在前面。有了这种自省精神,就会有智慧的处事方法。搁置争议或不争论是大智慧,它把一切难题的解决方法说得清清楚楚。有了这种科学的处事方法,就会有容纳百川的胸襟,就能应对来自各方面的挑战。我想,治国是这样,做人也是这样。

春江水暖鸭先知

春天是不是到了，气候是不是回暖了，水里的鸭子最先知道。动物的灵性能最早感知自然界。预兆地震发生的是生活在地表以下的蚂蚁、蛇虫、老鼠等动物。这一现象是自然科学，也是一种哲学原理。一切事物的真实存在于实践之中。最能感知真实的是活动在最基层、最底层的生灵。

在经济、社会活动中，企业家就是先知的鸭子。他们能最先感知经济形势趋向、社会发展动态、政府作为的真实。

最近与一些企业家交流，得到的信息使人震惊和差异，感慨颇多。一位老总说，他的公司去年销售收入是 4 200 万元，但有关部门要他虚报的数字超出了 1.66 倍，企业报表就这样进入了超级汇总的原始素材。我将信将疑，又问了一位知名的国企老总，他说国企也有相当比例的虚报。我问虚报的原因，他说这是考核的需要。我带着问题请教了一位统计局局长，他说："在当前考核体制下，统计局局长最难干，加上经济形势又不好，数字还要往上跑。"证实了是考核导致了不真实。

另一个企业家说，他们企业借给政府的贷款总额相当于当年的销售收入。

为了证实真伪,我请教了一位银行行长,他说银行里借壳贷款的比重相当高,因为基层政府要干的事太多,欠债也多,政府贷不了款,只能是借企业的壳贷款。我感受到了基层政府真实的困难。

许多企业家经常有反差极大的两种感受:听领导报告,传达各级文件,参加各类表彰会都是鼓舞人心的事,感到从中央到地方,各级领导都在关心企业,爱护企业,支持企业。领导语重心长,自己热血沸腾,想大干一场。可是到了实践中,处处遇阻,门门卡关,没有一件好办的事,没有不花钱就能办成的事。某年年底,一位税务干部跑到一家企业,要求企业再缴 40 万元的所得税,企业领导说,我们的税已缴过了。税务干部说我的任务没完成,分给你们企业的你们就得缴,否则查你们历史上的欠税你们更吃亏。这位企业领导无奈,只得借款再缴税。管企业的何止是一个税务部门,老总们说:感到厂门以外的所有部门都可以管我们,他们摊派的任务我们都要完成。企业家这时就有心灰意冷的情绪,发誓来世再不办实业了。这种两极的情绪让人无奈,真正创造环境的还是那些具体的操作手。

企业家最头疼的就是没有人愿意当工人了。工厂招工很难,流动性极大。由于工人的社会地位和经济地位都比较低,年轻人不愿做了,追求不到做白领的职位,宁可做社会漂泊人,也不做企业操作人。这种价值观的变异,导致了工厂缺工人,餐馆缺服务员;导致了国考如潮,省考如流。不得不让人思考:将来经济危机会不会源于劳动力危机?

当然,企业家感知的还有许多积极的、正面的、阳光的一面。就是这正面,让他们创造了中国经济高速发展的奇迹,但是那些负面感知至少也是一种真实。

沟通是成功的钥匙

美国国防部前副部长弗卢努瓦是一位才华出众的美女,她集机敏、精力充沛、训练有素于一身,曾出色地帮助奥巴马总统制定了阿富汗、巴基斯坦战略,在一系列防务战略评估中发挥了重要作用,奥巴马每次出访,她都是重要的随行人员。就在事业如日中天的时候,她却提出辞职申请,理由很简单:我要回家陪孩子。

仿佛石破天惊,人们大惑不解:国防部三号人物,是多少人梦寐以求的职位,您却要放弃,回家陪孩子! 孩子可以请保姆,或者送学校全托,根本不用您操心。面对着人们的不理解,弗卢努瓦运用沟通的战略,与同事、总统真诚地进行了沟通,她说:我有三个孩子,最小的只有 8 岁,我十分爱他们。副部长的工作是一份费心的工作,需要以牺牲家庭时间为代价,太伤人,现在,到了重新平衡家庭和工作关系的时候。她用真诚消除了人们的误解,她终于成功辞职了。奥巴马接受了弗卢努瓦的辞职申请,不免感地说:"我在担任总统期间,她是一个称职的干将,她建立了令人难以置信的团队,我被她博大的母爱所震撼,对于她的辞职理由,我只能同意。我深深地知道,在这个世界上,没有一份工作比做一个母亲更幸福。"现在,弗卢努瓦和她的三个孩子经常在小区的草坪上,沐浴着夕阳的余晖,互相追逐、嬉戏,这动人、温暖的情景,在人们心中化作绵绵的甜蜜。

还有一个故事:有两个风华正茂的青年,在学校都是出色的学生干部。一个是真才内秀,一个是灵活外向。"文革"期间,"内秀青年"被选为学生代表参与军宣队和工宣队,对一位老干部历史问题的外调审查。"内秀青年"虽然不起主要作用,但他努力工作,在查清一些问题上起了关键作用。但他有不愿讨好别人的心理,因此,从不与这位老干部沟通。后来,在一个关键的时候,这位老干部误解了他,以致影响了他的进步。另一位"灵活青年"在当时冲动的环境下行为更大胆些,但他经常看望这位老干部并和他沟通交流,老干部反而没有计较他。那位"内秀青年"就是沟通的失败者。

一个成功,一个失败,佐证了一个道理:沟通是解决问题的成功钥匙,疏于沟通是失败的重要成因,这就是沟通的重要性。无论是一个社会,还是一个企业,抑或一个家庭,80%以上的事都与沟通有关,80%以上的障碍也都是由于沟通不畅引起的。

政府与人民、上级与下级、老师与学生、在职者与退休者、同事之间以及老年人与年轻人之间等,都会产生一个个的矛盾,许多矛盾的根源就是信息不对称、缺乏沟通。美国的宪法起草者说:"如果人民害怕政府,便是暴政;如果政府害怕人民,就是自由。"暴政与绝对自由的社会都不是最好的社会,最好的社会是公开、透明、公正、适度的社会。人们如果要创造好的社会环境、工作环境和生活环境,就要学会沟通。

沟通是一门学问。沟通时80%是倾听,倾听对方的思想、理由和结果,弄懂了才表达,表达只占20%。沟通要有诚意,诚意的表现是尊重,这应该占90%的分量,10%才是沟通的方法,千万不能把沟通当成游说、压服、强加。

　　不懂得沟通的人,不会是一个成功的领导,也做不了成功的事。有句格言说得好:你把周围的人看成魔鬼,你就生活在地狱中;你把周围的人看成天使,你就生活在天堂里。

思路决定出路

思路决定出路是管理学的定律。企业的出路、企业的生命、企业的规模和影响力都是由企业的决策者和管理者的思路决定的。

从理论上讲,思维是一种认知活动,是人的大脑对客观事物的反映过程,思维产生思想,思想决定行为。所以,思维方法是认知的桥梁,正确的思维方法产生正确的认知、正确的思想定力和正确的行为结果。

作为企业家,怎样才能有好的思路?我认为应具备以下六种思维。

导向思维

导向思维是一切政治家和企业家共同具有的一种思维方式。他给你一个目标愿景,让人们去奋斗。马克思的愿景是共产主义,世界上许多国家与政党为之奋斗;毛泽东的愿景是建立人民当家做主的政权,号召工农大众参加革命,并取得成功;马斯克的愿景是让普通人旅游火星。这就是导向思维。

导向思维是一种引导性和方向性的思维活动,包括目标导向、价值观导向、舆论导向和用人导向。

目标导向。制定符合自己的实际目标,以目标牵领,统一全体员工的行动。目标导向是理念的营销行为,更大广度和深度地调动潜能和创造性。目标导向本质上是为理想讲故事。所有创业者都是故事者。

价值观导。向价值观是企业文化的核心,即支持什么反对什么,包括分配倾向性。华为的价值观就是:不创新就是犯错误,一个人一年不犯创新失败的错误,就是最大的错误,实行末位淘汰制。

舆论导向。把握住舆论的主动权、控制权,宣传积极向上的氛围,树立先进典型,唱响主旋律,反对各类消极唱衰的思潮舆论。唱衰单位、唱衰企业是最可怕的敌意。

用人导向。用一个人就是树立一面旗帜,表明你的立场观点和是非标准。用好了人,就调动了积极性;用得不好,就会挫伤多数人的积极性。

核心思维

核心即中心,是万事万物运行的定律。自然界都是以核心体为中心运动的,如天体中行星以恒星为中心运转,地球绕太阳一圈为一年周期,月亮以地球为中心运行一圈为一月的周期。形成这个运行体的核心力量是引力。人类社会也是这样,随着生产力和社会文明的发展,人类从部落到国家和各类社会团体都有一个核心。核心思维包括:

组织核心。企业需要建立核心团队,团队里要有核心领袖。

理念核心。包括企业诞生的初心、经营理念和技术理念。总之要明确指导思想和方向,而且要旗帜鲜明(如奇瑞汽车)。

产业核心。一个企业应有一个主导的核心产业,形成以核心为主干的产业体系(奇瑞的例子)。

蜂巢思维

蜂巢是一个建筑理念,但用在企业管理更为实用。蜂窝是一个六边形的多个小蜂巢的组合,它的每一条边都承担另一个小蜂巢的边,抗压、抗风、抗雨雪,坚韧牢固。它是团结力量的象征,是系统工程的集大成。

企业的每个岗位、每个人都应是六边形的一条边,都应承担相邻小蜂巢的双边作用,这样企业的大蜂窝就会坚韧无比。

在企业管理的系统设计中,运用蜂窝思维,让每项工作和运营都具有系统性。应该在制度设置上具有蜂巢意识、蜂巢力量和蜂巢责任的理念。

结果思维

结果思维是以结果为导向的思维。过程是实现目标、完成任务的一种方法,而不是目的。过程精彩而未达到目的都是无功的精彩。通向结果的道路可以千万条,产生有利结果的就是好方法、好道路。邓小平同志的名言"不管白猫黑猫,抓到老鼠就是好猫"就是一种结果思维。

结果思维就是要克服形式主义,形式主义是企业的负资产,伤害企业利益。如何判断结果,要在大前提和小前提的逻辑思维下去判断,企业的结果分为宏观结果(即实现战略目标)和微观结果(即具体工作任务),宏观结果是统领微观结果的,全局性是局部的前提。有些具体事物的结果可能不利于企业暂时的利益,但长远和整体利益相一致也是好结果。所以,每个企业都应设置利益底线和红线标准,让局部结果和具体工作更有灵活性。总之,结果思维是需要创造性的。

利他思维

利他思维就是站在他人的立场思考问题,并让他人获利的一种工作方法,在企业管理学上叫 C 端思维。现在物联网的产品都是运用这种思维,在产品设计、场景安排、贴心服务等方面都是站在客户的立场上去设计、安排,让客户感到利益满足。其实,一切利他都是利己,实现价值交换。

利他思维需要人的格局,可谓格局有多大,事业就有多大。舍得才是收获。

利他思维需要智慧设计,而不是简单的利益输送、生硬的谦让,它需要让对方从有尊严的满足感中认同你,而不是利益圈套。非你莫属是利他思维的最佳成果。

迭代思维

迭代思维是一种用变量的新值替代旧值,又称辗转思维。简言之就是不固守旧的、传统的价值,及时辗转地对待新生事物。

世界一切发展史都是迭代史。18 世纪的科学和工业中心在英国,以牛顿定律和蒸汽机发明为开端,英国成为科技中心,世界 40％以上的发明都在英国。第一次世界大战以后,美国取代了英国,成为世界科技中心,80％以上的技术发明都在美国,中国可能会成为新一轮的迭代中心。

产品的迭代史也是这样,数码取代胶片,无线传输迭代有线,工业互联网迭代传统产业、产品组织模式,等等。

迭代思维需要认识事物的不确定性、发展过程的周期性和行为需要的初试性,在思维需要辗转中,不能固守经验,一成不变。

迭代思维需要学习,知识要不断更新,用新的知识更新自己的认知;需要融入新事物,研究事物发展的规律性,做出自己的精准判断。

六种思维的基础是唯物主义和辩证法,本质是正确的世界观、人生观和价值观,三观正确和方法得当的人一定是成功的人。

高处见人品 低处见心态

作家谢可慧在自己的作品里写了这样一段话:一个人的格局,往往藏在得意之时。当你取得成就,开始高于你原来的社交圈,与同龄人拉开距离的时候,你是否还能保留人与人相敬如初的姿态? 这里就藏着你的真实人品。我觉得这个见解是十分正确的。这不仅仅是观察社会、观察人品的一个角度,更是对如何做人的警示。

在社会生活中,我们看到同学、同事聚会时,往往官做得比较大或企业做得大、拥有财富多的人总有点盛气凌人,或不屑于参加,或参加时需众星捧月。其实,他貌似风光,实际已失去了别人的敬佩,在人品上已得了负分。但同时也能看到,有的人地位越高却越谦虚谨慎,平等待人,念及发小,帮助弱者,显示出贵人风范。这两种姿态就显示出两种不同的人格品质,这种人品,不是先天具有的,而是靠自己后天的修养。

一个人的成功,不仅是个人的能力和才华,还有机遇和环境的因素,你不是财富和地位唯一有资格的拥有者。当你面对掌声、鲜花和喝彩的时候,头脑一定要清醒,不能脱离群众,不能居功自傲。真正能做大事的人,往往在成功、得意时,依旧能够保持低调、谦卑、友好,懂得尊重、理解和宽容别人。你不高高在上,放下姿态,就可以获得好评,就会长久地处在人生和事业的高地。同时,成功者必须牢记一事实:成功者的身后,不乏嫉妒者,被嫉妒的原因,是他认为你不配获得这一切,你唯一的办法就是尊重嫉妒者,尊重所有人,再用你的能力证明你配拥有这一切,这就是成功者的修养。

作家谢可慧在自己的作品里还说到低处见心态的道理:人生之路,不会一片坦途,总会有遇到沟沟壑壑、深陷低谷的时候;总会有事业失败、生意失手的时候;总会有从在职在位到退岗退休的时候,等等。这时,可以看出一个人的心态。有的人自暴自弃,抱怨社会,一蹶不振,心态扭曲;有的人不弃初心,奋发而上,逆流而起;有的人平静地平视社会,平视人群,健康乐观地生活。所以心态决定人生道路,决定着生存的姿态。这也需要一种修养,一种意志的锻炼。

处于低处的人,要平和地对待一种现象,即"穷在闹市无人问,富在深山有远亲"是正常社会现象,不能因此产生怨气。要明白失败和失落往往会为成功和幸福铺平道路,阳光总在风雨后。有了这种心态,低谷就会过去,即使过不去,也能快乐地生活。

高处见人品,低处见心态,不仅仅是做人的道理,也是企业家做企业的道理。市场总是有峰谷之时,企业总有兴衰之日,只要有了高低有度的心态,总归是成功的。

切莫让攀附成为文化

在芜湖大浦的植物园里，常常看到一种树缠树的景象，一棵藤干树寄生在另一棵大树上，藤干盘旋缠绕，一边吸吮着树主干的营养，一边绞杀着大树的主干，让人感到十分好奇。前不久，一篇政治通报中提到了"政治攀附"，细想，这与小树寄生在大树上的现象十分相似，这在社会上大概就叫"政治攀附"吧。

人类社会的攀附比自然界的攀附更为广泛、深入，近似为一种文化。细数一下"势客"的思想，社会攀附大致有人生攀附、经济攀附和政治攀附。

人生攀附最有代表性的是婚姻攀附。有姿色、贪富贵的女人总是要把自己依附在一根高枝上。20 世纪五六十年代，工人、贫下中农阶级有地位，那些美女们纷纷去找工人、贫下中农做对象，在这种攀附潮流下，许多进了城的老干部也换了老婆；七十年代，现役军人有地位，那些美女们纷纷都去做军嫂；八十年代，知识分子吃香了，美女们都去找大学生、教授和工程师；九十年代，企业家最有影响力，美女们、明星们都成了土豪的家眷；到了新世纪，她们追捧的是官二代、富二代。早晨，听到一个消息：上海一位朋友的女儿 35 岁了，凤愿如偿，终于找到芬兰的一位老外嫁了。这个信息又使我想到另一个规律：有才有貌的女子都流向了国外、大城市和经济发达地区。前不久,看到一篇文章,题目就叫《东北无美女》,讲的其实是经济、社会现象。这种婚姻的价值观,不就是人生攀附的具体表现吗?

经济攀附主要表现在商场上。丁书苗就是攀附在刘志军身上的缠树企业,她在高铁的大树上,贪婪地吸吮着营养、财富,使刘志军这个对高铁做过特殊贡献的功臣,最终凄惨跌落,诠释了藤枝绞杀主干的结果。商场攀附有着悠久的渊源。徽商胡雪岩攀附了大军阀左宗棠,富能敌国;晋商攀附了慈禧太后,开创了金融业的先河。更可怕的是后人把他们的行为没有抛弃反而视为傲料,学术机构还把它作为理论去研究,使当今社会把攀附国企、攀附权贵当成了能力、本领、商道的称谓。商场的攀附导致了社会资源的流失,腐败乱象滋生,结果就引发了民众的愤与仇。此势蔓延,何能安定团结?

政治攀附的显著特征是以"权力"为中心,盘根错节,形成上下连体的山头,区域结盟,团团伙伙。他们无制度原则,无道德底线,有的只是个人的私欲和追求。政治攀附现象不需举例,身边之事,处处都是,时有所闻。攀附有术之人,缠绕能力很强,他们见官就攀,投其所好,诱其所惑,或以钱,或以色,或以物,或以人格作抵押,极尽攀附之能事。在现实中,攀附之人确实获利不菲,升迁之路十分顺畅。然而,但凡攀附者,都是无义之徒,一旦主子靠不住,就另寻新途,王立军就演绎了攀附者的始末。

攀附文化,根深蒂固,已浸透到人的脊骨,连阿 Q 也攀附赵老爷,说自己也姓赵。当然,在我们民族文化里,主流意识是反对攀附行为的,屈原、陶渊明、海瑞和包拯这些刚正不阿、扶持正气的仁人志士,得到历史的颂赞,成了后人的楷模。唐代大诗人白居易把这种攀附者斥为"势客",对此极尽讥诮之词:"托枝附树根,开花寄树梢""寄言立身者,勿学柔雨苗"。在现代社会里,也有许多正义之士,堂堂正正地做人,清清白白地做事,对权势不卑不亢,对利益不慕不求。

他们可能没有应有的地位、利益，可是他们有的是百姓的良好口碑。

　　莫让攀附成为文化，最根本的法则是树立正确的价值观导向，而价值观导向要靠制度去实现。制度让攀附者无市场、无利益、无机会，人们像怕酒驾一样害怕商场攀附和政治攀附，形成清澈透明的人际关系和清清白白的官商关系。有了好的制度，就能用正人、汰小人，铲除"势客"生长的土壤。

激情成就事业

在我们举行"创业在芜湖"的主题论坛时,有五位企业家将他们惊人的创业经历和丰硕的业绩,佐证一个重要命题:激情成就事业,创业需要目标,追求目标需要激情。激情出智慧,激情出力量,激情成就事业。

青岛啤酒集团(以下简称青岛啤酒)的领导们,在举行多种会议、宴会和集体活动时,都需要带着大家高喊一句口号:"青岛啤酒好,就是好,好得很!"他们用三声高八度的呼喊,来振奋人的精神,消除人的疲劳,除去人的沉默,阻止人的忧虑,催人振奋。在青岛啤酒的每个角落里都有"激情成就事业"的标语。青岛啤酒凭着这种精神,保护民族品牌,工艺不断创新,资本不断扩张,企业不断发展,已成为我国啤酒行业的霸主。

到过奇瑞公司的同志,都能在厂门口的大墙上看到这样的标语:"初恋般的热情,大海般的胸怀,钢铁般的意志,冰山般的冷静。"他们就是用这种激情创造着民族的伟业。奇瑞公司的事迹有多大,奇瑞公司的坎坷和困难就有多大。在我国汽车行业成为殖民地,各国的大街上、公路上都跑着洋车的时候,奇瑞就凭着坚强的爱国热情、睿智的洞察能力,在创造民族品牌的道路上攀登。在奇瑞攀登的过程中,遇到了各种围攻打击,包括制度的、经济的、舆论的,但奇瑞汽车的创始者们凭着一股激情,冲破了重重险阻,见到了光明,他们的事业得到了党中央和国务院的高度评价。奇瑞汽车已成为民族品牌的领军企业,成为中国人的象征。中国汽车行业的明天,一定是以奇瑞汽车为代表的民族车的世界。奇瑞的经验证明:激情创造奇迹。

没有激情就成不了革命者。历史证明,多少个历史的变革者,多少个仁人志士,他们怀着一腔追求真理的热情,抛头颅,洒热血,成就事业,他们不管是成功还是失败,都在推动着历史的前进。中国共产党人,就是为了让中国人站起来,摆脱半封建半殖民地的统治,才战胜了常人无法理解的艰难险阻,由小到大,由弱到强,取得惊人的胜利,使中国人从此站起来了,屹立于世界民族之林。中国共产党人,为了让中国人富起来,以满腔的激情,追求什么是社会主义,怎样建设社会主义的真理,战胜了理论上、制度上的各种困难,实现了中国二十年经济的高速发展,让中国人从此富起来,荣耀起来。

政治家,有了激情就有了勇气和力量,推动了历史进步;文艺家,有了激情就有了灵感,就能创作出最好最美的作品;企业家,有了激情就能有智慧,就能不断地创造出新的伟业。在芜湖经济建设的发展过程中,除了奇瑞汽车以外,还有一大批激情创造事业的典范。

青年需要激情,青年是社会管理者的后备军,是事业成功的先锋队伍。青年有激情,就会有进步,青年强社会就强。青年一旦失去了激情,事业就会一事无成。无数种社会现象和创业者的经历都说明了这一真理。

芜湖的文化是创新的文化,无论是历史上的纺织工业发祥地,四大米市之首,还是现代的"傻子现象""奇瑞奇迹",都充分证明:芜湖人具有敢为天下先的创新精神。芜湖文化的特色就是创新。在今天,我们呼喊企业振兴,保持创业激情,弘扬创新文化,成就芜湖未来更大的志向:区域经济文化中心。

四事工作法与蜂巢思维

最近,飞尚非金属矿有限公司党支部书记兼总经理徐承银介绍了他的"四事"工作法,我觉得非常有意义。"四事"工作法是运用了企业管理的 ABCD 原理,把党建工作与企业管理高度融合的工作方法,实现了企业运营中党组织的引领作用。四事首先是"领事",企业的运营目标和阶段性任务制定以后,分解到实体机构,由党员与职工把工作任务领回去,即任务分解。接着是书记"说事",书记说明为什么要做这些事,把道理和依据说清楚,让执行者知情知理,使企业与个人形成命运共同体,从而自觉地去完成各项任务。第三是"聊事",发动党员、员工讨论用什么方式做这件事,群策群力,开发潜力。最后是"评事",即总结完成工作任务的经验与教训,以利再战。这种"四事"工作法体现了党的思想引领作用,体现了全民参与的民主管理理念,体现了共生共享共同体的思维,产生的凝聚力是巨大的。该公司规模不大,但效益极佳,人均利、税均超 10万元,已经在香港创业板挂牌上市。

由此联想到学术界热议的一种思维方式叫"蜂巢思维"。"蜂巢思维"认为,每个人都像身处一个巨大的蜂巢之中,共享一种思想、一种情绪、一种观点。我们的思想、观点、对现实的感知都会直接或间接的同步。原作者不一定完全赞同这种思维，但我认为，我们的企业和在这类群体的人需要这种思维，它会形成一股认知的合力，使企业群体达到攻之不破的定力和催之不倒的意志，达到企业所需要的宗旨效果。

飞尚非金属矿公司的党支部书记正是用这种"蜂巢思维"凝聚了全体员工积极向上，视其如己，迸发出了巨大的潜能而形成了合力，使一个亏损多年的老企业焕发新生。更使人感到有正气的是 10％的职工递交了入党申请书，积极争取入党。这是多么好的企业文化生态啊！

飞尚非金属矿有限公司给我们的启示是无尽的。在工业化的社会，我们每个人都会在某一个群体中，即共存一个蜂巢。每个人都会寻找自己的价值群体，寻找共同品味、信仰、文化或者兴趣。但是，你不管在什么样的群体里，只要有了"蜂巢思维"，你的理想就能实现。否则，你将离巢而去，无所事事。因为，蜂巢会给你共生共享的定力，给你同向同势的合力。只要蜂巢不倒，个人就能永存。

希波克拉底誓言与南丁格尔

　　希波克拉底誓言是古希腊一位医学家留给世界的一份珍贵遗产,该誓言界定了医生的职业本质,确定了医生的专业精神,规范了医疗行业的行为准则,使之成为医生安身立命之本。这份誓言影响了西方世界 1 800 多年,它的核心价值观是无意识形态影响的救死扶伤、治病救人。该誓言认为,医生是唯一让服务对象将身体和灵魂全部交给服务者的职业。医生除了用专业水平治病,还要用职业道德待人,对患者一视同仁。此外,医生还要尊重病人的隐私,保护病人的秘密。

　　历史上,许多医生在开业时,要宣读希波克拉底誓言,医学院毕业生也要宣读此誓言,医学院新生入学第一堂课就是宣讲誓言。世界医学会于 1948 年根据《希波克拉底誓言》颁发了《日内瓦宣言》,使之成为世界医疗行业最高行为准则。

　　南丁格尔是 19 世纪的一位英国护士和统计学家,她是希波克拉底誓言最杰出的践行者。19 世纪 50 年代,克里米亚战争爆发,英国参战士兵死亡率高达 42%。南丁格尔主动申请担任战地护士,她带领 38 名护士抵达前线,为伤员进行全身心的护理,还为他们解决食品和生活用品问题。在夜以继日的救援中,她掌灯巡视病情,倾听疾苦,祈祷祝福,在伤员至暗时刻为他们点亮了一盏希望之光,仅用半年时间便使死亡率下降到 2.2%,由此,南丁格尔被誉为"提灯女神"和"克里米亚之光"。她还用自己的护理理念创建了世界第一所护士学校,规范了护士的职业行为。她还是国际红十字会的先驱,倡导了慈善事业。国际社会将其出生日 5 月 12 日定为护士节,将她的名字设立"南丁格尔奖章"。

希波克拉底和南丁格尔的职业行为为我们揭示了一个道理:职业是有责任的,岗位是有规范的,行为是有道德的。任何岗位都要守职有责,履职尽责。职业责任往往由标准的称谓表达,医护人员是白大褂,被称为"白衣天使";警察和保安是标准制服,被称为"保护神";红袖章也标志着特殊使命,还有许多许多。

在 2020 年年初的疫情防控期间,有许多人在职业岗位上表现出了高尚的职业本能。在最艰难的时刻,有 4 万多年轻的医护人员,自愿申请到湖北省武汉市最艰难的一线,冒着生命危险,救人扶伤。这是医护职业道德的最高表现,过去的医患矛盾在这次壮举中,一下子就销声匿迹。社区工作人员是一个平凡的岗位,但在疫情防控中,他们红袖章一戴,为小区封闭管理立下汗马功劳。在人们的视野中,小区管理人员一下子就高大起来。所以,岗位的职能、责任、道德,到关键时刻是能得到充分发挥的。

历史和现实的实践,使我们充分地意识到:在我们的社会中,有无数个公共服务和管理岗位,如果每个职业岗位的工作人员都履行了守职有责,履职尽责的义务,并出现各自领域内的希波克拉底和南丁格尔,那社会将会更加美好。

端午话龙舟

每年的端午节,都是龙舟灿烂的节日。中华大地上,凡是有大水面的地方就有龙舟赛。一时间,看龙舟、议龙舟、比龙舟成了城乡的热点。在2024年的龙舟赛上,广东省鹤山的"炸毛哥",怒发冲冠的发型,充满活力的划船动作、奋发拼搏的表情和勇猛的气势,又萌又猛,一下成了网红。在看完各式比赛以后,我想到了龙舟上各个岗位的作用,不得不说:小小龙舟充满着大话题。

首先是舵手。舵手是全船的核心,掌握着前进的方向,他根据划手的力量,以敏锐的洞察力,及时平衡船头方向,避免各种左右的偏航,以达到最佳的前进速度。他仅靠着一只桨划水控制,全程都充满着智慧。我还看到一条有几百个划手的彩色龙舟,在一条曲河上穿桥而行,很顺畅地通过仅十几米宽的桥。舵手真的很牛。

其次是鼓手。鼓手是正面指挥官,把握着前进的节奏。他通过鼓点的节奏,催发划手的动作和力量,他还时而吹着号子让划手动作一致,力度更准。龙舟在鼓声的指挥下快速冲向目标。

龙舟赛的重要力量是划手。划手是龙舟的动力,有舵手和鼓手,没有强有力的划手,也是绝不能取胜的。划手必须掌握技术要领,就是正确的划水技巧,握桨尺度要正确,使杠杆作用于水的前行力量最大化,划水深浅也要正确,做到有力、省力。划手还要有团结一致的集体主义精神,不能搞个人主义,只有步调一致,形成合力,才能快速前进。端午期间,附近一个镇的龙舟赛有三条船翻了,就是因为两边的划手力量不一致,造成侧翻。划手不仅要有力量,还要有大局意识、配合意识、合力意识。所以,又红又专的划手才是真正的优秀划手。

龙舟赛彰显了龙舟精神。龙舟精神就是核心意识,即统一指挥、步调一致的执行力,协调发力、拼搏昂扬的斗志和坚韧不拔的毅力。

一条竞技中的龙舟,何尝不是一个社会的缩影。任何一个集体,上到国家,下到一个单位,都需要这种龙舟精神。

有诗曰:舵点彩龙飞如箭,鼓敲雷鸣破浪行。霹雳奋踔协划水,方能金榜挂杆前。

积健为雄

　　我国著名的女科学家吴健雄的父亲在她出生时,给她起了个男孩的名字,希望她能积健为雄。让人欣慰的是,吴健雄用自己卓越的一生回应了父亲的期望。她获得了科学界公认的头衔:"世界物理女王""原子弹之母""东方居里夫人"。2021年,美国邮政署发行了一套纪念人物的"永久邮票",享受这个待遇的以前只有爱因斯坦、费曼之等级的大科学家。如今的永久邮票上,只见吴健雄旗袍修身,尽显东方女性的优雅,使华人感到无限荣光。

　　吴健雄赢得社会的尊重,是她学术的精湛成果、事业风格的稳健和做人的品质而致。她的一生真实地诠释了积健为雄的真谛:日积月累、学深养到、实实在在和不可作伪。

　　吴健雄,1912年出生在苏州市太仓县的一个农村家庭,她的父亲是一个温文尔雅的新派人士,他给孩子起名依次为"英雄豪杰",把理想与追求都赋在名字之中。吴健雄从小受父亲影响,聪明好学,智力超群,各科成绩都十分优秀。父亲是对吴健雄一生影响最重要的人。

　　对吴健雄影响最大的第二个人就是胡适。吴健雄11岁到苏州读书,听了胡适的一次演讲。胡适演讲的题目是《摩登的妇女》，鼓励新时代的女性应当破除旧思想的束缚，参与到对国家和社会的改造中来。胡适的话给年幼的吴健雄带来很大影响。5年后，她从上海中国公学以优异的成绩被保送到南京中央大学就读，机缘巧合，她成了胡适的学生，两人的师生之情正式开始。有一次考试，吴健雄第一个交卷，胡适给了她满分，并对教务处的教授们说："我从来没有见到一个学生对300年清朝思想理解得这么透彻。"此后，胡适对这个女弟子愈发青睐有加，在学术上为她提供了许多建议和帮助，经常鼓励她要大胆设想，小心求证。

在胡适的启迪下，吴健雄把她的专业由数学改成了物理，她在数学的演绎思维中，关注了西方物理学的进展和变革，并被深深地吸引。她认为物理才是她的梦想。结果，她获得了物理科全校第一名，再一次证明她是碾压群雄的学霸。在这期间，吴健雄与胡适的师生关系给人们留下了许多浪漫的猜想。但是，这位聪明的女学生懂得发乎情止乎礼。她认为自己的学业才刚刚开始，不能止于此，她还有更远的目标在前面，更多的理想在未来，故而不敢越雷池半步。后来人们不得不佩服她清晰的思维和稳固的思想定力。

此后，在父亲的支持下，她选择到美国加利福尼亚大学继续深造，仅用四年时间就完成了学业，获得博士学位。1944年，她迎来了专业的巅峰时刻。为了制止第二次世界大战，美国制定了绝密的"曼哈顿计划"，吴健雄作为唯一的外籍女性被挑选参加该计划的实验，傲慢的美国人选择她的原因是因为她的物理天赋。曼哈顿计划圆满成功，奥本海默出名了，但媒体还是注意到了吴健雄，在报道中说："在这个高水平科学家的试验里，有一名娇小的中国女孩。"这就是"原子弹之母"的来历。

1956年，杨振宁和李政道提出了"弱相互作用中宇称不守恒"理论，但却无法证明。是吴健雄通过深入研究，亲自深入地下，用钴60验证了他们的理论成立,她的专业学术达到了炉火纯青的地步。杨振宁和李政道都获得了诺贝尔奖,而吴健雄却被忽视。许多物理界大咖对此纷纷鸣不平,她却淡然处之,她说:"我从来没有为了得奖而去做研究工作。"她做人也做到了炉火纯青的地步。

吴健雄在学术上积健为雄,在情感上也是思有定力。这位物理女王身姿曼妙,具有江南女子的温婉灵秀,身着裁剪得体的深色旗袍魅力无穷。她的美貌、优雅和智慧,让追求者甚多。吴健雄在众多的追求者中,偏偏选择了袁世凯的孙子袁家骝。袁世凯被世人视为卖国贼,吴健雄的父亲也参加过反袁斗争,因此,许多人都对她的选择不能理解。但吴健雄认为,袁家骝虽出身旧式家庭,却没有染上其祖辈和父辈的任何恶习,且谦恭自守,勤奋好学,凭着自己的努力获得奖学金到美国留学。他身上还有旧式君子温润如玉的气质,这些都深深地吸引着她。1942 年,他们举行了庄严的婚礼。婚后两人恩爱有加,互相倾慕,互相成就,创造了许多不朽的业绩。这些再次证明了她选择的正确性。

这位物理学家在 85 岁时告别了世界,在她家乡明德中学旁的紫薇树下,有一座墓碑上写道:"她是一个卓越的世界公民,一个永远的中国人。"

吴健雄的一生无论是学术的追求,还是情感的选择,都用她守正的品质和脚踏实地的毅力完成了积健为雄的演绎历程。这个历程诠释了一个朴素的真理:不积跬步无以至千里,不积小流无以成江海。

后　记

水调歌头·贺企联二十岁生日

周恩光

时代载悠悠，
岁月掠春秋。
廿年雄步跨越，
榜单成绩优。
政府民间称赞，
企业举指名数，
口碑誉鸠州。
弱冠韶华在，
勤勉壮志畴。

办论坛，
进课堂，
评先优。
雇主维权宗旨，
尽责不迟留。
而今迈步再起，
与时代同频振，
为企业者忧。
纽带与桥梁，
风采当自久。